세계 의회도서관

세계 의회도서관

배용수 외 지음

논형

세계 의회도서관

지은이 | 배용수 외
초판 1쇄 발행 | 2006년 5월 30일
초판 2쇄 발행 | 2007년 7월 25일
펴낸곳 | 논형
펴낸이 | 소재두
편집 | 최주연
표지디자인 | 디자인공 이명림
등록번호 | 제2003-000019호
등록일자 | 2003년 3월 5일
주소 | 서울시 관악구 봉천2동 7-78 한립토이프라자 5층
전화 | 02-887-3561 팩스 | 02-887-6690
ISBN 89-90618-41-x 94020
값 20,000원

논형출판사와 한립토이북은 한립토이스의 자회사로 출판과
문화콘텐츠 개발을 통해 향유 문화의 지평을 넓히고자 합니다.

17대 국회가 출범한 이후 의원 입법이 양적으로 폭증하고, 질적으로 깊이를 더해가고 있다는 평가가 일반적이다. 국회가 명실상부한 입법 기관으로 거듭나기 위해서는 국회의원 및 의원 지원 조직의 전문성이 함께 높아져야 한다. 그동안 의원 개인 보좌진의 수가 증가하고, 교섭 단체 정책 연구위원 제도가 도입되는 등 의원과 정당의 입법 지원 기능 강화에 많은 변화가 있었다. 국회 내부적으로도 예산정책처가 신설되고, 위원회에 보좌진을 크게 보강하는 등 국회 입법 지원 기구에도 크고 작은 변화가 있었다. 그러나 아직도 행정부와 국회 사이의 정보의 비대칭성은 개선되지 않고 더욱 심화되는 추세에 있다.

특히 날로 전문화되고 복잡 다기화하는 입법 추세의 변화에 적극적으로 대응하기 위해서는 국회는 자신의 영역을 더욱 더 전문화하고 강화해야 한다. 국회의 전문성을 강화하기 위한 첫걸음은 국회의원과 보좌 기구가 충분한 자료와 정보를 수집하고 분석하여 국민을 위한 올바른 선택을 할 수 있도록 유도하는 일일 것이다. 이러한 측면에서 입법 정보의 본산인 의회도서관은 입법 전문성 강화의 중심에 자리하고 있다고 할 수 있다. 이처럼 입법 지원 기구의 중심에 서 있으면서도 실제 이용자에게는 국회도서관에 대한 이해와 인식이 그리 높지 않은 편이다.

이 책은 국회 입법 지원 기능 강화 논의가 제기되는 현실에서 의회도서관에 대한 이해를 높이고 국회에서의 개혁 논의에 시사점을 도출하기 위해 기획되었다. 아울러 미래의 의회도서관의 발전 방향을 설정하는 데 도움을 주고자 한 것이다. 먼저 선진국 의회에서의 의회도서관과 그것이 수행하는 기능을 고찰했다. 주지하다시피 의회도서관은 전문도서관으로서 각국의 입법 지원 기능 강화뿐만 아니라 민주주의 발전을 위해 다양한 기능을 수행하고 있으면서도 학문적으로는 미답의 영역으로 남아 있었다. 도서관 이용자와 서비스 영역에서 각국의 의회는 천차만별이다. 입법 정보 지원 조직과 의회도서관과의 관계, 더 구체적으로 연구·조사 업무research service와 참고 봉사 업무reference service 간의 관계 유형도 다양하다. 이러한 측면에서 주요국 의회도서관에 대한 이해는 입법 지원 기구 강화 논의에 많은 시사점을 줄 것으로 기대한다. 또한 하나의 전문 도서관으로 묻혀온 의회도서관을 도서관 영역의 새로운 연구 대상으로 부각한다는 의미도 갖는다.

이 책은 8장으로 구성되어 있다. 1장은 새로운 세기, 의회의 역할과 의회도서관의 과제를 제시한다. 배용수는 국회의 전문성은 정보 비대칭성을 해결하는 데 있다고 전제하고 의회도서관과 의회조사처의 과제를 제시한다. 특히 일천한 의회도서관 논의를 국제도서관협회연맹(International Federation of Library Associations and Institutions: IFLA)에서의 논의로 확장하여 전개함으로써 의회도서관에 대한 논의의 영역을 넓혀 놓았다.

2장에서 7장까지는 주요 국가의 의회도서관을 소개한다. 임언선은 의회 입법 지원 기구로 가장 이상적이라고 평가받는 미국의 의회도서관의 역사와 조직, 그리고 기능을 개관한다. 특히 의회도서관의 입법 지원 기능의 발전과 전자 도서관 서비스 등 미국 의회도서관 서비스의 특수성을 부각한다. 특히 의원 입법 지원 기능을 담당하고 있는 의회조사처의 설립과 발전 과정, 조직 및 역할, 그리고 그 중요성에 대해 기술했다.

다음으로 이현출은 영국의 의회도서관의 기원과 조직 및 기능을 개관하고 있다. 영국 하원도서관은 합리적인 편제와 역할, 그리고 수준 높은 전산 시스템의 도움으로 의원들에게 입법 관련 자료와 정보를 정확하고 신속하게 제공할 수 있는 효율적인 체제를 갖추고 있다고 평가한다. 그리고 이러한 체제를 갖추기 까지는 20세기 중반 이후 전략적이고 집중적인 노력이 뒤따랐다는 점을 강조한다.

4장에서 김종갑은 독일의 의회도서관을 개관한다. 독일의 의회도서관은 미국과 영국의 모델과는 다른 형태를 취하고 있음을 대조적으로 보여준다. 독일과 같은 정합형 모델은 연구 활동과 도서관 활동이 하나의, 그러나 더 넓은 기능을 수행하는 조직에서 이루어지고 있는 것을 말한다. 이러한 의미에서 연구 서비스와 참고 봉사 서비스가 어떻게 연결되며, 어떻게 통합하고 협조하는지를 보여준다.

5장에서 이현출은 일본의 의회도서관의 역사와 조직, 기능 그리고 입법 지원 기능을 개관한다. 미국형을 따르는 일본 의회도서관과 입법 지원 기능은 한국과 유사한 면이 많아 다양한 비교가 가능하다.

6장에서 박찬이는 프랑스의 의회도서관을 개관한다. 프랑스 의회도서관은 분산형 모델로 분류되는데, 기존의 미국·영국과 같은 통합형 모델과 독일과 같은 정합형 모델과 또 다른 대조를 보여준다는 점이 흥미롭다.

7장에서 배용수는 한국 국회도서관의 연혁과 조직 및 기능을 개관한다. 한국 전쟁 중 태동한 국회도서관의 변화와 지속을 들여다봄으로써 한국 국회의 입법 지원 기구로서의 국회도서관의 위상을 알 수 있다. 아울러 국회도서관이 수행하는 다양한 입법 지원 기능에 대한 이해를 높일 수 있다.

끝으로 8장에서 이현출은 주요국 의회도서관의 입법 지원 기능을 비교한다. 사례로 다루어진 주요국 의회도서관의 입법 지원 기구의 조직과 서비스 그리고 운영 체제를 비교한다. 아울러 변화된 환경 속에서 국회도서관의 입법 지원 기능 강화 방안을 모색하고 있다.

이 책은 의회도서관 연구의 첫걸음에 불과하지만 책이름을 『세계 의회도서관』으로 정했다. 이는 이 책을 시작으로 제2, 제3의 의회도서관 연구서가 나오기를 바라는 마음에서다. 이 책을 출간하는 데는 많은 용기가 필요했다. 이 한 권의 책이 독자들에게 얼마나 유익한 정보를 줄 수 있을지, 한편으로 두렵고 한편으로 부끄러워 많이 망설였다. 하지만 우리나라에 도서관에 대한 연구서가 드물고, 더욱이 의회도서관에 대한 연구서는 전무한 실정임을 감안해 볼 때, 국회도서관에 종사하는 일원으로서 국회도서관에 대한 국회 내외의 이용자들에게 이해를 높이고, 외국의 의회도서관 연구를 통하여 우리 국회도서관의 발전 방향을 모색할 수 있다는 점에서 감히 용기를 내었다.

그동안 바쁜 입법 지원 업무 속에서도 묵묵히 시간을 쪼개어 원고를 작성한 필자들에게 감사의 뜻을 전한다. 아울러 이 원고가 한 권의 책으로 나올 수 있도록 읽고 토론해준 국회도서관의 여러분과 항상 도서관 발전을 위해 헌신하는 직원 모두에게 이 기회에 감사의 뜻을

전한다. 끝으로 출판계의 어려운 사정에도 불구하고 기꺼이 출판을
허락해준 논형출판사 소재두 사장님과 직원들의 성원에도 감사의 뜻을
표한다.

2006년 4월
필자를 대신하여 배용수 씀

차례

5장 일본 국립국회도서관_175
이현출

8장 주요국 의회도서관의 입법 지원 기능_311
이현출

1장

새로운 세기,
의회의 역할과 의회도서관의 과제

배용수

현대 국가의 지나친 행정 국가화로 의회는 입법권·재정통제권·행정부감독권 등 의회에 부여된 본질적인 권한을 제대로 행사하지 못하고 입법부가 "통법부"(Beyme, 1998: 138)로 전락한 지 오래다. 새로이 17대 국회를 맞이하여 그 어느 때보다도 국회가 명실상부한 입법부의 권능을 회복하도록 하기 위한 제도적 노력이 가속화되었다. 그러나 민주화 이후 의회·정당·선거 등 민주주의 제도를 둘러싼 개혁이 지속적으로 전개되었음에도 불구하고 입법권 강화는 여전히 미완의 과제로 남아있다.

현대 민주주의 국가에서 입법권과 예산권이 의회의 핵심 기능이라는 지적에 대해 반론을 제기하기는 어려울 것이다. 특히 국민의 기본권 보장을 충실히 하기 위하여 우리 헌법은 입법·사법·행정 사이에 권력분립의 원칙을 천명하고, 이러한 원칙 아래 상호 견제와 균형을 국가 제도 운영의 원리로 삼고 있다. 그러나 우리의 현실은 이러한 원칙에도 불구하고 입법권과 예산권이 실질적으로 행정부에 의해 장악되어온 것이 현실이다(성선제, 2004). 따라서 새로운 세기, 새로운 국회를 맞이하여 실질적으로 명실상부한 입법 기관으로서의 역할을 다할 수 있도록 제도를 획기적으로 개선할 필요성이 그 어느 때보다 강하게 제기된다.

그동안 국회의 입법권 강화를 위해 다양한 논의가 전개되어온 것이 사실이다. 그 중에서도 행정 입법에 관한 효율적인 통제, 예산 결산 심사 권한 강화, 효과적인 의원 입법 추진을 위한 국회 내의 지원 체제 구축 등이 논의되어 왔다. 이러한 방안을 논의하는 과정에 제기되는 문제는 국회가 복잡화·전문화된 행정부에 비해 인력과 조직, 그리고 전문성에서 상대적으로 열세를 보인다는 점이다. 이러한 상황에서 극도로 팽창한 행정부를 효과적으로 견제하기 위해서는 입법부의 전문성 확보가 시급하다는 논의가 제기되고 있다(천병호, 1996; 박찬욱·박찬표, 2005).

의회의 전문성은 의원 개인적인 인적 전문성expertise과 업무상의 전문성specialization으로 나누어 설명할 수 있다. 개인적 전문화는 주로 개인의 사회화 과정에서 형성된 것으로 생각이나 판단 기준의 준거틀이 현직에 오기 전에 형성된 정도를 지칭한다. 이를 결정하는 변수는 학력, 전공, 사회 경력·경험 등이 있다. 그러나 학력, 경력에 대한 우선적 고려는 의원의 대표성과 마찰을 일으킬 우려가 있다.

다음으로 업무상의 전문화는 주로 업무 수행상의 현상으로 의원의 선수, 상임위원회 전문화 정도, 입법 지원 기구의 입법 정보 획득 능력, 업무에 대한 관심과 적극성 등에 의하여 결정된다.

권력 분립의 한 축이자 국민의 대의 기관으로서 정부를 견제하고 감독할 의무를 지닌 의회는 독자적인 입법 활동 영역을 확보하기 위해 의회의 전문성 축적 구조를 가지고 있다. 입법 활동의 전문화를 위해서는 의원 및 의원 지원 조직의 전문성이 함께 제고되어야 한다. 국회의원은 선거에 의한 선출직이기 때문에 의원 개개인의 전문성을 높이는 데에는 한계가 있다. 그렇지만 질 높은 의안을 심사하기 위해서는 높은 수준의 전문적 식견이 필요하고, 이러한 전문성을 제고시킬 하나의 대안으로

자신의 역할을 보조할 입법 지원 조직이 필요했다. 이러한 목적에서
형성된 의회 입법 지원 조직은 오늘날 크게 팽창되었는데, 미국의 경우
의회에서 보좌 기능을 수행하고 있는 인원은 의원 개인 보좌관, 상임위
보좌관, 의회 소속 기관 및 기타 행정 보조원까지 합하면 거의 2만
4000명에 이르고 있다(이현출, 2004).

　이 책은 의회의 전문성 향상을 위한 전통적인 입법 지원 기구로서의
의회도서관에 주목하고자 한다. 의회의 입법 지원 기구는 다양한 입법
정보 서비스를 제공하는데, 특히 의회도서관이 제공하는 서비스의 핵심
내용은 의회 의원과 의회 직원들이 요구하는 지식과 정보를 제공하는
기능이다. 서비스를 제공하는 구체적인 기관들은 국가마다 의회사적
특성에 따라 다양한 형태를 띠는데, 그 중에 가장 일반적인 기관은
바로 의회도서관이다. 의회도서관은 의회가 요구하는 다양한 형태의
정보를 1차적으로 수집하고 보관하여, 이용자의 수요에 따라 제공하는
가장 기본적인 입법 지원 서비스를 제공하고 있다. 이러한 맥락에서
주요국의 의회도서관과 그들이 제공하는 입법 지원 서비스를 심층적으
로 분석함으로써 입법권 회복을 위한 과제로서 제기되는 의회의 전문성
확보에 시사점을 발굴하고 아울러 의회도서관의 정체성을 확보하는
데에도 도움을 주고자 한다.

1. 의회 전문화와 정보의 비대칭성

국회와 국회의원이 제 역할을 다하지 못하는 주요 원인으로 전문성의 부족을 들 수 있다. 이러한 전문성 부족의 주된 요인의 하나는 행정부와의 관계에 존재하는 정보의 비대칭성asymmetry of information에 있다(이달희, 2005). 현대 정치에 있어서 행정 우위 내지는 행정 국가화 현상이 진행되면서 행정부와 국회 사이에 정보의 비대칭성 문제가 점점 더 심화되고 있다. 정부 정책과 입법의 개략적인 내용은 국회의원도 알 수 있지만 정부 관료만 알고 있는 깊은 내용과 배경을 알 수 없는 경우가 허다하다. 따라서 정보의 비대칭성은 좋은 정책과 문제가 있는 정책의 구별을 어렵게 하여 역逆선택adverse selection을 부추기고 좋은 정책을 시장에서 몰아내고 정책 자체에 대한 불신을 증폭시키는 경향이 있다(이달희, 2005).

한국 국회는 기존의 권위주의 체제를 극복하고 입법부가 제자리를 찾기도 전에 새롭게 변화된 사회 환경에 적응해야 한다는 점에서 정보 비대칭 현상은 더욱 심각하게 다가온다. 1987년 시작된 민주주의로의 전환기를 겪은 한국 정치는 이후 약 10여 년이 넘는 기간 동안 최초의 여야 간 정권 교체, 지방 자치 선거의 실시 등 다양한 변화가 있었으며, 제왕적 대통령의 권한에 제한이 가해지고, 행정부와 입법부 간의 견제와 균형의 틀이 확립되기에 이르렀다. 그리고 17대 국회 개원과 함께 과거의 원외 정당 중심의 의회 정치가 원내 정당화하여 국회의 자율성이 늘어나고 의회 기능이 활성화하고 있다. 한편으로는 정보화로 소수의 엘리트들에게 독점되고 대리인들에게 위임되었던 정치 권력을 국민에게 되돌려 줌으로써 실질적인 참여 민주주의를 구현할 수 있도록 하고 있다. 정보 공개와 공유를 통하여 시민들의 알권리와 권력의 투명성을 높이고 정치 참여의 질을 향상시키며, 사이버 공론장을 활용하여 사회의 주요 이슈에 대한 공론을 수렴하기도 한다.

또한 의회를 둘러싼 환경의 변화 역시 다차원적이다. 선진국들의 사회와 국가 변동의 특징을 크게 세 가지로 나누어 살펴보고자 한다. 첫 번째 특징은, 사회의 다양화·다원화 및 개별화다. 18~19세기 서구 사회에서 일어났던 산업 혁명 이후 '가진 자'와 '가지지 못한 자'의 균열cleavage, 즉 계급 대립의 문제가 사회적·경제적 및 정치적인 중심 문제였다. 그러나 2차 세계 대전 후 특히 1950년대부터 1960년대 초기까지의 선진 사회에서 일어났던 장기 경제 성장은 의식주라는 생활의 기본 문제를 해결하고, 계급적인 대립의 원인이었던 이른바 '빈곤 문제'에 실질적인 해결을 가져왔다. 이러한 변화는 일반에게 '탈계급 사회' 혹은 '계급 없는 사회'와 같은 개념으로 다루어졌고, 한국에서는 '중산층 확대'라는 말로 표현되었다. 의식주에 필요한 일용 품이나 마이홈 등의 내구 소비재를 모든 사람들이 소유하게 되어 다수의 국민이 생활에 부자유스럽지 않게 된 사회에서는 다음에 기술 하는 가치관의 유동화에 수반하여 사회 생활이 다양화하고 사회적 구성이 다원화, 개별화 내지 격차가 확대되는 방향으로 나아간다(原純保·盛山和夫, 1999). 이 동안에 읍이나 면과 같은 전통적인 공동체는 붕괴되었고 현재에는 가족과 같은 사회의 기초적 생활 기반도 크게 흔들리기 시작했다.

사회적 변화의 두 번째 특징은, 점차 그 추세가 강해지는 사회적 가치의 유동화 현상이다. 즉 그것은 '근면', '복지', '경제적 성공', '안전'과 같은 가치를 대신하여 혹은 그것과 병행하여 '참여', '삶의 질', '자아 실현', '환경', '여성'과 같은 탈脫물질적인 가치가 서서히 우세해지는 경향을 보이게 되었다는 것이다. 이러한 변화에 부응하여 정치 분야에서도 과거에는 '경제 성장', '사회 복지', '치안·국방', 한국의 경우에는 '절차적 민주주의의 확립'과 같은 상위정치 영역이 더 큰 정치적 중요성을 가졌으나, 세계화·정보화 시대에는 구체적이고 생활에 직접적인 영향을 주는 하위 정치의 영역이 더 중요한 영향을 끼치게 되었다. 특히 녹색당의 경우에서 보는 바와 같이 임신 중절 문제나 혼인 제도의 재검토, 여성의 평등한 사회 참여, 환경 보호 등의 시책들이 중요한 테마로 등장하게 된다(Herzog, 1993: 19). 그리고 기성 정당은 이러한 가치관의 변화나 그 다양화에 부응하지 못하여 많은 시민의 지지를 잃게 되며, 한국의 경우에도 지지하는 정당이 특별히 없다는 이른바 '무당파층'이 유권자의 반수를 넘어서고 기성 정당의 고정적 지지층은 점점 줄어 선거 때마나 다른 정당의 후보자에게 투표한다거나 항의의 의미로 투표소에 가지 않는다거나, 혹은 최근에 서구에서 현저하게 볼 수 있듯이 국민의 욕구 불만을 교묘히 파악하여 극단적인 정책을 내세운 포퓰리즘populism에 호소하는 정당 혹은 '환경 보호'와 같은 하나의 정책으로 특화한 신당에 한 표를 던지는 유권자가 증가하는 추세에 있다.

세 번째 특징은, 사회의 변화에 따르는 "국가의 후퇴The Retreat of the State"(Strange, 1996) 또는 "정부의 위기"(Merrien, 1998)를 지적할 수 있다. 즉 정보 통신 기술(IT)과 결부된 경제 활동의 진전으로 사회가 단번에 국경이 없어지고 점차 긴밀화되는 국제 관계 속에서 한 국가의 권력이 상대적으로 약화되는 동시에, 국가 내부에서도 변화하는 사회 환경 속에서 국가의 위상과 역할이 약화되는 현상이 두드러지게 나타나고 있다. '규제 완화'라는 형태로 국가 권력이 시장에서 철수하거나, '분권화'라는 형태로 권력이 지방으로 분산되거나, 거버넌스governance의 일환으로 NGO가 부상하는 등 국가 권력의 슬림화가 진행되고 있다. 그러나 이러한 '국가의 후퇴'는 곧바로 사회에 대한 국가 개입의 전면적 후퇴를 의미하는 것이 아니라 환경 문제나 노인·장애인 등의 복지 문제 등에 대하여 더욱 국가적 규제를 요구하는 의견도 있어, 국가에 대하여 '자유'와 '규제'라는 상반된 역할을 기대하는 의견도 고조하고 있다. 그러한 가운데 1989년의 냉전 종식, 그리고 소련이나 동구 국가들의 사회주의 체제의 붕괴로 인하여 한국의 정치 또한 종전의 보수 일변도의 지역에 기반한 정치적 균열 내지 대립축이 완화되고 점차 이념적 균열이 정치의 전면에 부상하고 있는 현상이 보인다.

이러한 사회의 변화로 의회에도 변화에 적응하기 위한 발상의 전환이 요청된다. 의회에서는 기존의 여야의 이원적 '대립 시스템'이 약화되고, 그 대신 의회와 사회 사이의 '대화 시스템'으로서 의회의 역할 내지 기능을 생각하는 발상의 전환이 필요하다(Herzog, 1993: 9~14). 더구나 이러한 '대화 시스템'에서 의회는 쟁점을 정확히 제시하고 그 해결을 위한 길을 명확히 제시하는 것(명확화 기능)이 기대된다. 이 경우에 그때마다 해결해야 할 과제는 다방면에 걸칠 것이기 때문에 의회는 그 속에서 스스로 우선적으로 처리해야 할 테마를 선택하고 순위를 매기는 것이 절대적으로 필요하다. 그리고 이 '명확화 기능'에서 다시 구체적인 문제의 해결을 위한 정치적인 '전략 기능'이 생겨난다(Herzog, 1993: 9~14). 거기에서의 의원의 역할은 일반 시민과의 지속적인 커뮤니케이션을 통하여 쟁점을 명확히 하여 정책을 형성하고 또한 정책의 구체화를 위하여 전략적인 조정을 하여야 한다(Petermann, 2000: 45). 따라서 현재 국내에서 논의되는 국회 및 정당 개혁도 의원의 '사회적 커뮤니케이션'의 가능성 확대를 제1의 목표로 해야 한다.

이처럼 시민과 의원 또는 의회 사이의 '커뮤니케이션의 확대'는 다른 한편으로는 지금까지의 관료 주도 국정 운영의 타파, 국정의 한 축으로서의 의회의 역할 강화를 유도하는 데 있다(高見勝利, 2001). 이는 관료가 거대한 관료 조직을 이용하여 정보를 수집·독점하고 이에 의거하여 정책을 입안하고 법안을 작성하며 행정부와 여당의 지지를 받아 '법률'의 형식으로 스스로 정책을 실현해 가는 종전의 국정 운영에서, 의회가 국정을 지도하고 국정의 중심적 역할을 담당하는 시스템으로 전환해야 한다. 그러기 위해서는 관료가 독점해온 정보를 의회 또는 의원도 공유하여 적어도 정부와 의회 간의 정보 격차를 해소하는 것이 필요하다. 다음으로 의원은 개인 보좌진이나 시민들과 직접 대화하여 수집한 정보와 입법 지원 기구를 통하여 수집한 정보를 유기적으로 결합하고 자유자재로 활용할 수 있는 역량을 키워야 한다. 또 관료 시스템에 대항하기 위해서는 의원들이 서로 여·야당의 장벽을 뛰어넘어 긴밀하게 정보 교환을 할 수 있어야 한다. 이와 같은 전제 조건이 정비될 때 비로소 의회는 독립성과 주체성을 확립하고, 의회 또는 의원이 정부나 다른 기관에서 이루어진 결정을 단순히 추인하거나 법안을 대체로 검토하지도 않고 승인하는 통법부(Beyme, 1998: 138)로서의 존재에서 탈피할 수 있을 것이다.

이처럼 전통적인 삼권 분립의 틀 속에서 제대로 된 민주주의를 구현해 보기도 전에 의회를 둘러싼 환경이 급변하고, 이에 따라 의회에 요구되는 역할이 더욱 복잡다기화하고 있음을 알 수 있다. 이러한 변화된 환경 속에서 의회가 한 사회의 가치의 권위적 배분을 통하여 국민을 통합하기 위해서는 고도의 전문성을 갖추어야 한다. 정책 시장에서 전문성 부족을 해소하기 위한 노력의 첫 번째가 정보 부족으로 인한 역逆선택adverse selection을 막아야 한다는 것이다. 이를 위해서는 일차적으로 국민의 대리인인 국회의원이 충분한 자료와 정보를 수집하고 분석하여 정부가 마련한 정책 대안을 잘 선택하는 것이 중요하다. 그러나 의원들은 국민들의 대표 기관으로서의 대표성과 전문성을 동시에 겸비하기 어렵기 때문에 국회 차원에서의 입법 지원 기구, 그 중에서도 입법 정보의 본산인 의회도서관의 입법 지원 체계를 강화해야 한다는 당위성이 여기에서 나오는 것이다.

2. 의회도서관과 정보, 그리고 민주주의

1) 의회도서관

의회도서관은 의회에 속하는 도서관임이 자명한 일이기 때문인지 구미의 도서관 정보학을 다루는 사전류[1]에서조차도 의회도서관은 독립 항목으로서 등장하지 않는다. 다만 전 영국 하원 도서관의 잉글필드(Englefield, 1993) 관장이 편집한 『의회도서관을 위한 가이드라인』에는 다음과 같이 설명하고 있다.

> 입법부의 도서관(의회도서관)을 가장 단적으로 정의한다면 전문 도서관이라는 점이다. 의회도서관은 입법부의 의원 및 증가하고 있는 의원의 보좌진이라는 특정하게 한정된 이용자에게 서비스를 제공한다. 나아가 통상적으로 의회 전체를 보좌하고 의회의 기록 보존소 역할을 하는 경우도 있다.

그렇지만 앞의 정의만으로는 불충분하다. 제공하는 서비스 내용,

---

1. 예를 들면 丸山 昭二郎 외 감역 『ALA도서관 정보학사전』(東京: 丸善 1988) 또는 *Encyclopedia of Library and Information Science*(Vol.21)에는 「의회도서관 및 행정부도서관」이라는 항은 있으나 별도로 의회도서관에 관한 설명은 없다.

그것을 담보하는 기반으로서의 기술, 전문 지식 및 능력에 관한 언급이 없기 때문이다. 국제도서관협회연맹(International Federation of Library Associations and Institutions: IFLA)[2]의 '의회도서관 분과 회의'의 논의를 인용할 필요가 있다. 분과 회의에서는 "의회도서관의 업무는 정보를 다루는 것"이라는 기본적 인식에 따라 정의를 다음과 같이 보충한다.

> 의회에 대하여 도서관 및 조사 서비스를 제공하는 의회도서관의 활동은 정보의 검색, 소재 확인, 입수, 해석, 통합 및 시의 적절한 제공에서 의회를 위한 정보의 철저한 분석, 선택한 것의 작성에 이르기까지 광범위하다. 이에 따라 자료나 정보의 수집, 색인 작성, 레퍼런스reference에 대한 회답, 정보 기술의 도입·이용 등의 도서관 기술뿐만 아니라 주제에 관한 전문 지식, 탁월한 표현력, 입법 과정이나 의회 자료에 관한 지식 또한 요구된다. 의회에서의 도서관 및 조사 서비스의 기본은 필요한 이용자인 의원에 대한 서비스에 있다.[3]

여기에서 의회도서관이 제공하는 도서관 서비스reference service 및 조사 서비스research service라는 두 종류의 서비스 내용과 그 수행에 필요한 기술, 전문 지식 및 능력이 처음 구체적으로 나타난다. 이러한 서비스 내용뿐만 아니라 서비스 대상도 오늘날은 의회와 의원에게만 한정되지 않는 경우가 많다. 대표적으로 한국, 미국, 일본 등의 경우에는

---

2. IFLA는 세계의 도서관협회, 도서관, 도서관원, 교육 연구 기관, 연구자가 회원이 되어 도서관 활동의 전 분야에 걸친 상호 이해·협력, 토의, 연구·개발을 추진하는 독립된 국제적·비정부·비영리 조직이다. 운영이사회·전문이사회·코어 계획(프로그램)·부회·본부 사무국으로 구성되며 코어 계획 및 각 부회 산하에 마련된 분과 회의의 활동 계획에 의거하여 활동이 전개된다. 부회에는 도서관의 종류·도서관 활동·지역 활동의 3개 범주 하에 합계 8개 부회가 있으며 각각 복수의 분과 회의(합계 36개)와 원탁회의(10개)를 두는데, 이것이 활동의 중심이 된다. 회원 수는 150개국 1700명의 도서관 협회, 도서관·교육 연구 기관 및 개인이 있으며 해마다 각국이 돌아가며 연차 대회를 개최한다(http://www.ifla.org/III/index.htm).
3. IFLA. Section on Library and Research Services for Parliaments 2000. 12, p.1(http://www.ifla.org/VII/s3/conten-e.htm).

의회도서관의 서비스가 의회 및 의원뿐만 아니라 일반 국민에게도 광범위하게 제공되는 특징이 있다.

이와 같은 상황 속에서 의회도서관에 관한 이론을 성장하게 한 장場이 된 것이 IFLA의 '의회를 위한 도서관·조사 서비스 분과 회의 Section on Library and Research Services for Parliaments'(이하 '분과 회의')였다. 논의가 이루어지는 구체적인 장은 해마다 여름에 개최되는 IFLA 대회에서의 ① 공개 회의, ② 워크샵, ③ 조사 서비스에 관한 세미나, ④ 비공개 회의이다. 그 외에 대회 개최국 등에서 열리는 ⑤ 프리 컨퍼런스가 있다. ①~⑤까지의 회의가 새로운 경험을 전하고 정보를 공유하며 논의를 심화하는 장이 되고 있다.

'분과 회의'에는 현재 110개 의회도서관이 가맹했는데, 활동의 목적은 다음과 같다.

① 각국 의회도서관의 발전을 위한 지원
② 최신 정보 통신 기술의 도입 촉진
③ 의회도서관의 서비스와 경합 기관 서비스의 비교 검토
④ 도서관, 정보, 조사, 각 서비스를 둘러싼 조직 기구 검토
⑤ 세계의회동맹과의 협력 활동 추진
⑥ 의회도서관의 지역협회 결성의 추진

특히 ②, ③, ④의 문제는 정도의 차이는 있더라도 대부분의 의회도서관이 고민하고 있고, 해결해야 하는 테마들이다. 이 활동의 목적을 구체적으로 검토하고 논의하여 해결 방안을 찾아내기 위하여 '중기 계획'[4]이 세워진다. 이것은 모든 분과 회의가 책정하여 이사회에 대한 제출을 의무화하고 있는 것으로 여기에는 4~5년간의 활동 계획을 담게

---

4. IFLA. *Section on Library and Research Services for Parliaments*, 2000. 12.

되어 있다(현행 계획은 「중기 계획: 2002~2006년」).

이 '분과 회의'의 핵심이 되어 이를 실질적으로 이끌어온 것은 영국, 미국, 독일, 호주, 캐나다, 핀란드, 스웨덴, 네덜란드 등의 의회도서관원이며, 자진하여 '분과 회의' 위원장이나 사무국장을 맡아 '분과 회의' 출판물의 집필 편집 등 다방면에 걸쳐 공헌해 왔다. 각국의 의회도서관은 역사나 규모 등 여러 면에서 서로 다른 배경을 갖고 있으나 의원에 대한 서비스 제공을 어떻게 할 것인가라는 점에 있어서는 문제 의식을 공유하고 있다. 아울러 이것을 중심으로 하여 활발한 논의가 진행되고 있으며 그에 따른 활동이 전개되고 있다. 36개의 IFLA의 분과 회의 중에서 이 '분과 회의'가 왕성한 활동을 할 수 있는 것은 문제 의식을 확산시키기는 어렵지만 역으로 공유하기는 쉬운 '분과 회의'의 의식 구조 때문이라 생각한다.

2) 의회도서관과 민주주의

1989년 베를린 장벽의 붕괴에 이어 1990년 러시아공화국의 주권 선언, 1991년의 독립국가연합(CIS)의 신설이라는 움직임 속에서 중부 유럽 및 동유럽 지역에서는 신생 국가의 탄생이 이어졌다. 미국 의회의 하원은 1990년에 '입법 기관 개발 특별 태스크포스'를 신설하고 미국 의회도서관을 통하여 당시 민주화 과정에 있던 알바니아, 불가리아, 체코, 에스토니아, 헝가리, 라트비아, 리투아니아, 폴란드, 루마니아, 러시아, 슬로바키아, 우크라이나 12개국 의회도서관에 대하여 인터넷에 접속 가능한 컴퓨터 네트워크 환경의 정비, 참고 도서, 연속 간행물, 신문, CD-ROM 등의 자료 기증 지원 사업을 해 왔다. 그 총액은 1996년까

지 280만 달러에 달했다.[5]

IFLA 분과 회의는 의회도서관의 설립 지원을 이미 목표의 하나로 주장해 왔기 때문에 이러한 지역 및 남미, 아프리카 국가들의 의회도서관 지원 사업을 지원했다. 그것은 의회도서관원으로서의 정신적 지원이라는 이론적 근거에 의거한 확실한 지원이었다. 그 이론적 근거를 제공한 것은 미국 의회도서관 로빈슨(Robinson, 1991)의 「의회 조사 기능의 구축」(1991년, 모스크바 대회)이라는 보고서였다. 이 보고서는 의회도서관의 신설·재건을 위하여 바람직한 여러 가지 모델을 제시하는 동시에 그 전제로서 민주주의의 확립·옹호를 언급하고 있다. 그는 민주주의 국가에서 국민이 투표에 의해 의원을 선출하는 국민대표제 및 실제로 기능하는 의회제가 절대로 필요하다는 관점에서, 의회에 대한 치우침 없는 정보 제공의 의의와 조사기관 설립의 필요성에 대하여 다음과 같이 설명한다.

현재와 같은 복잡한 세계에서 의회가 제 기능을 수행하기 위해서는 정보에 의거한 판단을 내릴 수 있는 정보와 분석력을 가지지 않으면 안 된다. 확실히 공적으로는 선거 제도가 의회의 입법 행위의 유효성에 영향을 미친다고 할 수 있으나 현실의 입법 행위의 유효성은 국민이 그것을 지지하느냐, 구속력이 있는 권위를 갖추고 있느냐에 달려 있다. 그리하여 우리들은 입법부가 실효성 있는 조사 및 분석을 위한 능력을 갖추는 것이 중요하다는 결론에 도달하였다.

'정보에 의거한 판단을 내리기' 위하여 의회와 의원은 치우침 없는 정보와 분석을 필요로 하며 그것을 제공하는 것이 의회도서관을 포함한

---

5. William H. Robinson, *Building a parliamentary research services in Central and Eastern Europe: building more effective legislative*, Munchen: K. G. Saur, 1998, pp. ix ~ x.

입법 조사 기관의 역할임이 기술되어 있다. 이것은 신생국에 대한 의회에서의 입법 정보의 중요성과 입법 정보의 산실로서의 의회도서관의 중요성을 강조할 뿐만 아니라 그 의미는 기존 민주주의 국가에서도 여전히 그 중요성을 간과할 수 없을 것이다. 또한 의회 및 의원이 정보와 분석을 필요로 하는 다른 이유에 대해서는 다음과 같이 설명한다. 이는 정보화에 의한 의회의 커뮤니케이션의 변화를 지적하고 의회와 국민 간의 커뮤니케이션을 위한 의회도서관의 역할을 강조한 점에서 의의가 있다.

나아가 인터넷으로 대표되는, 비약적으로 발달한 정보 통신 기술을 갖는 현대에서는 의회사무국이나 의회도서관은 이를 이용하여 의회나 의원에 대하여 정보를 발신·전달하는 데에만 그치지 않고 국민에 대하여 의회 발생 정보를 직접 제공한다. 한편 의원과 국민 사이에서도 직접적인 상호 정보 전달이 왕성하다. 게다가 인터넷이 갖는 쌍방향성에 의한 정보의 수신·발신은 정보 교환이라 부를 수 있을 정도이며, 이 기술적 진전에 의해 의회와 국민, 의원과 국민 간의 커뮤니케이션은 비약적으로 발전한다.

페루 의회도서관장인 토레스(Torres, 1999)는 이와 같은 정보 통신 기술의 발달과 민주주의의 관련에 대하여 「민주적 발전을 위한 도구로서의 의회도서관과 정보」(1999년, 방콕대회)에서 다음과 같이 말한다.

의회와 의회도서관의 정보 서비스는 국민에게 정치 과정에 관한 정보를 직접 제공하고 사회 속에 존재하는 정책 결정 과정을 투명하게 하라는 요구를 만족시킴으로써 민주주의의 강화에 공헌할 수 있다. 이와 같이 기술(생산성이나 커뮤니케이션의 향상을 촉진하기 위한 과학적 지식)을 이용하여 많은 사람들을 정치에 참여시킬 수 있는 것이다. 입법 기관의 정통성은 민주적 입법 과정에 있어 기본적인 것이다. 이 정통성은 입법 활동에 관한 국민의 지식과 수용에 의존하고 있어 의회가 입법 과정에 관한 정보를 국민에게 전하는 기술의 사용을 가능케 하는 메커니즘을 개발하는 것이 필요하다.

이처럼 의회와 정보를 둘러싼 논의의 초점은 민주주의의 강화, 촉진에 있음을 이해할 수 있고 그 속에서 의회도서관이 해야 할 기본적 역할은 도서관 서비스 및 조사 서비스를 통한 의회와 의원에 대한 정보 제공에 있음을 이해할 수 있다. 따라서 의회도서관은 단순히 정보의 분석과 제공에 그 역할이 국한된 것이 아니며 새로운 시대에 의회와 국민 간의 거리를 좁히고 새로운 커뮤니케이션의 패턴을 열어가는 중요한 기능을 수행하고 있다는 점에 주목할 필요가 있다.

3. 의회도서관과 의회조사처의 과제

의회가 국정을 이끄는 중심적인 위치에 있기 위해서는 무엇보다 의회는 정부가 보유하는 정보를 능가할 만큼의 정보를 질적, 양적으로 장악하고 자유로이 사용할 수 있는 역량을 지녀야 한다. 그러나 의회는 고도 정보 사회인 현재에도 여전히 "역마차 시대와 거의 달라지지 않은 정도의 정보량과 활동 능력밖에 가지지 못하고 있다"고 조롱받는 실정이다(Arndt, 1977). 따라서 의회는 자신들의 활동에 필요한 정부의 정보에 접근할 수 있는 능력이 필요하다. 그리고 그러기 위한 절차도 점차 정비되어 왔다. 우리 국회의 입법 정보화 프로젝트도 그러한 맥락에서 이해할 수 있다. 그러나 의회 우위의 통치 시스템을 실현하기 위해서는 의회가 독자적으로 정보를 입수하고 축적하며 의원이 그것을 자유로이 활용하여 의정 활동에 도움이 되는 제도를 정비하는 것이 불가결한 전제가 된다. 특히 현대와 같이 고도로 정보화된 사회에 있어서는 의회도서관 기타 의회 입법 지원 기구[6]가 의회 내지 의원의 이른바 '싱크 탱크' 역할을 맡게 될 것이다. 또한 의회가 단지 '다리와 허리'뿐만 아니라 그 '두뇌'를 강화하고 유능한 관료 조직을 둔 정부에 대항할 만큼의 지도력을 발휘할 수 있기 위해서는 내외의 모든 국정 정보를 망라하는 의회도서관, 특히 국회사무처, 위원회 및 의원에 대하여 직접적으로 정보 제공 서비스를 담당하는 개인 보좌진들의 역할이 중요해진다.

이러한 점은 국회도서관의 설립 이념이기도 하며, 1951년 7월 26일 발의된 '국회도서실 설치에 관한 결의안'에 잘 나타나 있다. 국회도서관 설치를 정식으로 언급한 최초의 논의가 된 이 결의안은 한국 전쟁으로 국회가 옮겨 다니던 중에서 여섯 번째로 옮겼던 경남도청 내의 무덕전을 국회의사당으로 사용하던 때에 제출되었다. 당시 전쟁이라는 혼란한 상황에서도 도서관을 설치하자는 결의안이 제출되었다는 점에서 다른 어떤 것보다도 특별한 의미를 지닌다. 결의안의 제안 취지를 살펴보면 "세계 어느 나라를 막론하고 그 나라의 국회도서관은 특이성을 갖는 동시에 그 나라의 어느 도서관보다도 가장 내용이 충실하며 모든 도서, 즉 출판물에 의하여 국내의 정확한 연구 자료를 입수하는 것이야말로 국회의원의 입법 활동에 매우 중요하므로 현재와 같은 곤란한 처지에 남과 같은 대규모의 도서관은 아니더라도 우리의 힘이 미치는 한, 우선 단 한 칸의 도서실이라도 설치하여 국내외의 신문이라도 입수하도록 함으로써 국회의원의 사명에 만분지일이라도 도움이 되도록 하자는 것"이라고 설치의 목적과 의의를 분명히 밝히고 있다.[7]

---

6. 한국의 경우에는 국회의원 개인 보좌진뿐만 아니라 상임위원회 보좌진, 국회도서관의 '입법전자정보실' '예산정책처' 외에 사무처 법제실이 주로 그 임무를 맡는다.

국회도서관 및 입법의 기초가 되는 조사·분석 기관으로 설치된 의회조사처는 지난 반세기가 넘는 동안 직무를 충실히 수행해 왔지만 새로운 세기를 맞아 상술한 의회의 역할과의 관계에서 '입법 조사' 기능을 수행하는 도서관으로서의 새로운 역할을 기대하고 있다. 첫째, 지금까지와 마찬가지로 질 좋고 정확한 정보를 신속히 제공하는 동시에 '국정 지도 기관'으로서의 의회의 역할에 부응하여 의회에서 정책 대결을 활발히 할 수 있는 기초가 될 객관적 데이터, 구체적 정책의 기조가 될 입법 사실에 해당하는 자료를 체계적으로 제공할 것,[8] 둘째, 그러한 사실에 의거한 복수의 정책 선택의 가능성, 각각의 정책 대안이 갖는 장점·단점 등의 정보에 대해서도 의회가 실시하는 정치적·가치적 평가 또는 판단의 기초가 될 수 있는 자료를 제공하는 것이다.

위의 두 가지 사항을 감안한 규정은 미국에서 1946년에 제정된 의회새조직법the Legislative Reorganization Act of 1946(이하 '1946년법') 에서의 「의회조사처Legislative Reference Service」(이하 'LRS')의 직무에 관한 203조 a항 1호의 규정[9]을 통해 잘 알 수 있다. 1946년법에 규정된 LRS의 직무는 "양원의 위원회 또는 합동위원회가 심사중인 법안이나 대통령 또는 행정 각부로부터 의회에 제출된 권고를 분석, 검사하고 평가함에 있어서 요구에 따라 그것들에 대하여 조언 및 보좌"하는 것이

---

7. 국회도서관의 탄생 배경은 『국회도서관 50년사』, pp.4~7을 참조하라.

8. 특히 법률의 의도, 즉 해당 입법에 의해 정책적으로 실현하고자 하는 목적이 어떠한 사실을 기초로 하는 것인지 그 목적을 달성하기 위한 수단이 적절한 것인지 나아가 그 수단이 인권에 대한 어떤 제한을 수반하는 것일 경우 인권에 대하여 보다 제한적이지 않은 수단 방법이 있는지와 같은 헌법의 존재를 의식한 정보 제공이 요망된다. 입법 과정에서 그러한 데이터에 의거하여 법안의 심의 결정이 이루어지는 것이 재판소에 의한 법률의 사후 심사의 질을 높이는 데에도 매우 중요하다.

9. upon request to advise and assist any committee of either House or any joint committee in the analysis, appraisal, and evaluation of legislative proposals pending before it, or of recommendations submitted to Congress, by the President or any executive agency, and otherwise to assist in furnishing a basis for the paper determination of measures before the committee.

라고 되어 있기 때문이다. 이 LRS는 1970년의 의회재조직법the Legis-
lative Reorganization Act of 1970(이하 '1970년법')에 따라 그 명칭이
오늘날의 '의회조사처Congressional Research Service'(이하 'CRS')로 고
쳐졌다.[10] 그 직무 내용에 대해서도 특히 제203조 b항 1호(1946년법의
제203조 a항 1호에 대응)에 다음 3항목((A)~(C))이 삽입되어 현안 중인
입법의 평가, 대안, 입법이 가져올 결과에 대한 조사 · 평가 등에 관한
위원회 활동에 대한 계속적인 보좌라는 직무 내용이 명시되었다.

"그리고 다음의 것에 대하여 위원회를 보좌하는 것.
① 관련(소관 위원회에 계류 중인) 법안의 성립이 적절한지의 여부를 결정하는 것.
② 관련 법안에서 예측되는 결과와 그 대안에 대하여 평가하는 것.
③ 그러한 결과를 완수하기 위한 정책 대안에 대하여 평가하는 것" [11]

이 1970년 법에서 강화된 CRS의 직무는 일본의 국회도서관 입법고
사국이나 한국의 국회도서관 입법전자정보실에서 채용하지만 그 수준
에는 아직 차이가 있다. CRS의 역할을 살펴보면 "의회 서비스에 있어서
는 자료로 뒷받침된 정확하고 객관적인 정보의 제공, 당파적 기타 정치적
인 치우침이 없이 균형 잡힌 정보의 제공, 행정부의 입장이 아닌 입법부

---

10. "의회 정보의 요구는 외부에서 작성된 데이터 및 정보의 간단한 취득, 축적 및
검색을 뛰어넘는 것임을 강조하기 위하여" 입법고사국에서 의회조사처로 명칭이
변경되었다고 합동위원회 보고서에서 밝히고 있다. 그 실질적인 이유는 다음과 같은
구절에서 알 수 있다. "오늘날에는 국회의 조사 요구는 자발적으로 의회의 입법 데이터를
창조하고 작성할 수 있는 전문가 그룹이 필요하다. 입법부는 제안된 계획 및 건설적인
대안을 제공할 창조적인 조사가 필요하다. 요컨대 同局은 간단한 레퍼런스에 응하는
것만의 존재로는 더 이상 충분하지 않게 되었다는 것이다."
11. 원문은 다음과 같다.
"…… so as to assist the committee in-
(A) determining the advisability of enacting such proposals;
(B) estimating the probable results of such proposals and alternative thereto; and
(C) evaluating alternative methods for accomplishing those results, ……"

의 입장에 선 정보의 제공"을 강조하고 있다(이종선, 2005). 의회조사처는 참고 질의 회답에 있어서 특정한 정책을 추천하거나 장려하지 않고 의원에게 맡긴다.

의회조사처의 연구관들은 문제점이 있는 사안과 관련하여 정치적, 법적 그리고 절차적 분석을 심도 있게 수행한다. 아울러 정책 대안과 그 영향과 여파를 파악하고 평가하는 등 법안을 만드는 데 도움을 준다. 이러한 의회조사처의 창설 배경은 모든 법률 사안에 대하여 비당파적이며 객관적이고 의회 차원의 연구 필요성을 절감한 의회의 요구에서였다. 사실상 의회조사처의 유일한 존재 이유는 의회만을 위하여 봉사하는 데 있다.

의회조사처의 역할과 특징은 미국 의회의 발달 과정을 살펴보면 구체적으로 드러난다. 의회조사처의 설립과 변천은 미국 의회의 위상 정립과 맥을 같이하기 때문이다. 그것은 2차 세계 대전 후의 의회의 독립적인 전문성 강화의 요청에 따라 일차적으로 재정비되었고, 1970년 대의 기구 확대는 행정부, 로비스트 그리고 다른 외부 기관에 대한 의회의 의존도를 더욱 줄이기 위한 목적에서 추진된 것이다. 이러한 미국 의회의 노력은 한국 국회의 전문성 확보와 정보의 비대칭성 극복에 좋은 시사점을 준다.

4. 국제도서관협회연맹(IFLA)에서의 논의

의회도서관을 둘러싼 환경이 정치적, 사회적, 기술적인 요인에 의해 최근 급격히 변화하고 있다는 인식은 국제도서관협회연맹 '의회도서관

회의'에서 공유되고 구체화되고 있다. 이러한 노력은 2005년 오슬로 대회에서도 지속되었다. 오슬로 대회에서는 민주주의의 전제로서 의회 도서관과 입법 조사 기관이 의회 과정에 적절한adequate and revelent 지식과 정보를 제공할 수 있는지 그 방안을 모색하는 데 초점을 맞추었다.[12] 이러한 노력은 이미 10여 년 전부터 구체화되어 왔다. 그 가운데 로빈슨(Robinson, 1995)은 「미래의 의회도서관」[13](1995년, 이스탄불 대회)이란 발제 속에서 의회도서관의 무엇이 어떻게 변화할 것인지, 어떤 개혁을 요구받는지 예측한다. 변화를 초래하는 환경적 요인으로 다음과 같은 네 가지를 제시한다.

첫째, 민주화 경향(1991년 소련 붕괴 전후의 중부 유럽 및 동유럽에서 민주적 의회 탄생)
둘째, 통신 혁명(정보 통신 기술의 진전에 의한 지구촌의 탄생)
셋째, 경제의 글로벌화(경쟁, 다운사이징, 부가 가치 추구 등의 발생/탄생)
넷째, 세계 각국의(의회도서관 간의 협력에 의한) 선진 의회도서관 달성·시책 목표의 전파

이러한 환경의 압력을 받거나 떠밀려서 의회도서관에는 다음과 같은 변화가 나타날 깃이라고 예측한다.

① 의회도서관의 활성화, 조사 서비스의 확충, 의회도서관 간 교류의 활성화
② 의회도서관에서의 경비 절감 개념 도입과 경영 개혁
③ 정보 통신 기술의 진전에 의한 업무 형태 및 내용의 개선
④ 컴퓨터의 보급

---

12. 오슬로 대회 주제는 "Knowledge and Information for Parliaments-a premise for Democracy" 였다.
13. William H. Robinson, "The parliamentary library in the future". 1995. 8 (055-PAR-1-E)

⑤ 의회도서관의 지역 협력 조직에 대한 의존도의 증가

⑥ 조사 서비스를 실시하는 의회도서관의 증가

⑦ 의회와의 연대 강화

⑧ 의회의 위원회에 대한 서비스의 증가

⑨ 일반적인 성과물(조사 보고서 등)의 작성에서 개개 의원의 요구에 대응하는 성과물 작성으로의 변화

로빈슨은 이러한 예측이 실현될 시기에 대해서는 언급하지 않았지만 지적된 사항의 전부가 정도의 차이는 있을지언정 10년 전의 당시에도 논의되었으며, 그 중에는 과제로서 실시되어 이행하고 있는 의회도서관도 이미 있었다. 따라서 이 보고서는 의회도서관 전체로서의 서비스 개선 방향을 시사하는•것으로서 시의적절한 것이었다. 또한 이 보고서는 최근 정보 통신 기술의 급속한 달성도라는 척도를 사용하여 그 후 의회도서관의 운영·서비스 목표의 도달 정도를 다시 측정하고 그 검증을 강제하는 성격으로서의 의의를 갖고 있다.

그 후 '분과 회의'의 회의에 보고되어 논의되는 테마를 보면 위에서 예측된 사항은 진전의 정도와 깊이의 차이는 있지만 많은 의회도서관에서 현재 이행되는 사항들이다. 역으로 말하면, 지금까지 '분과 회의'에서 보고·논의된 테마는 이러한 예측 범위에서 그렇게 멀지 않은 곳에 있는 것이었다고 할 수 있다. 그런 의미에서도 이 미래 예측은 정곡을 찌른 것이다.

의원사무실에 인터넷이 설치되는 등 주요국의 의회 및 의원의 정보 환경은 최근 급속히 정비되고 있다. 이에 따라 인터넷이 의원의 정보원 情報源이 되는 동시에 또한 발신원으로도 이용되어 민주주의의 발전에 기여하는 상황은 앞서 설명했다. 이러한 상황 속에서 의원 및 의원의 정보 환경은 어떻게 변화해 가고 있는 것일까?

호주 의회도서관의 R. 멤브레이 여사는 「e-library@aph.gov.au」[14]
라는 제목의 보고서(1999년, APLA 브리스벤 대회)에서 호주 의회에서
나타나는 특징을 다음과 같이 요약한다.

① 의원의 연령층 변화
② 기술에 강한 세대의 등장
③ 의원 직업군의 전문화, 학력의 고도화
④ 활발한 개인적인 네트워크의 형성 및 유지
⑤ 싱크 탱크, 로비스트, 저널리스트, 당의 보좌진 등에게 전문적 정보의 입수

즉 의원의 연령층 변화, 컴퓨터 알레르기가 적은 세대의 등장, 학력
· 직업군의 변화, 개인적 네트워크의 형성, 전문가로부터의 정보 입수
등의 가속화는 의원 자신 및 정보 환경의 변화에 관한 인식을 나타
낸다.

여기서 주목할 것은 싱크 탱크 등의 전문 정보 제공자의 등장이다.
지금까지 의원의 정보원이라 하면 신문 · 잡지 · 도서 등 활자 매체
자료에 더하여 라디오 · TV 등의 방송 매체 및 다양한 개인들이 주체가
되어왔다. 정보원의 역할을 하는 개인들로는 ① 선거구 소속의 지역
선거구민, 시읍면의 공무원, 신문 기자 등, ② 행정부처의 공무원,
③ 로비스트 ④ 소속 정당, ⑤ 지지자, ⑥ 기타(대사관의 리셉션에서
만난 사람, 특정 이익 단체의 그룹, 만찬회에서 옆에 있던 사람 등)로 되어
있었다.[15] 물론 의회도서관도 매우 중요한 전통적 정보원에 포함된다.
나아가 오늘날은 의원 개인의 정책 보좌진, 계약에 의해 조사를 하는

---

14. Roslynn Membrey "e-library@aph.gov.au" 1999. 6 (http://www/home.gil.com.au/%7Enickb
/conf99_4.html).

15. Dermot Englefield, *Parliament and information*, London: The Library Association, 1981,
pp.23~24.

대학의 연구자, 싱크 탱크 등이 추가되며 이러한 개인 및 조직은 정보원으로서 의회도서관의 경쟁 상대로 새로이 등장하고 있다.

이와 같은 상황에서 의회도서관이 의원에게 불가결한 정보원이 되기 위해서는 어떤 전략을 세워야 하는가? 예를 들면 호주 의회도서관[16]은 "의원의 요구에 기일을 준수하여 답하고 신뢰할 수 있고, 신용할 수 있고, 독립적이고, 평등하며 불편부당不偏不黨한 서비스를 제공하는 기관"이 되기 위해 노력하며, "부가가치가 있는 서비스를 제공할 수 있는 전문가를 두고 유연하게 대응할 수 있는 기술과 능력을 가진 직원을 배치하여 의원의 요구에 응할 태세를 취한다"는 전략을 제시한다. 이와 같이 어쩌면 당연해 보이는 것을 전략으로 하는 배경에는 평소에 의원들이 의회도서관을 정치의 움직임과 실태를 이해하고 있고, 기초적인 사실과 통계 등 포괄적인 자료와 참고 문헌을 구사하여 회답하며, 늘 의원을 첫째로 생각하는 서비스 기관으로 항상 인지해 달라고 요청해 온 데서 기인한다고 한다.[17]

나아가 인터넷도 새로운 경쟁 상대이다. 인터넷은 의원에게 있어 정보 수집·제공을 위한 강력한 도구이듯이 의회도서관에 있어서도 정보의 수집·제공에 없어서는 안 되는 강력한 무기이지만 의원 및 그 보좌진의 기기 조작의 숙련도가 높으면 높을수록, 콘텐츠의 충실도·신뢰성이 높아지면 높아질수록 의회도서관의 경쟁 상대로서의 그 존재감은 강해진다.

이러한 의회도서관을 둘러싼 환경의 변화는 의회도서관인 상像에 대한 변화를 요구한다. 무엇보다도 정보 통신 기술이 발달한 현대에 있어서는 다음과 같은 항목의 자질을 요구한다.

---

16. Indra Kurupp & Bernice Donnellan, "The Parliamentary Library : research and information services in the new era". 2000.10 APLAP 6th Biennial Conference.
17. 위의 글

① 정보원情報源이 되는 각종 전자화 정보 자원, 전자 도서관, 네트워크 등에 관한 지식

② 전자적 정보 자원 및 국내외의 네트워크에 대한 접근 기술

③ 필요한 정보를 찾아내 데이터베이스화 하는 능력. 이 경우 이들에 관련된 통신 규약, 저작권, 법률 조항 등에 관한 지식을 숙지

④ 도서관에서 널리 사용되는 각종 정보 통신 기술, 소프트웨어, 포맷의 조작 방법에 정통하여 고장이나 트러블에 대응

⑤ 의회의 요구에 대응하기 위해서는 인터넷, 온라인, 전자 도서관 등 어디에서 더 적절하고 진정한 전자화 정보를 입수할 수 있는지의 판단

⑥ 주제별 전문 지식에 기초한 정보 접근 능력

정보 통신 기술은 의회도서관에 더욱 새로운 도전장을 던진다. 지금까지 의회도서관이 직접 다루어 왔던 것은 도서, 잡지 등의 인쇄 매체 자료이며, 정보 통신 기술의 진보로부터 도전을 받고 전자 매체의 텍스트 자료의 취급에 나선 것은 겨우 5~6년 전의 일에 지나지 않음은 이미 살펴본 바와 같다. 그렇지만 정보는 이러한 자료에만 수록되어 있는 것이 아니다. 기계가 읽을 수 있는 기록된 데이터 '문서'에 담겨져 다음에서 보는 다양한 정보 매체가 되어 나타나고 있다. 이것들에 담겨져 있는 콘텐츠(내용)를 어떻게 다루어야 더 만족도 높은 서비스로 이어질지, 콘텐츠 매니지먼트가 의회도서관에 던져진 새로운 과제이다.

호주 의회도서관은 그 상황을 다음과 같이 인식하고 이 과제에 도전하고 있다. 첫째, 우리가 반드시 다루어야 할 '문서'는 이미 텍스트가 주체인 것뿐만 아니라 음성 파일, 영상 파일, 비디오 파일, 멀티미디어 합성 및 그것들의 조합도 포함된다. 둘째, '문서'가 하나 이상의 매체로 작성되어 공식 간행되는 경우도 있다. 예를 들면, 종이, 전자 데이터,

전자 디스크, CD-ROM, DVD 등을 말한다. 셋째, '문서'가 많은 다른 방법이나 채널(통신로)에 의해 제공·공식 간행되고 있다. 예를 들면 웹 페이지, 스트리밍 방식 비디오, 데스크톱 컴퓨터, TV, 전자북, 도서(종이 매체), 휴대 통신 기기 등을 들 수 있다. 넷째, '문서'는 이용자가 그것을 실제로 열람하여야 비로소 축적된 것으로 존재한다. 이것이 전자적 '가상 문서'이며 거기에서는 많은 로케이션에서 선택된 본질적으로 다른 다수의 내용·요소로 이루어지는 문서가 구성된다. 다섯째, 문제는 우리가 조직으로서나 개인으로서나 취급하지 않으면 안 되는 콘텐츠의 양이 압도적으로 많다는 것이다.

이런 상황을 의원 측에서 보면 어떠한가? 의원들은 콘텐츠(내용)가 도움이 되는 것이라면 인터넷에서건 도서에서건 동료에서건 그것이 어디에서 온 것인지 그 출처를 특별히 문제 삼지 않으며 기억 장소(비디오 서버의 속이건 의회 정보 시스템 속이건 혹은 전자메일의 속이건)를 묻는 경우도 없다. 의원 입장에서 보면 모든 형태의 콘텐츠를 통합하여 조작할 수 있게 하는 것이면 되는 것이다. 그런 까닭에 기계가 독해할 수 있는 기록된 데이터인 문서를 작성·수집하는 단계에서 유형별, 기억, 검색, 재구성 그리고 공간에 이르기까지 관리하기 위한 콘텐츠 매니지먼트가 요청되며 그것을 위한 인프라 정비가 필요하다. 그것이 목표하는 바는 다음과 같다. 즉 어떤 사항에 대하여 검색하면 어디에 있건 의회도서관이 갖고 있는 모든 콘텐츠가 나오도록 하여야 한다. 이를 위하여 수많은 서로 다른 정보 자원이나 미디어로부터의 콘텐츠를 통합하여 하나로 모으는 작업이 필요하다.

이와 같이 의회도서관은 종전의 텍스트 파일과 동시에 음성 파일, 화상 파일, 비디오 파일, 멀티미디어 파일 및 그 조합의 파일을 유지 관리하고 그에 어울리는 매체로 제공하는 체제를 정비하여야 한다는 새로운 도전을 받고 있다. 호주 의회도서관이나 뉴질랜드 의회도서관의 경우는 현직 의원을 위한 자료 제공에 대해서는 저작권의 제약을 받지 않는 혜택을 주는 상황에 있기 때문에 비교적 대응하기 쉬운 환경에 있음이 확실하지만, 한국을 비롯하여 많은 의회도서관에서는 대응해야 할 과제가 많다.

맺음말

지금까지 국회의 입법권 강화를 통한 견제와 균형의 원리를 확보하기 위해서는 의회의 전문성 확보가 무엇보다 중요하다는 논의를 하였다. 아울러 이러한 전문성 확보를 위해서는 행정부와의 정보의 비대칭성 극복이 중요하다. 그러나 국회는 이러한 당위적 차원에서의 입법권 강화 노력뿐만 아니라 새롭게 변화하는 국회를 둘러싼 환경에도 적응해야 하기 때문에 입법 정보를 다루는 의회도서관의 역할이 더욱 중요하다.

이러한 논의는 미국 의회나 일본 의회에서도 발견되었고, 오늘날과 같은 제도를 갖추고 있는 것도 한국 국회가 처한 배경과도 흡사한 것을 확인할 수 있었다. 이 장은 의회도서관에 대한 기존의 논의가 일천하다는 점을 감안하여 선구적으로 IFLA에서의 논의를 소개하였다. 아울러 의회도서관의 기능과 역할에 대해 논의하면서 향후 의회도서관의 과제를 모색해 보았다.

이하의 장에서 주요 국가의 사례 분석을 통하여 더욱 심층적으로 각국 의회도서관의 현황과 도전을 살펴보면 우리에게 많은 시사점을 줄 것이다. 특히 국제도서관협회연맹에서의 논의는 신생국의 의회도서관과 선진국의 의회도서관을 하나의 연장선상에 두고 도서관의 과제를 고찰할 수 있다는 점에서 의미를 부여할 수 있다.

"조직에 있어 정보는 활력원이다. 의회와 같은 장소에서 이 이상의 진실은 없다"는 호주 의회도서관의 보고서 내용처럼 의회도서관이 제공할 수 있는 정보에는 더러 한계가 있다 해도 종전부터의 도서관 서비스, 조사 분석 서비스에 추가하여 새로운 정보 기술을 도입하여 정보를 성실히 제공하는 의회도서관의 선구적인 모습이 요구된다.

:: 참고 문헌

국회도서관, 『국회도서관 50년사』, 2002.

박찬욱·박찬표, 「국회 전문보좌조직의 강화 방안: 정책조사와 법제지원을 중심으로」, 『의정연구』 제20호, 2005.

성선제, 『국회의 권능회복을 위한 입법권 강화 방안 연구』, 국회운영위원회 정책연구개발과제 2004~06, 2004.

유석진, 「정보화와 21세기 한국 정치」, 『국가전략』 제6권 2호, 2000.

이달희, 「정책중심 국회의 성공가능성 진단과 처방: 의정 활동에 관한 17대 국회의원 의식조사」, 『의정연구』 제20호, 2005.

이종선, 「의회도서관의 입법 지원 기능: 한국과 미국, 그 유사점과 차이점」, 국회도서관 정책세미나 발표논문, 2005. 12. 15.

이현출, 「미국 의회의 입법 지원 기능과 조직」, 『국회도서관보』 4월호, 2004a.

이현출, 「초선의원의 공천과정」, 『의정연구』 18호, 2004b.

천병호, 「입법보좌조직의 변화와 과제」, 『의정연구』 제4권 2호, 1998.

高見勝利, 「新世紀における議會の役割と議會圖書館の課題」, 日本國會圖書館, 『レファレンス』, 2001. 1.

原純保・盛山和夫, 『社會階層−豊かさの中の不平等』, 東京: 東京大學出版會, 1999.

Arndt, Adolf. Reform der Parlamentarischen Untersuchungsausschusse? DRiZ (Sept.1964) S.290. Vgl.Bernd Lutterbeck, Parlament und Information -Eine Informationstheoretische und verfassungsrechtliche Untersu chung (munchen, R.Oldenbourg Verlag, 1977), S.84.

Curtis, Gerald. *The Logic of Japanese Politics*, Tokyo: Shinchosha, 2001.

Dietrich Herzog, "Der Funktionswandel dels Parlament in der sozialstaatlichen Demokatie", D. Herzog=hilke Rebenstorf=Bernhard WeBels(Heg,), *Parlament und Gesellschaft-Eine Funktionsanalyse der Reprá sentativen Demokratie*. Opland: Westdeutsher Verlag, 1993.

Encyclopedia of Library and Information Science(Vol.21)

Englefield, Dermot (ed.), *Guidelines for Legislative Library*. London: K.G. Saur, 1993.

Indra Kurupp & Bernice Donnellan, *The Parliamentary Library: research and information services in the new era*. 2000.10 APLAP 6th Biennial Conference

IFLA, *Section on Library and Research Services for Parliaments* 2000. 12 p.1.

Klaus von Beyme, *The Legislator: German Parliaments as a Centre of Political Decisionmaking*, Aldershot, Ashgate, 1998, p.137.

Membrey, Roslynn. "e-library@aph.gov.au", 1999. 6. (http://www/home.gil. com.au/%7Enickb/conf99_4.html)

Merrien, F., "Governance and Modern Welfare State", International Social Science Journal, Vol. 155, 1998. pp.57~67.

Petermann, Thomas. "Technology Assessment Units in the European Parliamentary Systems", in Norman J. Vig & Herbert Paschen (ed.),

Parliament and Technology -The Development of Technology Assessment in Europa(State University of New York Press, 2000).

Robinson, William H., "Building a parliamentary research capability". 1991. 8, (88-PAR-2-6).

__________, "The parliamentary library in the future", 1995. 8 (055-PAR-1-E)

__________, *Building a parliamentary research services in Central and Eastern Europe: building more effective legislative.* Munchen: K. G. Saur, 1998.

Ryle, Michael. "The Changing Commons", Parliamentary Affairs vol. 47, 1994. 10.

Strange, S., *The Retreat of the State,* Cambridge: Cambridge University Press, 1996.

Torres, Patricio Aranda. *"Parliamentary library and information services as instruments for democratic development",* 1999. 8 (http://www.ifla.org/ Ⅳ/ila65/ papers/ 070-101e.htm)

http://www.ifla.org/III/index.htm

http://www.ifla.org/Ⅶ/s3/conten-e.

2장

미국 의회도서관

임언선

　　현대 사회가 가지고 있는 여러 사회 집단 간의 갈등과 대립을 중재
· 조정 · 통합할 수 있는 곳을 국회라고 볼 수 있다. 국회는 이해상충으로
인한 갈등 속에서 사회적 효율성과 민주성을 극대화할 수 있는 정치적
조정 및 중재 역할을 담당해야 한다. 그런데 이러한 복잡하고 다양한
사회 문제의 해결을 국회의원들 개인 차원에서 해결한다는 것은 큰
무리가 있다. 국회의원 개인의 역량만으로 전문성과 논리로 무장된
관료 기구뿐만 아니라 날이 갈수록 그 영향력이 증대되는 시민 사회의
다양한 집단을 설득하고 갈등과 대립을 조정 · 중재하는 것이 현실적으로
거의 불가능하기 때문이다. 특히 국회가 집행 기구인 행정부와 같은
규모로 확대될 수 없는 것이 현실이라면 제도적 차원에서 의정 활동에
관한 전문성과 효율성의 질을 제고시킬 방안을 모색해야 한다. 이런
면에서 본다면 의정 활동 지원 체계가 어떻게 정비되고, 관리 · 운영되고
있느냐가 의정 활동의 성공을 좌우하는 중요한 요인이라고 할 수 있다.
　　특히 행정 국가화 경향이 심화되는 현대 정치에 있어서 국회의원의
전문성이 떨어진다면 행정부의 독주로 치닫게 될 위험성이 높기 때문에
국회의원의 전문성이 무엇보다도 강조된다. 그러나 국회의원은 한 분야
의 전문가라기보다는 국민의 대표로서 행정부 관료들에 비해 정책 및

이슈에 대한 전문성이 상대적으로 뒤떨어져 있으며, 의정 활동과 지역구 의원으로서 수행할 일이 너무 많기에 그들이 높은 수준의 전문성을 충족하기는 어려운 실정이다.

이러한 현실적 한계를 극복하기 위해 등장하게 된 것이 국회의원의 입법 지원 제도이다. 이것은 국회의원의 의정 활동 전반에 걸쳐 의회의 기능을 강화하고 의원의 역할 수행 효율을 높일 수 있도록 마련된 장치로서 주로 의원의 부족한 전문성을 보완하는 역할을 수행한다. 즉, 이러한 입법 지원 체계는 국민을 대표하는 선출직 의원들이 오랜 경험과 전문 지식을 갖춘 행정부를 견제하여 정책의 입안, 각종 법률의 제·개정 및 집행 과정의 감독을 지원할 수 있도록 마련된 제도이다.

여기서는 세계에서 가장 발달한 입법 지원 제도를 시행하는 미국 의회의 입법 지원 기구들에 대해 살펴보고자 한다. 그리고 의회조사처가 소속된 의회도서관에 관하여 자세히 알아보고자 한다. 이를 위해 이 장에서는 첫째, 미국 의회의 입법 지원 기구에는 어떤 것이 있으며, 어떠한 역할을 하는지 살펴보고자 한다. 둘째와 셋째, 미국 의회도서관의 연혁에 관해서 알아보고, 그 조직과 기능을 미국 의회도서관의 시설과 자료, 직원 및 예산, 그리고 조직으로 나누어 살펴본다. 넷째, 미래의 전자 도서관에 대한 모델 개발과 그에 따른 기술적, 제도적 장치에 관련된 국가 전자 도서관 프로그램에 관해서 본 이후에, 마지막으로 의회조사처의 설립 배경과 의의, 조직과 특징, 그 역할, 그리고 의회조사 처가 우리에게 주는 정책적 시사점에 관해 설명한다.

1. 미국 의회의 입법 지원 기구

의회는 입법 기관인 동시에 국민의 대표 기관이다. 의회가 선거로 구성되기 때문에 전문성보다는 상식에 따르기 쉽다. 특히 현역 의원의 재선 비율이 높은 미국과는 달리 한국의 국회는 현역 의원 재선 비율이 낮기 때문에 그나마 전문성을 기대하기 어려운 실정이다. 이처럼 구조적으로 전문성이 약한 의회가 행정부의 전문성에 대응하여 대표 기관으로서의 견제 기능과 입법 전문 기관으로서의 독자성을 확보하는 문제는 의회주의의 위기에 처한 현대 민주주의의 당면 과제이기도 하다.

미국 의회의 특징 가운데 하나는 의원과 위원회, 그리고 각 의원의 입법 조사 및 국정 조사 활동을 보좌하는 체계가 매우 잘 정비되어 있다는 점이다. 이는 미국이 엄격한 권력분립주의를 채택하고 있기 때문에 의원의 자율성이 강조되고, 위원회 중심주의로 운영되며, 한국과는 달리 정당의 구속력이 희박하여 의회 활동이 의원 개인의 활동에 의존하고 있다는 사실 등에 기인한다(이현출, 2004, pp.14~25, 함성득, 2002, pp.83~87). 이런 이유로 미국 의회는 서구 의회 중 가장 강력한 권한과 능력을 가진 의회로 평가되고 있다.

실제로 미국 의회는 한국과 다르게 오직 의회에만 법안제출권이 있고, 의원들은 개별적으로 자유로이 법안을 제출할 수 있어서 그들의 입법 활동은 연간 총 1만여 건을 넘어설 정도로 매우 활발하며, 하나의 쟁점 및 정책에 대해서 무수한 유사 법안이 개별 의원에 의해 제출되고 있다. 또한 미국 의회는 행정부 고위 공직자에 대한 인준 청문회, 행정부에 대한 감독 청문회, 특정 사안에 대한 조사 청문회 등을 통해 행정부를 효과적으로 통제하고 있다. 예산 심의에 있어서도 우리나라와는 다르게 대통령이 연두교서에서 제출한 예산안을 기초로 의회에서 세출법을 만들기 때문에 의회가 실제로 예산을 만든다고 할 수 있다(함성득, 2002).

미국 의회는 이러한 의원들의 입법 활동, 예산 법률 작성, 행정부 감독 활동 등을 보좌하기 위하여 막대한 규모의 의정 활동 지원 체계를 갖추고 있다. 대표적으로 상당한 규모의 의원 개인 보좌진과 위원회 참모진, 상·하원 법제실Office of the Legislative Counsel, 의회예산처(Congressional Budget Office: CBO), 회계감사원(Government Accountability Office: GAO), 의회조사처(Congressional Research Service: CRS) 등을 들 수 있다. 미국 의회가 이렇게 강력한 의정 활동 지원 체계를 갖추게 된 것은 1970년대 의회 개혁의 결과이다. 월남전과 워터게이츠 사건을 계기로 의회의 권한을 강화하고 의회 구조를 개편하는 대대적인 개혁의

[그림 1] 미국의 의정 활동 지원 체계[1]

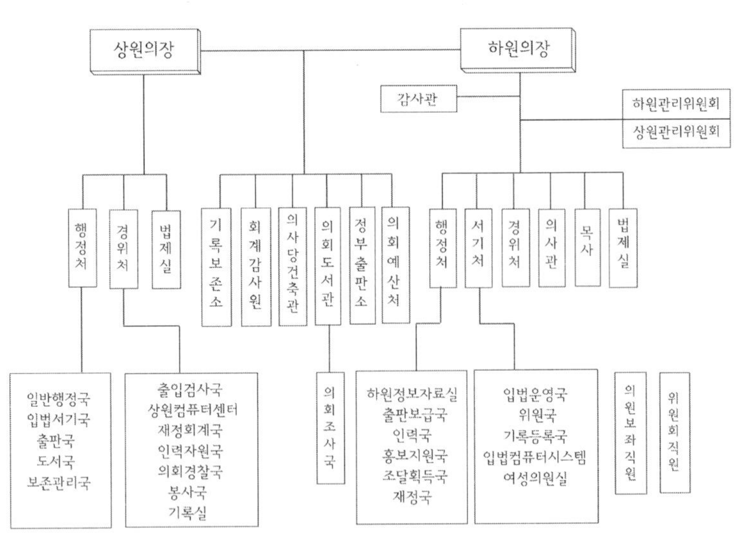

일환으로 의회예산처와 과학기술평가원(Office of Technology Assess-
ment: OTA)의 신설,[2] 의회조사처 및 회계감사원을 대폭 확대했으며,
의원 개인 보좌진을 증원했다. 미국의 경우 의회에서 보좌 기능을 수행하
고 있는 인원은 의원 개인 보좌관, 상임위 보좌관, 의회 소속 기관
및 기타 행정 보조원까지 합하면 거의 2만 4000명에 이르고 있다([그림
1] 참조).

1) 의원 개인의 보좌진

하원의원은 워싱턴 D.C.의 의원회관 사무실 및 지역구 사무실 비서
등으로 최고 18명까지 상근 비서를 고용할 수 있고, 그 외에 비상근,
임시식 비서를 추가로 4명까지 고용할 수 있다.

상원의원은 워싱턴 D.C.의 의원 사무실과 출신 주 사무실에 비서들을
고용하고 있다. 규모가 큰 캘리포니아나 텍사스 주의 경우는 50~70명의
보좌진을 둘 수 있으나, 소규모인 로드아일랜드 주 등의 경우에는 13~30
명 안팎의 보좌진을 둘 수 있다.

의원들은 의원 개개인의 재량에 따라 비서를 고용할 수 있다. 하원의
원의 평균 개인 보좌진은 5명으로 이중 8~9명은 워싱턴 사무실에서,
6~7명은 지역구 사무실에서 근무한다. 상원의원의 개인 보좌진은 평균
35명인데, 이 중 23명 정도는 워싱턴 사무실에서, 12명 정도는 지역구
사무실에서 근무한다. 미국에서 하원의원 보좌진은 공무원의 지위를
부여하지 않고 있으나 상원의 경우 보좌관이 공무원으로 임용될 수
있다. 아울러 1967년 '연고자법'에 따라 의원의 배우자, 자녀, 형제 혹은

---

2. 과학기술평가원은 의회에 과학 기술 관련 정보를 제공하는 기관으로서 설립된
지 23년만인 1995년 9월 폐지되었다.

그 외 연고자는 보좌진으로 고용할 수 없도록 하고 있다.

2) 위원회 공무원

위원회 지원 공무원 제도는 1946년과 1970년의 입법부 개혁법을 필두로 하는 제법률 및 양원의 결의에 의해 보강된 기구다. 각 위원회는 상당한 규모의 정책보좌직원을 두고 있다. 하원 규칙에 의하면 각 위원회는 18명의 전문위원과 12명의 사무직원 등 총 30명의 전문 보좌진 professional staff을 고용할 수 있으며, 그 외에도 위원회 예산으로 임시 계약직원을 추가로 고용할 수 있다. 또한 변호사를 보좌진으로 임용하여 위원회 법률고문legal consultant으로 활용하며, 행정부서에서 파견된 자들을 스태프로 임용하기도 한다.

미국의 위원회 직원은 특정 정당을 위해 근무하는 것이 특징이다. 직원 임명에 있어서 직원의 2/3는 다수당이 추천하는 사람을, 나머지 1/3은 소수당이 추천하는 사람을 각각의 위원회가 독자적으로 임명하되 위원회 재적의원의 과반수 이상의 찬성을 얻도록 하고 있으며, 비정당 보좌진도 임용할 수 있도록 하고 있다. 물론, 다수당이 선임한 직원은 다수당 위원의 지휘·감독을 받고, 소수당이 선임한 직원은 소수당 위원의 지휘·감독을 받고 있다. 하원의 경우 19개 상임위 및 1개 특별위의 보좌진 총수는 1367명으로 1개 상임위 평균 68명에 이른다.

위원회 직원은 위원회에서 다루는 각종 정책과 법안에 대한 연구·조사 업무를 전담하게 된다. 아울러 위원회에서 논의될 의제의 설정 및 의제에 대한 사전 조사를 담당하고, 청문회 개최와 관련된 업무, 법률 초안 및 수정안 작성, 각종 보고서 작성 등 회의 준비, 임시양원협의회와 관련된 업무, 행정부 및 이익 집단과의 정보 교환 업무, 위원회와 관련된 홍보 업무 등을 수행한다. 또한, 법률안의 기초Drafting bills, 조사의 실시Investigating, 정보의 제공Providing information, 그리고 로비스트와의 면대Seeing lobbyist 등의 활동을 통하여 정책의 결정이나 행정 감독의 이행에 적극적으로 관여한다. 이들은 그 직무 수행 과정에서 거의 매일 행정 관료와 접촉하여 장래의 입법, 공법률의 시행, 특정 계획에 관한 정보, 예산 할당 또는 행정 감독에 관련되는 제반 문제를 토의하게 된다.

3) 법제실

법제실Office of the Legislative Counsel은 상·하 양원 의장 직속의 비당파적 기구로서 법제 기술의 차원에서 의원들의 입법 활동을 지원한다. 의원들의 요구에 의하여 입법안을 기초하고, 타인이 작성한 입법 초안에 관해 자문·수정안의 초안 및 이에 대한 보고서 작성을 보좌하고, 법률안 심의시 본회의에 참석하여 자문에 응하기도 한다.

하원 법제실은 법제실장과 부실장 아래 35명의 법제관Attorney과 15명의 법제보조직원으로 구성되어 있으며, 상원 법제실은 법제실장과 부실장 아래 23명의 법제관과 8명의 법제보조직원으로 구성되어 있다. 법제관은 모두 변호사나 법학 박사 등 법제 전문가들로 구성되어 있다. 법제 지원의 중요성이 증가함에 따라 법제 업무 지원 건수 역시 급격히 증가하고 있다.

4) 의회조사처

의회조사처(Congressional Research Service: CRS)[3]는 의회도서관에
부속하는 고도의 전문성을 지닌 입법 보좌 기구로 연방의회의 입법
기능 및 국정 감독 기능 등을 보좌하며, 이를 위해 종합적인 조사와
전문적인 관점에서의 분석, 일반적인 정보의 제공을 주 임무로 하는
기구다. 이러한 임무 하에 의회조사처는 연방의회 각 부문으로부터
오는 조사, 분석 및 기타 정보 제공의 의뢰에 응함과 동시에 그때마다의
중요 문제를 해설한 간행물을 발행하여 학제적이고 종합적인 방법으로
정책 문제를 분석하는 기능을 한다. 또한 의회조사처는 의원과 직원들이
관심을 가지는 현안 문제를 협의하기 위해 국내외의 전문가를 찾아
확인하기도 하며, 의회의 다양한 관심사에 대하여 의원들이 전문가와
만나 논의할 수 있는 기회를 마련하는 역할도 수행한다. 이러한 의회조
사처에 대해서는 다음에 의회조사처의 입법 정보 기능에서 자세히
언급하기로 한다.

5) 의회예산처

의회예산처(Congressional Budget Office: CBO)는 의회가 정부의 예산
규모, 지출 수준, 부채 수준, 재정 흑자, 적자 규모를 결정할 수 있도록
하기 위해 제정된 '의회의 예산 및 지출 통제법(1974)'에 의하여 상하원

---

3. 미국의 Congressional Research Service(CRS)는 또 다른 도서관 소속인 미국 저작권청
Copyright Office보다도 훨씬 방대한 규모의 독자적 예산편성권을 가진 조직으로 우리나라
의 '처'에 해당하는 규모다. 따라서 미국 연방의회의 Service를 '처', Office를 '처' 또는
'청', Division을 '국'으로 번역하는 것이 그 규모면에서 우리나라 정부 조직의 부처의
개념과 연결하여 이해하기 쉽다.

의 예산위원회와 함께 1974년에 창설되었다. 설립 배경을 보면, 1921년 행정부예산제도Executive Budgeting가 확립된 이후 예산 심의와 관련된 미국 의회의 역할은 지속적으로 약화되었고, 그 결과 공공 지출의 지속적 증가, 재정 적자 폭의 확대, 경직성 경비 비중의 확대 현상이 심화되었다. 또한 예산과 관련된 모든 정보를 행정부가 독점한 조건에서 입법부는 예산에 대한 실질적 심의권을 상실하는 결과가 초래되었다. 이 같은 문제를 해결하기 위해 미 의회는 행정부의 예산관리국(Office of Management and Budget: OMB)과 같은 수준의 정보 수준과 분석 능력을 갖춘 기관을 설립하기로 결정했고, 그 결과 탄생한 것이 의회예산처이다.

의회예산처는 처장과 부처장 밑에 예산분석국, 거시경제분석국, 조세분석국, 자연자원 및 통상국, 인적자원 및 지역개발국, 국가안보국, 특수연구국 등 7개의 국과, 자문실, 연구 및 보고담당실, 통신담당실 등 3개의 실로 구성되어 있다([그림 2] 참조).

의회예산처의 처장은 상하원 예산위원회의 추천을 거쳐 하원의장과 상원임시의장에 의해 임명되고 임기는 4년(중임 가능)이다. 처장은 지금까지 모두 경제학자들이었으며, 전문직 직원의 70% 정도가 경제학이나 공공 정책 분야의 석사 학위 이상 소지자들이다. 또한 업무 수행을 위하여 외부의 저명한 학자들로 구성된 자문단을 활용하고 있다. 주로 상·하원의 예산위원회, 세출위원회, 세입위원회, 재무위원회 등을 대상으로 미국 경제의 전반적인 상황과 연방 정부의 예산 및 각종 정책, 특히 예산이 국가 경제 전반에 미치는 영향에 대한 정보를 분석하여 제공한다. 이 부처의 임무 및 역할을 구체적으로 살펴보면, '5개년 경제 예측 및 예산 기준선 제시', '대통령 예산안의 분석', '예산 대안의 분석', '적자 감축안 마련', '각종 법안의 소요 예산 추산', '예산 규모 대비 지출 규모 확인', '재정 적자 목표 유지를 위한 예산 삭감 권고 보고서 작성' 등 매우 전문적인 업무를 맡고 있다.

　의회예산처는 행정부 산하 예산관리국과 경쟁 관계에 있으며, 예산 관련 위원회들은 양측으로부터 모두 정보·분석을 제공받는다. 예산관리국은 경제 성장·재정 수입 전망에 있어 비교적 낙관적으로 바라보기 때문에 재정 적자 규모를 실제보다 과소 추정하는 경향이 있는 반면, 의회예산처는 예산관리국에 비해 적자 재정의 추정치가 높게 나타나는 경향이 있다. 사후적으로 볼 때 의회예산처 예측의 정확도가 더 높다고 평가된다. 특히 미 의회 상하원예산위원회가 책임진 예산 집행 상황에 대한 감독 기능은 의회예산처의 전문적 판단에 상당 부분 의존하고 있는데, 예산관리국보다 의회예산처의 기록이 보다 공정하다고 판단되고 있기 때문이다.

[그림 2] 미국 의회예산처 조직 구조[4]

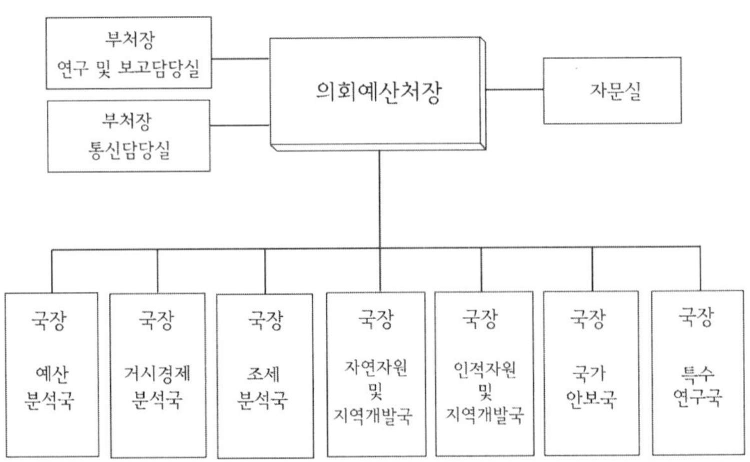

---

4. www.congress.org.

6) 회계감사원

　회계감사원(General Accounting Office: GAO)은 1921년 미국 정부의 예산, 회계 기능을 개선·강화하기 위하여 제정된 예산회계법에 의해서 창설되었다. 회계감사원이 설립되기 이전까지 연방 정부 회계 감사 기능은 재무부 관할이었다. 설립 당시 의회지도자들은 예산 감시 기관이 행정부 외부에 존재해야 한다고 판단했고, 그들은 회계감사원의 성격을 "권력에 대항하여 진실을 말할 의무를 가진 독립된 기관"으로 규정하였다. 회계감사원 구성을 보면, 원장Comptroller General 이하 처장Chief Operating Officer, 지원처장실Chief Mission Support Officer, 지역사무소 Field Operations, 품질감사 및 개선실Quality and Continuous Improvement, 특별감찰실Special Investigation, 법무국General Counsel을 두고 있다. 그리고 구매 및 조달관리(Acquisition and Sourcing Management: ASM), 응용연구 및 기법(Applied Research and Methods: ARM), 방위역량 및 관리(Defense Capabilities and Management: DCM), 교육 노동력 및 소득안정(Education, Work Force, and Income Security: EWIS), 재무관리 및 건전성(Financial Management and Assurance: FMA), 금융시장 및 지자체 투자(Financial Markets and Community Investment: FMCI), 국민보건(Health Care: HC), 국토방위 및 법률집행(Homeland Security and Justice: HSJ), 정보기술(Information Technology: IT), 국제 관계 및 무역(International Affairs and Trade: IAT), 자연자원 및 환경(Nature Resources and Environment: NRE), 인적인프라(Physical Infrastructure: PI), 그리고 전략적 과제(Strategic Issues: SI) 등 13개 기능별 활동국을 두고 있다([그림 3] 참조).

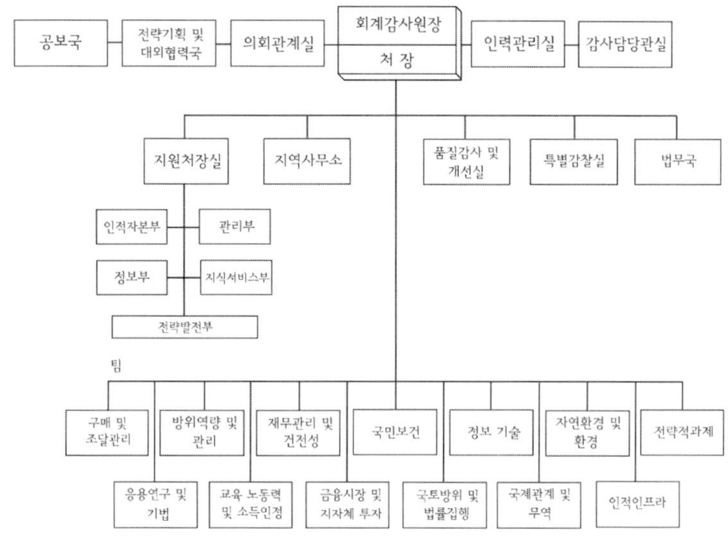

[그림 3] 미 의회 회계감사원 조직 구조[5]

회계감사원장은 상·하 양원 각각 5명으로 구성된 추천위원회에서 3명을 추천하고, 대통령이 상원의 인준 동의를 거쳐 임명하며 임기는 15년(단임)이다. 대통령은 추가 후보를 추천할 권한이 없다. 임명된 회계감사원장은 10년 근무 후에야 자진 사퇴가 가능한 한편 탄핵, 직무 수행이 불가능한 신체 장애, 비능률, 직무 해태, 부정 행위, 중죄, 도덕적 흠결의 발견 시에 청문회를 거쳐 상·하원 합동 결의에 의하여 해임이 가능하도록 하였다. 회계감사원은 연방 정부의 예산 지출과 운영을 감사하는 것을 임무로 하는 입법 지원 기구로서, 연방 정부의 예산을 사용하는 모든 사업과 활동을 조사할 수 있는 권한을 가지고 있다.

---

5. www.congress.org

회계감사원의 업무는 초기의 회계 감사에서 정책 및 사업 계획 평가로 발전되어 왔는데, 그 결과 현재 회계감사원 업무의 10%만이 회계 감사이고, 나머지 90%는 사업 계획 평가가 차지하고 있다. 회계 감사는 주로 회계 연도 말에 의회에 보고되고, 사업 계획 평가는 각 상임위가 수권법안 심사 시에 수행한다. 업무를 더 구체적으로 살펴보면, 법규에 의한 전임 연구, 위원회나 의원들의 요구에 의한 감사나 조사, 의회청문회 출석증언, 제안된 법안에 대한 법적 의견과 코멘트, 위원회에의 직원 파견 등으로 나뉜다.

회계감사원은 의회에서 예산이 수반되는 정책에 대한 조사·분석을 요구할 때 이에 응하여 업무를 개시한다. 따라서 행정부의 어떤 활동 분야가 특정 위원회나 의원에게 관심 사항이 될 때 해당 위원회나 의원은 회계감사원을 통하여 이에 대한 특별 조사를 실시할 수가 있다 (단, 중앙정보부와 연방준비위원회는 회계감사원의 감사 대상에서 제외됨). 회계감사원은 해마다 65~75개 정도의 보고서를 의회에 제출하며, 특히 사업 계획 평가 보고서는 의회에서 거의 예외 없이 채택되고 있다. 이 외에도 해마다 1000건 정도의 개별 보고서를 의회에 제출하며, 200회 정도 의회 증언에 참석하고 있다.

2. 미국 의회도서관의 연혁

미국은 1776년 영국으로부터 독립을 선언하고 이어 1787년에 새로운 헌법을 제정하였지만, 그 당시는 미국 공화제의 성공을 전혀 확신하지 못하는 시기였다. 그래서 미국의 입법가들은 고대 그리스와 로마의 정치와 18~19세기의 정치적 상황에 대한 경험을 될 수 있는 한 많이 알려고 노력하였다. 그리고 의회가 최초로 소집되었을 때 의원들은 지역의 도서관 회사나 클럽에서 역사, 경제, 정부에 관한 주요한 장서를 빌리거나 찾게 되었다. 연방 정부가 1800년에 새로운 수도 워싱턴으로 옮겨졌을 때, 의회도서관Library of Congress의 필요성이 대두되었다.

이러한 필요에 따라 1793년에 승인된 의사당 건축 계획에 도서관 설립을 포함했다. 초기 미국 의회도서관은 미국 의회 부속의 국립도서관으로서 1800년 4월 24일에 의사당 건물의 북쪽 부분에 완성되었고, 의회는 장서 구입비로 5000달러를 승인하고 상·하 양원 의원들이 이용할 수 있도록 하였다.

1802년 1월 26일 의회는 "상·하 양원이 이용할 도서관에 관한 법령"을 최초로 통과시켰다. 이 법은 미국의 대통령에게 도서관장의 임명권을 부여하였는데, 이에 토머스 제퍼슨Thomas Jefferson 대통령은 하원의 서기였던 존 제임스 벡크리(John James Beckley: 1802~1807, 제1대 관장)[6]를 초대 관장에 임명하였다.

1812년 영국군이 워싱턴에 침입하여 의사당 건물을 불태워서 여기에 소장되었던 3000여권 정도의 장서가 대부분 소실되었다. 이에 대해 의회는 1815년 토의를 거쳐 은퇴한 제퍼슨 대통령이 개인적으로 50여년 동안 모아온 장서 6487권을 2만 3950달러를 지불하고 구입하였다. 이 자료는 그 당시에 미국에서 가장 훌륭한 집서로 의회도서관 및 나아가 미국 국립도서관의 기초를 확립하는 데 기여하였다. 그 해에 제임스 매디슨James Madison 대통령이 임명한 조지 워터슨(George Watterson: 1815~1829, 제3대 관장) 관장은 재임 기간 동안 의회도서관의 장서를 증가시키고 국립도서관으로서의 개념을 인식시키는 데 노력하였다.

---

6. 국회도서관의 관장Head을 미국에서는 '의회의 사서the Librarian of Congress'라고 부른다.

미국 의회는 1832년에 의사당의 지하층에 2000권 소장의 별도 법률 도서관을 설치하였으며, 의회도서관이 국가문헌보존소 역할을 하도록 업무를 확대하였다. 1846년 의회는 저작권법을 통과시켜 최초로 개인 저작 3부를 정부에 납본하도록 하고 그 중 1부를 의회도서관에 보존하도록 하는 제도를 만들어 의회도서관의 발전에 새로운 방향을 제시하였다.

그 후 의회도서관은 몇몇의 관장에 의해서 획기적인 발전을 하였는데, 우선 에인스워즈 랜드 스포포드(Ainsworth Rand Spofford: 1864~1897, 제6대 관장)는 1864년 링컨 대통령이 임명한 관장으로 32년 동안 재직하면서 의회도서관을 위대한 국가의 국립도서관으로 전환시키기 위하여 많은 노력을 하였다. 1866년 4월 5일 법에 의하여 스미드소니언 연구소Smithsonian Institution 장서 4만 권을 이관 받고 동 연구소 자료의 국제 교환 업무도 1867년에 이관 받아 업무를 실시하였고, 1870년 저작권에 관한 업무를 특허청에서 의회도서관으로 이전시켰다. 그 당시 저작권법은 모든 저작의 2부를 의회도서관에 납본할 것을 명기하고 최초로 위반 시에는 벌칙이 주어지도록 하였다. 이 법 조항에 의하여 단행본, 연속 간행물, 음악 작품, 사진, 프린트물 그리고 지도 등 많은 자료들을 납본 받게 되어 장서도 8만 2000권에서 23만 7000권으로 증가시켜 놓았다.

1886년 의회도서관의 공간 부족으로 의사당의 동편에 새로운 건물을 지었는데, 그 건물을 돌과 대리석 등 좋은 재료로 건축하고 벽화와 조각품들로 장식하여 학문과 예술성을 상징하고 세계 문명을 대표하는 문화적인 공간이 되게 하였다. 바로 이 건물이 의회도서관에서 가장 오래된 건물로 현재의 토머스 제퍼슨 빌딩Thomas Jefferson Building이다.

허버트 푸트남(Herbert Putnam: 1899~1939, 제8대 관장) 관장은 40년 동안 재직하여 역대 관장 중 가장 오랫동안 근무한 사람이다. 그는

하버드와 컬럼비아 대학에서 법학을 전공하였고, 미네아폴리스(Minnea
-polis Athenaeum and Minneapolis Public Library in Minneapolis: 1884~1887)
와 보스톤(Boston Public Library in Boston: 1887~1899)의 공공도서관
관장도 역임하였다. 이러한 배경으로 그는 재임 기간 동안 의회도서관의
발전에 많은 기여를 하였다. 이 시기에 의회도서관은 도서관 장서를
문자 숫자 처리 시스템으로 재정리하였는데, 카드 목록 시스템을 도입하
여 미국의 도서 분류 체계의 새로운 기준을 제시하였다. 1901년에는
인쇄 카드를 만들어 사용하고 다른 도서관에도 판매하였으며 자료의
상호 대차제도도 실시하였다. 그리고 1903년에는 루즈벨트Theodore
Roosevelt 대통령의 명령에 의해 미 국무부와 기타 정부 기관의 역사적
인 기록 문서를 이관 받았다. 1915년에는 상ㆍ하 양원 의원들의 입법
활동을 돕기 위하여 입법참고부Legislative Reference Service를 설치하
였으며, 1925년에는 기부금과 자료, 기타 시설과 물품의 기증을 받도
록 의회도서관에 대한 신탁기금법령이 의회에서 통과되도록 하였다.

1930년에는 본관 뒤편에 부지를 마련하여 650만 달러의 예산을
사용해서 부속 건물을 지었는데, 이 건물은 1939년에 개관되었으며
이것이 바로 오늘날의 존 아담스 빌딩John Adams Building이다.

그 다음으로 중요한 변화의 시기가 아이젠하우어Dwight D. Eisenhower
대통령이 1954년에 임명하여 20년 동안 재직하다가 1974년에 퇴직한
퀸시 멈포드(L. Quincy Mumford: 1954~1974, 제11대 관장) 관장의 시기다.
그는 재임 초기 10년 동안 예산을 930만 달러에서 2400만 달러로 증액시
켰으며, 이때 의회도서관은 1956년 이전에 출판된 책에 대해서 국가종합
목록National Union Catalog을 출판하였다. 아울러 목록의 자동화와 함께
새로운 책이 출판되기 전에 목록을 작성할 수 있게 CIP(Cataloging in
Publication)의 혁신적인 개념을 도입해서 결국 1973년부터 채택하게

되었다. 의회도서관은 추가적인 공간의 필요성에 의하여 건물 신축에 1억 2300만 달러의 예산을 책정하였으며, 1965년부터 짓기 시작하여 1980년에 일반에게 공개되었는데, 이 건물이 바로 제임스 매디슨 빌딩 James Madison Building이다.

이와 같은 성장 발전의 역사와 더불어 의회도서관의 현재 직원은 1987년 4월에 레이건Ronald Reagan 대통령이 임명한 제13대 관장 제임스 빌링톤(James H. Billington: 1987~현재, 제13대 관장)을 비롯하여 4120명의 정규직원이 근무하고 있다. 분류된 장서 1972만 9698권을 포함하여 전체 자료는 1억 3019만 8420건이며 예산(2004 회계 연도 기준)은 5억 5929만 9548달러에 이른다. 이와 같은 의회도서관의 규모는 의회도서관의 기능과 국가 대표 도서관 기능의 이중 기능을 수행하면서 세계에서 가장 큰 도서관일 뿐만 아니라 인류 역사상 최대의 도서관으로 자리를 굳히고 있다.

3. 미국 의회도서관의 조직과 기능

1) 미국 의회도서관의 시설과 자료

미국 의회도서관의 시설

캐피톨 힐Capitol Hill에 위치한 미국 의회도서관은 토머스 제퍼슨 빌딩, 존 아담스 빌딩, 그리고 존 매디슨 빌딩으로 이루어져 있으며, 이 세 건물들은 지하 통로로 서로 의사당까지 연결되어 있다.

제퍼슨 빌딩은 미국의 제3대 대통령 토머스 제퍼슨Thomas Jefferson

을 기념하기 위하여 1980년에 재 명명된 건물로 1897년에 지어졌으며 의회도서관 건물 중 가장 오래되었다. 이 건물은 이탈리아의 르네상스식 건물로 그 당시 세계에서 가장 크고 비용이 많이 든 도서관 건물로서, 훌륭한 조각품, 벽화 그리고 50명의 미국 예술가가 창조한 모자이크 그림으로 장식되어 있다. 건물의 중앙홀은 탑 형식의 대리석 원주와 벽화, 모자이크, 조각, 채색 유리, 그리고 세계 문명을 추구한 학자 · 철인 · 지식인과 관계된 주제를 다룬 조상彫像들로 장식되어 있다.

1991년 초에 다시 공개된 중앙열람실은 천장이 돔dome 형식으로 높이 160피트(약 48m)와 넓이 100피트(약 30m)의 커다란 원형 열람실로 250석 정도의 열람실을 보유하고 있다. 주변의 천장 양식은 중앙홀처럼 위대한 인류 문명의 발달을 상징하는 조각, 조상, 벽화, 모자이크, 그리고 채색 유리로 장식되어 있으며, 주위는 앨콥Alcove식[7] 참고열람실과 서고로 되어있고, 여기에 소장된 참고 도서는 약 4만 5000권에 이른다. 단행본과 기타 자료를 소장한 서고는 중앙열람실과 방사형을 이루고 있으며, 열람석 중앙에 있는 대출대는 다른 도서관 건물 서고와 자료를 선로 형식의 기계 장치로 운반할 수 있는 컨베이어 시스템으로 되어 있다. 이 건물에는 귀중 도서 및 특수집서 열람실, 향토사 및 족보 열람실, 마이크로자료 열람실, 민속자료 열람실, 의회전용 열람실, 유럽 자료 열람실, 스페인 자료 열람실, 아동 문학 센터 그리고 사무실로는 자료의 대차부서가 있다.

제퍼슨 빌딩 바로 뒤편에 위치한 아담스 빌딩은 1939년에 개관한 별관으로 미국의 제2대 대통령 존 아담스John Adams를 기념하기 위하여 재 명명된 건물이다. 이 건물은 제퍼슨 빌딩과 비교하면 간소한 것

---

7. 앨콥이란 인테리어 용어로서 ① 방안의 후미진 구석이나 주실에서 이어진 골방. 방벽의 오목하게 들어간 곳으로 간이 침대를 놓거나 서가를 놓기도 한다. ② 공원, 정원 등의 정자를 뜻한다.

같지만 1925년에 개최한 파리의 장식 예술 전시회의 영향을 받아 장식 예술 건축 양식의 훌륭한 본보기가 되었다. 이용자 공간은 상상력이 풍부한 벽화로 장식되었으며, 특히 유명한 것은 건물의 5층 열람실에 있는 초서의 『캔터베리 이야기*Chaucer's Canterbury Tales*』를 장식하는 훌륭한 금속 조각품이다. 이 건물에는 아프리카, 아시아, 극동, 히브류 등 각 지역별 열람실과 자연과학 열람실, 사회과학 열람실, 사무실로는 목록 배포부서와 기타 사무실을 수용하고 있으며, 도서관학 관계 자료 또한 이곳 서고에 소장되어 있다.

특히 이 건물 2층에는 아시아 부서가 있는데, 한국, 중국, 일본의 자료를 이용할 수 있다. 아시아 부서 내에 있는 한국과는 한국국제문화 협회 후원으로 1950년대 후반에 미국의 연방 정부 기관과 학계의 한국 전쟁에 관한 참고 자료의 필요성 증가로 현 아시아 부서인 동양부서 내에 설치되었다. 그리고 한국어로 된 자료 정리를 위하여 양기백 박사가 최초의 정식 직원으로 임명되었다. 행정 조직상 1964년부터는 한중과로 되었다가 한국에 관련된 자료가 급격하게 증가하고, 한국 문제가 미국의 초점으로 부각되고, 한국의 빠른 경제·기술의 발전과 함께 한국인의 미국 이민이 증가함에 따라 미국의 정부 기관, 학계 및 이해 관계가 있는 일반인이 한국에 대한 정보와 자료, 그리고 연구를 요구함으로써 독립된 과의 설치가 필요했다.

미국의 의회도서관 내에 독립된 한국과는 한국의 국제문화협회가 미국 의회의 200주년 기념 사업의 일환으로 기증한 100만 달러로 설치되 었는데, 한국의 학문적인 출판물을 많이 수입하고 한국 자료에 대한 다양한 학문적이고 문화적인 계획도 수립하였다. 이러한 발전 과정을 거쳐서 양기백 박사는 1972년부터 한국 지역에 대한 전문가가 되었고 독립된 한국과의 설치를 보게 되었다. 현재 한국과에는 5명의 직원이 있으며, 자료는 4500권의 단행본에서 출발하여 현재는 한국에 관한 각종 단행본, 정부 및 단체 간행물, 한국의 신문 및 잡지 등의 연속 간행물, 북한 자료 등으로 12만 권 이상으로 증가하였다. 이러한 한국과의 자료는 일본 다음으로 가장 규모가 크다. 이러한 자료를 통하여 한국과는 미국의 정부 기관, 학자, 일반 이용자 그리고 미국 주재 한국공관, 기타 미국 주재 각종 기관 단체, 교포 및 유학생에게 서비스를 제공한다.

마지막으로 미국의 의회도서관에서 가장 새로운 건물이며 미국의 제4대 대통령 제임스 매디슨James Madison을 기념하기 위하여 이름 붙여진 매디슨 빌딩은 2005년 현재 도서관 단일 건물로는 세계에서 가장 크다. 거리의 한 블록을 차지하고 있는 이 건물은 인디펜던스가 Independence Avenue를 가운데 두고 제퍼슨 빌딩의 맞은편에 위치해 있다. 1980년에 일반에게 공개되었으며 매디슨 대통령의 거대한 동상이 있는 넓은 기념홀을 제외하고는 별다른 큰 특징이 없으며 그 내부는 벽의 이동이 가능하도록 모듈러modular식으로 지어졌다.

이 건물에는 주로 의회도서관의 행정 사무실이 있으며, 지도, 원고, 영화와 TV, 프린트물과 사진, 음반 등의 비책자 자료 열람실, 신문과 연속 간행물 열람실 그리고 방문자 안내 극장, 홍보실과 안내실, 기념품실, 식당 등이 있다.

미국 의회도서관의 자료

미국 의회도서관 자료의 형태는 파피루스에서 광디스크에 이르기까지 다양하며 2004년 회계 연도 말 현재 총 1억 3019만 8420건의 자료를 소장하고 있다. 이 자료를 소장한 서가의 배열 길이는 575마일(약 926km)에 이르며, 자료 수입을 시간별로 따지면 1분간 약 10건 정도이며,

평균적으로 100만 명이 넘는 사람들이 인터넷으로 접속을 하고 있다.

자료의 내용 또한 다양하여, 470여 종의 언어로 된 약 3000만 권 정도의 단행본과 팸플릿, 그리고 약 1억 개 정도의 자료가 아직 분류되지 않은 채 남아있다. 즉, 2700만 건의 오디오에 관련된 품목들(예를 들어 디스크, 테이프와 다른 종류로 녹화된 자료들), 5850만 건의 다양한 원고들, 480만 건의 지도와 지도첩들, 전 세계에서 수집된 악보와 작곡자 및 음악가의 편지 등을 포함한 790만 건의 음악에 관련된 자료들, 1390만 건이 넘는 다양한 종류의 프린트물, 1400만 건의 마이크로 자료와 기타 영화, 사진, 비디오테이프 등의 시청각 자료로 이루어져 있다.

이러한 소장 자료의 증가를 연도별로 살펴보면 의회도서관이 최초로 의사당 내에 설치된 1800년에는 243권의 책으로 출발하여, 의사당이 화재로 파괴된 1814년에는 6500여 권이 있었고, 새로운 저작권법에 따라 2부의 납본이 시작된 1870년에는 단행본 이외의 자료까지 합하여 10만 건, 1897년 제퍼슨 빌딩이 일반에게 공개되었을 때는 90만 건, 1960년대 도서관에 컴퓨터가 도입되고 세계적인 지식의 보고가 되었을 때는 3900만 건, 1980년 매디슨 빌딩이 개관되었을 때는 7700만 건, 그리고 2004년 회계 연도 말에는 단행본에서 광학 디스크까지 포함하여 1억 3000만 건 이상으로 증가하였다.

2) 미국 의회도서관의 직원과 예산

미국 의회도서관의 직원

1802년 1월 26일 최초로 "상·하 양원이 이용할 도서관에 관한 법령"이 의회에서 통과되었는데, 이 법에 의하여 미국의 대통령이 의회도서관장(의회사서: the Librarian of Congress)을 임명하도록 규정되었으며 의회도서관의 발전을 위하여 상·하 양원의 의원들로 구성된 도서관합동위원회를 설치하였다. 이러한 법령에 기초한 의회도서관장의 임명은 현재에도 적용되며, 의회도서관장은 대통령이 임명하고 상원의 인준을 받는다. 그리고 의회도서관장이 집행할 의회도서관의 예산은 의회의 승인과 검토를 거친다. 또한 의회도서관이 수행한 업무는 도서관 합동위원회에 보고해야 한다.

의회도서관의 조직과 관리는 의회도서관장이 관할하며, 의회도서관장은 2004년 회계 연도 말 현재 의회조사처, 법률도서관, 사서청, 도서관봉사처, 저작권청 그리고 전략기획청 등 6개 부서의 업무를 감독하고, 의회도서관장 직속으로 각 부서의 책임자인 부관장으로 구성된 도서관경영관리팀을 운영한다.

의회도서관장은 비록 대통령이 임명하지만 정권이나 대통령이 바뀌어도 특별한 사유가 없는 한 업무의 일관성과 전문성을 인정하여 계속 연임한다. 그래서 토머스 제퍼슨 대통령이 존 벡크리(John James Beckley: 1802~1807)를 초대 의회도서관장으로 임명한 이래 대략 205년의 의회도서관 역사에 13명의 의회도서관장이 재임하였고, 평균 재임 기간은 약 15년이었다. 제7대 의회도서관장 존 영(John Russell Young: 1897~1899)은 재임 기간 중 사망하여 14개월 정도 근무하였지만, 제6대 의회도서관장인 에인스워즈 스포포드(Ainsworth Rand Spofford: 1864~1897)는 32년간, 제8대 의회도서관장 허버트 푸트남(Herbert Putnam: 1899~1939)은 40년간, 제11대 의회도서관장 퀸시 멈포드(L. Quincy Mumford: 1954~1974)는 20년간 근무하였다. 현재 제 13대 의회도서관장인 제임스 빌링톤 James H. Billington 역시 1987년 레이건 대통령이 임명하여 대통령과 정권이 바뀌어도 지금까지 계속 근무하고 있다.

[표 1] 미국 의회도서관의 인적 자원

단위: 명

미국 의회도서관의 고용 인력	
사서청 (Office of the Librarian)[8]	496
의회조사처 (Congressional Research Service)	699
저작권청 (Copyright Office)	507
법률도서관 (Law Library)	81
도서관봉사처 (Library Services)[9]	2,072
전략기획청 (Office of Strategic Initiatives)[10]	265
총 의회도서관의 고용 인원	4,120

* 자료: Annual Report of the Librarian of Congress for the fiscal year ending September 30, 2004.
* 주: 단기 고용된 인원이나 규정에 없이 고용되거나 임시직인 경우는 제외되었다.

현재 미국 의회도서관의 직원은 2004년 회계 연도 말 기준으로 총 4120명으로 관장실 및 사서청 496명, 의회조사처 699명[11], 법률도서

---

8. 사서청Office of Librarian은 도서관장과 부관장 등을 포함includes Office of the Librarian and Deputy Librarian; Communications; Congressional Relations; Development; General Counsel; Inspector General; Planning, Management, and Evaluation; Training and Development; Workforce Diversity하여 총 113명이며, 인력자원처Human Resources Services는 49명, 통합지원처Integrated Support Services는 136명, 재정사무부Office of the Chief Financial Officer에 53명, 그리고 보안 및 긴급준비부Office of Securities and Emergency Preparedness에 145명을 합하여 사서청Office of Librarian의 총인원이 496명으로 구성된 것이다.

9. 도서관봉사처Library Services는 도서협력부Office of the Associate Librarian에 17명, 운영과 Operations 74명, 수서과Acquisitions and Support Services 278명, 지역연구수집과 Area Studies Collections 107명, 색인과Cataloging 526명, 국민봉사실NationalServices 107명, 장애인봉사실 National Library Service for the Blind and Physically Handicapped 99명, 보존과Preservation 118명, 그리고 열람실Public Service Collection 746명 등으로 구성되어 총 2072명이 근무하고 있다.

10. 전략기획청Office of Strategic Initiatives은 총 265명으로 전략기획실Office of Strategic Initiatives에 56명과 정보기술부Information Technology Services에 209명으로 구성되어 있다.

11. 2004 회계 연도에 발행된 의회도서관 연보(Annual Report of the Librarian of Congress for the fiscal year ending September 30, 2004)에는 의회조사처의 인원이 699명으로 되어 있으나, 2004 회계 연도에 발행된 의회조사처 연보(Annual Report Fiscal Year 2004, Congressional Research Service, 2005)에는 729명으로 기록되어 있다. 이는 단기 고용된 인원이나 규정에 없이 고용되거나 임시직인 경우에 기록에서 제외되었기 때문에 자료상

관 81명, 저작권청 507명, 도서관봉사처 2,072명 그리고 전략기획청 265명으로 구성되어 있다([표 1] 참조).

미국 의회도서관의 예산

미국 의회도서관의 최초의 예산은 1800년에 장서 구입비로 5000달러를 승인한 것을 비롯하여 1812년에는 영국과 전쟁으로 인해 장서가 훼손되어 이를 보충하기 위하여 1만 5000달러를 사용하도록 승인하였다. 그리고 1851년에는 화재로 인한 장서의 손실을 보충하기 위해서 7만 5000달러를 승인하고, 열람실 재건을 위해서는 9만 3000달러를 사용하도록 하였다.

1865년 스포포드 도서관장 재임시에는 도서관 확장을 위해서 16만 달러의 예산을 승인하였으며, 1930년에는 부속 건물을 신축하는 데 650만 달러의 예산을 승인하였다. 1947 회계 연도에는 975만 달러로 예산이 증가되었으며, 1960년대 멈포드L.Q. Mumford 도서관장 재임 기간에는 2400만 달러로 그 예산이 증액되었다. 그리고 1974년에는 9670만 달러의 많은 예산의 증액을 가져오게 되었다. 이러한 예산의 계속적인 증액으로 1992 회계 연도 예산은 전년도 보다 9% 증가한 총액 3억 2222만 8000달러였다. 이 기간의 중점 사업은 전산화 시스템의 현대화와 새로운 시설의 기술 개량, 그리고 데이터베이스의 확대 등이었다.

2004 회계 연도에 와서는 의회도서관의 총 예산이 5억 5929만 9548 달러에 이르렀으며, 그 대표적인 예산 내역은 봉급과 기타 경비 3억 6870만 8707달러, 의회조사처 업무 9118만 4817 달러, 저작권청 업무 48만 5089달러 그리고 맹인 및 기타 장애인 도서 구입비 5140만 935달러

에 오차가 발생된 것이다.

등으로 되어 있다. 그리고 2005 회계 연도 총 예산은 5억 8958만 7000달
러로 책정되어 있다([표 2] 미국 의회도서관의 총 예산 참고).

[표 2] 미국 의회도서관의 총 예산[12]

	2004년	2005년
봉급 및 기타 경비	$ 368,708,707	$ 381,593,632
의회조사처	91,184,817	96,117,856
저작권청	48,005,089	53,182,112
맹인 및 기타 장애자 도서 구입비	51,400,935	53,976,704
합계	$ 559,299,548	$ 584,870,304

3) 미국 의회도서관의 조직

미국 의회도서관은 8개의 부국Departments 제도로 구성되어 있었으
나, 제13대 도서관장인 제임스 빌링톤James H. Billington이 부임한 이후
1990년부터 기구의 새로운 편성을 계획하여 7개의 새로운 서비스 조직
units으로 구성되었다. 이는 계층형의 부국 제도의 조직에서 보다 유연한

---

12. Annual Report Fiscal Year 2004, Congressional Research Service, 2005.
2003년 9월 30일 대통령에 의해 승인된 2004년 미국 연방의회예산지출승인법(The
Legislative Branch Appropriations Act of 2004(PL 108-83))에 따라 2004 회계 연도 의회도서관
예산이 $ 562,619,000로 확정되었으나, 2004년 1월 24일 확정된 2004 미국 통합 의회예산
지출승인법안(The Fiscal 2004 Consolidated Appropriations Bill(PL108-199))에 의해 2004
회계 연도 의회도서관 예산이 0.59% 삭감된 $ 559,299,548로 확정되었다.
2004년 12월 8일 대통령에 의해 승인된 2005년 미국 통합의회예산지출승인법(The
Consolidated Appropriations Act of 2005(PL 108-447))에 따라 2005 회계 연도 의회도서관
예산이 $ 589,587,000으로 확정되었으나, 공법에 따라 연방 예산안의 0.8%가 삭감되어
$ 584,870,304로 확정되었다.

서비스 단위인 Unit형 조직으로 기구가 개편된 것이다. 그리고 이 7개의 주요 서비스 조직units 아래에 수십 개의 처office, 국division, 과section 등으로 이루어져 방대한 조직 구조를 가지고 있으며, 법률도서관과 일부 하부 조직의 편성은 여전히 검토 중에 있다. 또한 리오데자네이로 Rio de Janeiro, 카이로Cairo, 뉴델리New Delhi, 카라치Karachi, 자카르타 Jakarta, 나이로비Nairobi, 모스크바Moskva에 7개의 해외 사무소를 두고 있다.

[그림 4] 미국 의회도서관의 조직[13]

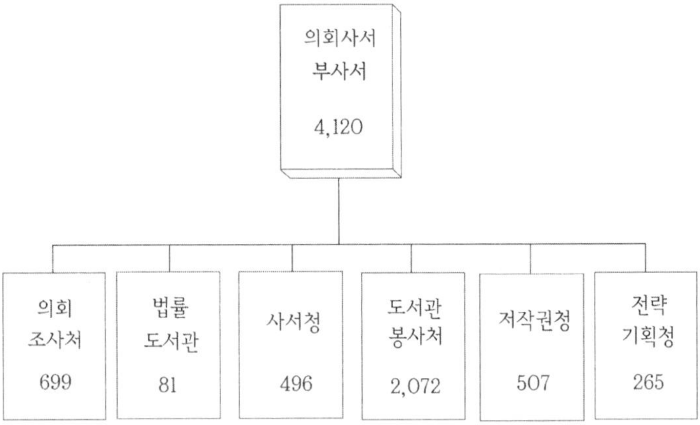

사서청

사서청Office of the Librarian은 도서관 집행위원회를 보좌하며 도서 관 전체의 행정 업무를 총괄하는 부서로서, 그 주요 업무로는 자료의 선정과 수집, 수집 자료 우선 순위 결정, 의회도서관 시스템으로 분류, 목록, 주제 분석, 보존, 폐기 결정 그리고 통계 작성 등이 있다.

---

13. Annual Report Fiscal Year 2004, *Congressional Research Service*, 2005.

사서청의 기본 방향은 인간의 지식과 창작물에 대한 전 세계적인 자료의 수집에 있다. 자료의 수집은 주로 저작권법에 의한 납본, 장애자를 위한 특수 자료 구입, 그리고 교환과 기증 방법에 의하며, 특히 외국 자료의 수집은 주로 기증이나 교환에 의한다. 최근의 사서 정책은 기존 자료 수집 외에도 전자 자료나 마이크로 자료에 중점을 둔다.

자료의 정리를 위해 1940년 12월 도서관 일반명령 1004호에 의하여 기술 목록과 주제명 목록을 할 수 있는 부서를 만들고 업무를 분담하였다. 주제명 목록을 다루는 부서는 모든 책의 주제 분석을 하고 주제명표목의 최신성을 유지하기 위해서 담당자는 주제전거기록Subject Authority Record을 작성하여 심의를 거쳐 의회도서관 주제명표목에 추가한다.

의회도서관은 1940년 연보에 다음 세 가지 선정법률Cannons of Selection[14]을 기록하고 있다. 첫째, 의회 및 미국 정부가 그 실무 완수에 필요한 모든 자료를 이용하기 쉬운 형태로 보존해야 한다. 둘째, 미국 국민에 관하여 기록한 모든 도서와 정보 자료를 원본 또는 복사본으로 보존해야 한다. 셋째, 미국 국민들과 관련된 외국의 과거와 현재의 기록을 원본 또는 복사본으로 수집하고, 이용하기 쉬운 형태로 보존해야 한다.[15] 이 사서청에는 이외에도 십진분류, MARC(Machine Readable Cataloging)편집, 온라인 목록 시스템Online Cataloging System, 미국 의회도서관 분류법Library of Congress Classification, 보존 등 많은 부서가 있다.

사서청의 궁극적인 목표는 지식과 정보에 대한 여러 형태의 자료들을 수집, 정리, 보존하여 미국 의회, 타 도서관 그리고 일반 이용자들에게 신속하고 광범위하게 그리고 심도 있게 봉사하는데 있으며, 이를 위해 늘 새로운 방법을 개발하고 있다.

---

14. 당시 관장이었던 A. MacLeish(1939~1944, 제9대 관장)가 발표하였다.

15. Library of Congress, *Annual report of the Librarian of Congress 1940.* (Wash. 1941) pp.24~25.

의회조사처

의회조사처(Congressional Research Service: CRS)는 의회에 관련된 모든 문제에 대하여 연구·조사하는 부서로, 이는 1914년 입법 조사 보조를 위하여 의회에 설치되었던 입법참고국을 대체하여 1970년 법령에 의해 의회도서관 내에 독립 부서로 설치되었다. 이 의회조사처는 주제별로 상·하 양원 의원 활동의 모든 문제에 대한 정보를 제공하고, 의회가 운영되는 과정에 대해서도 문제점을 지적하고 있다. 청문회가 개최될 때 그 문제에 대하여 권위있고 전문성있는 증인의 선정에도 각 위원회에 도움을 준다.

또한 의회조사처에서는 웹사이트를 통하여 최근 법률안이나 입법 정보 자료들을 분석·제공하고 있다. 2004년 회계 연도 현재 의회조사처에 근무하는 정규 직원은 총 699명이고 이 중에서 약 500여 명이 해당분야의 전문가들이다. 자료의 조사·연구 응답 건수는 약 8112건에 달하며 89만 9284건의 연구 자료들을 직접 생산해서 의원 사무실에 배포하였다. 2004년도의 주요 문제로는 이라크와의 전쟁, 9·11 테러 문제, 자국 보호 문제, 북핵 문제, 광우병, 지적재산권, 의료 보험, 국제 무역, 예산 증액 그리고 금융 문제 등이 있다. 이러한 의회조사처에 대해서는 다음에 입법 정보 기능에서 자세히 언급하기로 한다.

도서관봉사처

도서관봉사처Library Services는 자료 수집, 색인, 자료 보존 등 도서관의 전통적인 업무를 담당하며 유럽, 아시아, 아프리카 등 지역 정보를 수집·분류하여 일반인들에게 제공하는 곳이다. 이곳에서는 문화 업무도 담당하는데, 이 문화 업무는 국가적 계획으로 도서관의 정보, 출판, 교육, 전시, 아동 문학 센터 업무, 장애자 봉사 업무 그리고 미국 민속

센터 업무 등이 있다. 이는 의회도서관의 모든 대외 봉사 업무의 일환으로 이러한 활동은 주로 실내악 연주, 시낭송회, 영화 감상, 강연, 심포지엄 등으로 일년 내내 계속된다. 이러한 활동 중에서 중요한 것을 보면 장래가 촉망되는 시인, 소설가 그리고 희곡 작가에게 의회도서관장이 상을 수여하거나, 저명한 저자, 비평가, 사설가, 역사가 그리고 아동 문학가를 초청하여 강좌 및 강연회를 개최하는 것을 들 수 있다.

그 다음으로 중요한 업무는 각종 전시회를 개최하는 것이다. 특히 1993년 1월 8일부터 4월 30일까지 "로마의 환생: 바티칸 도서관과 르네상스 문화Rome Reborn: The Vatican Library and Renaissance Culture"라는 제목으로 바티칸 도서관의 소장 자료를 전시한 것을 한 예로 들 수 있다. 500만 달러의 예산으로 약 200점 정도의 보물급 자료를 제퍼슨 빌딩의 중앙홀에 전시하였는데, 여기에는 아직까지 일반인에게 공개하지 않았던 귀중한 원고, 책, 지도 등이 포함되었다. 이러한 자료는 그리스 로마 시대의 유물로서 인문주의 재발견에 중요한 역할을 한 자료들이다. 그리고 의회도서관 직원의 정서 함양과 자아 실현을 위하여 직원들의 작품들로 미술 및 공예 전시회도 개최하고 있는데, 2005년 현재 33회째를 맞이했다.

의회도서관 자체 홍보로는 매디슨 빌딩 1층에 위치한 방문객 안내극장에서 22분짜리 도서관 소개 영화가 30분마다 매일 상영되고 있으며, 하루에 세 번씩 직접 안내원이 설명을 곁들여서 도서관 견학 서비스를 제공하고 있다.

저작권청

저작권청Copyright Office은 미국 내에서 발간되는 자료에 대하여 그 저작권을 보호하는 기관이다. 의회는 1790년 5월 처음으로 특허법을 만들었으며, 저작권청의 저작권등록 업무는 1870년 특허청으로부터 이관 받아 저작권법에 의하여 의회도서관 업무의 중요한 부분이 되었다. 저작권법에 의하면 "저작권은 모든 대상 자료가 발간되면 이를 보호하기 위하여 최초의 판에 그 창작권을 준다"고 되어 있다. 따라서 저작권청에 출판물에 대한 등록이나 다른 조치가 없는 것은 출판권의 보호를 받을 수 없게 되어 있다. 납본에 있어서는 예술적인 저작물에 대해서는 1부를 납본 받고 인쇄된 자료는 2부를 납본 받게 되어 있으며, 모든 납본 자료를 전부 소장하는 것이 아니라 약 3분의 2정도 저작권 등록청에 소장하도록 되어 있다. 이러한 저작권법을 통한 자료의 장서화는 미국 의회도서관 장서의 중요한 부분을 차지하고 있으며, 미국 의회도서관이 국립도서관으로서의 기능을 발휘하는 데 있어 큰 힘이 되고 있는 것이다.

법률도서관

법률도서관Law Library은 세계 각국의 법률 관련 자료를 수집·보관 하고, 이와 관련된 미국 의회 안팎의 질의에 회답하는 업무를 담당하고 있다. 법률도서관의 주요 기능은 미국법과 외국, 국제 및 비교법에 관하여 의회에 참고 질의 회답과 조사 연구 서비스를 하는 것이다. 그 외 행정부, 사법부, 법률 관계 조사 연구 기관 등에 대해서도 봉사를 하는데 이것은 우리나라 행정부처 법무해당관실의 역할과 유사하다. 미국 입법에 관하여 법률도서관은 단순히 열람과 자료 모집만을 하며, 미국 입법에 관한 조사·연구는 의회조사처의 미국법부에서 맡고 있다. 법률도서관은 입법 조사도 하면서 법률에 관한 한 도서실의 역할을 하므로 의회조사처와 일반 조사국의 중간 형태의 성격을 지녔다고 할 수 있다.

법률도서관은 1832년에 엔드류 잭슨Andrew Jackson 대통령이 법안에 서명함으로써 의회도서관 내에 개설되어 있는 별도의 가장 오래된 부서이다. 열람실과 자료는 매디슨 빌딩에 있으며, 보관 중인 자료는 약 250만 권의 단행본, 연속 간행물 그리고 기타 인쇄물 등으로 세계에서 규모가 가장 크다. 미국 내의 자료와 해외 법률 자료 등 법률 분야의 각종 자료들을 수집·정리하여 미국 의회는 물론 연방 정부 기관 그리고 일반인들에게 참고 봉사 업무를 수행하기도 한다. 여기에도 주제별로 전문가들이 배치되어 있어 질문에 대해 조사·연구를 수행·보고하고 있으며, 직접 참고 봉사 업무를 수행하기도 한다.

또한 법률도서관에서는 온라인 데이터베이스를 구축하여 전체 의회 사무실에서 파일 검색을 가능하게 하였고, 외국 법률 데이터베이스의 이용으로 법률적 이슈에 대한 연구 작업에 편의를 제공하고 있다. 그리고 법률 연속 간행물을 자동화 시스템에 의해 체크할 수 있는 프로젝트를 추진 중에 있다.

2004 회계 연도에 법률도서관의 법률 전문가들과 분석가들이 1947개의 법률 연구 논문과 자료들을 만들었는데, 이는 지난해 대비 67% 증가한 것이었다. 그리고 미국 연방 정부, 미국 내의 일반인과 외국의 일반인에게까지 제공한 모든 자료는 약 11만 1739건으로 지난해 대비 14%, 즉 1만 3404건이 증가된 것이다. 법률도서관의 직원들은 이메일로 요청된 2760건의 서비스를 처리했고, 전화 문의는 1만 2072건 그리고 팩스나 우편으로는 1만 890건을 처리하였는데, 이것은 지난해 대비 60%로 가장 많이 증가되는 서비스 중 하나이다.

전략기획청

전략기획청Office of Strategic Initiatives은 의회도서관의 전략 계획을 수립하고 초기 디지털화와 기술적 필요성에 대한 제도적 운영과 관리를

책임지고 있는 부서로서 2002년에 설립되었다. 온라인으로 일반인들이
의회도서관의 기초 자료를 이용할 수 있도록 모든 자료를 디지털로
변환하고, 기술적 지원을 통해 의회도서관의 웹사이트를 유지 · 관리하는
기능을 가지고 있다.

또한 전략기획청은 의회도서관을 이용할 후세를 위해 모든 자료를
디지털로 변환하고 유지하기 위해 국가 디지털 정보 기반 시설 및
보존 프로그램(the National Digital Information Infrastructure and Preservation
Program=NDIIPP)을 시행하고 있다.

도서관 직원들의 상호 의사 소통을 원활히 하기 위해 2004년 4월
인트라넷을 설치하였다. 즉, 의회도서관 직원들을 위한 디지털 전략을
만들 수 있는 시설을 구축한 것이다. 의회도서관의 디지털 정보를 적절히
운영하여 정보와 자료를 효율적으로 사용할 수 있도록 의안 제출 인트라
넷을 설치하였다. 그리하여 전략기획청은 새로운 디지털 형태의 웹사이
트를 발전시켰으며, 자료 보존에 관한 전략적 계획을 수립할 수 있게
되었다.

4. 국가 전자 도서관 프로그램

미국은 이미 정보 고속도로 구축 사업의 일환으로 전자 도서관
이니셔티브Digital Library Initiatives를 구성하여 미래의 전자 도서관에
대한 모델 개발과 이를 지원할 수 있는 기술적, 제도적 장치에 대한
다양한 시험을 시도하고 있다.

1) 미국 의회도서관 국가 전자 도서관 프로그램

미국 의회도서관은 1994년 국가 전자 도서관을 구축하기 위한 프로젝트로 국가 전자 도서관 프로그램(National Digital Library Program: NDLP, 이하 NDLP)에 착수하였다. NDLP의 목적은 의회도서관이 소장하고 있는 수많은 장서를 미국 전역에서 이용할 수 있도록, 여러 가지 유형의 자료들을 디지털화 하는 데 필요한 다양한 경험과 기술을 개발하는 것이다.[16] 이와 관련하여 14개 기관이 국가 전자 도서관연맹협약National Digital Library Federation Agreement을 체결하고 정보의 디지털화, 검색 시스템의 구축, 협력 체제의 운용에 참여하고 있다.

미국 의회도서관의 국가 전자 도서관 프로그램 가운데 관심을 끄는 것은 도서관 자료의 디지털화 및 관련 기술에 관한 연구뿐만 아니라, 국가 전자 도서관이 해결해야 할 중요 과제 중 하나인 저자의 지적 소유권 보호, 무단 자료 접근 방지 등 저작권 보호 장치의 개발이다. NDLP는 몇 가지 저작권 시범 과제를 진행하여 저작권자의 인터넷을 통한 저작권 신청서 제출, 저작권 자료의 기계 가독형 보존 등을 위한 시스템을 개발 중에 있다. 또한 교육 연구 목적으로 제공되는 고품질의 디지털 이미지에 대한 이용 제한에 관한 경험을 축적하기 위해 MESL(Museum Educational Site Licensing)프로젝트에 참여하고 있다. NDLP가 미국의 국가 대표 도서관이 주도하는 국가적 규모의 디지털 도서관 구축 프로젝트라고 한다면, 1994년에 발족한 NSF-DARPA-NASA Initiative는 학계를 중심으로 전자 도서관을 구축하는 데 필요한 각 분야별 기술적인 문제점을 연구하고 서로의 연구 결과를 공유하기 위한 프로젝트라고 할 수 있다. 이 프로젝트에서는 서로 다른 환경

---

16. G. Lamolinara, "How the Electronic Library Evolved," A Periodic Report from the National Digital Library Program, No. 2. http://lcweb.loc.gov/ndl/sep-95.html

하에 분산되어 있는 대규모 정보원에 대해 쉽게 접근할 수 있는 방법을
제시하고, 다양한 유형의 정보를 저장, 탐색, 처리, 검색할 수 있는
이용자 지향적 인터페이스 개발을 목표로 하고 있다.

2) NSF-DARPA-NASA Initiative

[표 3] NSF-DARPA-NASA Digital Library 구성 프로젝트

프로젝트명	연구 기관 및 분야
Alexandria Digital Library	UC Santa Barbara
	Geographical Information
Electronic Environmental Library Project	UC Berkeley
	Environmental Information
Stanford Digital Library Project	Stanford University
	Integration & Interoperability
Informedia Digital Video Library	Carnegie Mellon University
	Multimedia Integration
University of Illinois Digital Library Initiative	University of Illinois
	Engineering Information
University of Michigan Digital Library Project	University of Michigan
	Economics & Agents

이를 위해 미과학재단(National Science Foundation: NSF), 미 국방부
(Department of Defense Advanced Research Project Agency: DARPA) 그리고
미항공우주국(National Aeronautics and Space Administration: NASA) 세
기관이 기금을 조성하여 카네기 멜론 대학교Carnegie Mellon University,

버클리 캘리포니아 대학교University of California at Berkeley, 미시간 대학교University of Michigan, 일리노이 대학교University of Illinois, 산타 바바라 캘리포니아 대학교University of California at Santa Barbara, 스탠포 드 대학교Stanford University 등 6개 대학을 선정하여 지원하고 있다. 이 프로젝트에 참여하는 각 대학은 각각 독자적인 분야로 구성된 시험대 test bed를 구축하고 해당 내용을 처리하기 위한 기술 개발에 주력하고 있다.

Alexandria Digital Library

산타바바라 캘리포니아 대학교의 전자 도서관 구축 프로젝트는 이용자들이 색인된 자료들의 수많은 카테고리에 접근할 수 있도록 하며, 접근한 자료로부터 유용한 정보를 추출할 수 있는 방법의 개발을 목적으로 한다. 중심적인 연구 분야는 ① 시각적 자료와 문서 자료가 결합된 공간적 질의어를 지원하는 이용자 인터페이스와 메타데이터, 표준 등을 이용한 목록 기법, ② 압축을 중심으로 하는 데이터 저장 기법, ③ 자동적으로 추출되는 메타데이터 등이다. 이 프로젝트는 3차원 적으로 색인된 그래픽 정보(텍스트, 전자화된 지도와 이미지, 그래픽 데이 터)를 제공하는 분배 시스템 개발이 목적이다. 실험 시스템은 이용자 인터페이스, 목록, 저장, 추가 요소 등의 네 가지 요소로 구성된다.

Electronic Environmental Library Project

버클리 캘리포니아 대학교의 실제 환경 계획의 진행을 지원하기 위한 것으로서, 멀티미디어 복합 문헌, 텍스트, 이미지, 지도, 음반, 통계 데이터베이스 등에 분산되어 있는 환경 정보를 다루기 위한 가상 도서관을 구축하고, 분산되어 있는 대규모 정보원에 지능적인 접근을 가능하게 하는 기술을 개발하는 것이다. 이 프로젝트는 환경에 관한 정보 자원의 공유를 목적으로 추진 중에 있으며 색인, 지능 검색, 데이터베이스 개발에 중점을 두고 있다. 특히, 이 프로젝트는 전자 문서와 이미지 문서의 내용을 특징지을 수 있도록 컴퓨터 버전과 자연어 처리기술의 개발에 중점을 두고 있다.

Stanford Digital Library Project

스탠포드 대학교의 전자 도서관 구축 프로젝트의 목적은 미래의 전자 도서관을 구현하기 위한 인터페이스와 메커니즘을 실험적 연구과정을 통하여 평가하며, 그에 따른 기술을 개발하는 것이다. 도서관은 기술자, 컴퓨터 부문 종사자, 컴퓨터 관련 문헌에 관심을 갖는 사람들을 대상으로 한다. 이 프로젝트는 이용자들이 하나의 정보 환경을 통하여 통신망상에 산재해 있는 정보 자원을 검색할 수 있는 통합 환경의 개발을 목적으로 한다.

전자 도서관 하부 구조에서 이용자에게 친숙한 플랫폼을 제공하여 이용자가 쉽게 정보를 이용할 수 있도록 하며, 개별적인 정보 아이템을 제공, 저장, 처리할 수 있는 기술 개발에 초점을 두고 있다. 전자 도서관에서는 텍스트, 이미지, 오디오, 3D 모델을 포함한 다양한 형태의 자료를 다루어야 하며, 정보의 중요한 부분인 메타데이터도 내용에 포함되어야 한다.

Informedia Digital Video Library

카네기 멜론 대학교의 전자 도서관 프로젝트는 컴퓨터와 대규모의 네트워크를 통하여 전문full-text 및 지식에 기반을 둔 검색을 가능하게 하는 온라인 비디오 디지털 도서관을 구축하는 것을 목표로 한다. 이

프로젝트는 전문 검색을 위한 새로운 기술을 개발하고 디지털 비디오 도서관의 탐색을 지원한다. 데이터베이스는 디지털 비디오, 텍스트, 그래픽, 오디오 자료, 전산학 강의, 소프트웨어 공학 분야의 강의로 구성되며, 비디오 자료들은 정보의 빠른 접근과 검색을 위하여 작은 세트로 구분되며 텍스트의 단순한 검색을 넘어서 지식 기반 탐색을 위한 자연어 처리 기술을 적용한다.

Digital Library Initiative

일리노이 대학교의 디지털 도서관 구축 프로젝트는 공학 학술지를 대상으로 한 표준화된 범용 표시 언어(Standard Generalized Markup Language: SGML) 문헌 구축과 시험대test bed의 기반 구조 연구 및 전자 도서관과 기존 망과의 연계 방안에 대한 연구를 주요 내용으로 한다. 이 프로젝트는 전문적인 양질의 검색과 인터넷 정보 서비스에서 제공되는 시스템 구축을 목적으로 한다. 이 프로젝트에서는 공간이라는 개념을 도입하고 있는데, 이는 전자 도서관을 인터넷을 기반으로 하는 분산망의 정보를 상호 연결한 분산 공간으로 보고 이를 구현하기 위해서 이다. 이 시스템에서는 출판사에서 직접 SGML 포맷으로 제공된 공학 및 과학 잡지를 이용한다.

Digital Library Project

미시간 대학교 전자 도서관 프로젝트는 대규모의 멀티미디어 도서관 을 구축하기 위한 프로젝트다. 이 프로젝트는 다양한 수준의 이용자가 갖는 정보 요구에 응할 수 있으며, 여러 형태, 포맷, 환경 등에 분산되어 있는 정보를 이질감 없이 통합할 수 있는 새로운 패러다임의 개발을 목표로 하고 있다. 따라서 다양하고 이질적인 기반 구조를 대상으로 검색이 가능한 분산된 에이전트 기반 구조에 대한 연구가 중점적으로 이루어지며, 이에 적합한 이용자 인터페이스와 디지털 도서관의 경제적이고 지적인 측면에서의 모델이 개발되고 있다.

5. 의회조사처의 입법 지원 기능

미국 의회의 입법 지원 기관은 의회조사처Congressional Research Service, 의회예산처Congressional Budget Office, 회계감사원General Accounting Office으로 구성되어 있다. 그 가운데 의회조사처는 의회도서관에 소속된 기관으로 의회도서관이 소장하고 있는 방대한 자료에 기반을 두고 일반적이고 단순한 지원 업무로부터 복잡하고 특수한 것까지 의회가 궁금해 하는 점들을 해결해 주는 역할을 한다. 그리고 의회조사처는 일반 대중을 위한 기관이 아니라 상·하 의원들과 각종 위원회, 그리고 그 소속 직원들을 위한 배타적인 기관이라는 점에서 사실상 매시간 상·하 의원들과 가장 근접한 거리에서 호흡을 같이 한다고 해도 과언이 아니다.

1) 의회조사처의 설립

의회조사처가 설립된 배경은 모든 법률적인 사안에 대하여 객관적이고 의회 차원의 연구가 필요하다는 의회의 요청에 의한 것이었다. 사실상 의회조사처의 유일한 존재 이유는 의회만을 위해 연구·봉사하는 데 있다. 의회조사처가 행정부나 대학교에 소속된 연구 기관이나 그 외의 민간 연구 기관과 큰 차이를 보이는 것은 바로 이러한 이유 때문이다.

의회조사처는 1914년 '의회도서관' 소속의 '입법참고국Legislative Reference Service'[17]으로 출발하여 1946년까지는 주로 의회도서관 내 문헌과 입법 관련 정보 및 참고 자료를 의회에 제공하는 역할을 수행하였다. 당초 설립 목적은 의회에 각종 정보를 제공하고, 행정부에서 거론되는 현안이나 정책을 분석하는 것이었지만, 실질적으로는 의회 업무 관련 자료를 단순히 정리·전달하는 데 그쳤다. 또한 이러한 업무가 원래 참고 업무에 종사하는 직원 정도로 국한되어 운용됐기 때문에, 의회의 요구에 적절하게 대응하는 데는 행정적으로나 예산상으로도 많은 한계가 있었다.

의회조사처의 역할과 특징은 미국 의회 제도의 발전 과정을 살펴보면 구체적으로 이해할 수 있다. 이는 의회조사처의 설립과 그 이후의 발전 과정은 미국 의회의 위상 정립과 맥을 같이 하고 있기 때문이다. 미국의 의회조사처가 오늘날과 같은 거대한 입법 지원 조직으로서 제 역할을 하기까지는 거의 100년의 시간이 걸렸다. 1900년대 초까지만 해도 당시의 도서관 규모로는 대규모 연구 기관을 운영하는 데 어려움이 있었기 때문에 의회는 도서관 내에 입법 정보 활동에만 전념할 수 있는 별도 기능에 대한 필요성을 갖게 되었다. 그 당시의 의원들은 두 명 혹은 세 명의 보좌진들의 도움에 모든 업무를 의존할 수밖에 없었으며, 이들 보좌진마저도 그 의원의 정치적 후원자들이 고용하여 제공한 인력이었다. 따라서 복잡한 법안을 기안할 경우, 의원들은 대부분 행정부의 도움을 받아 법안을 준비하고, 보고서를 작성하며,

---

17. '의회도서관'은 1897년까지 상·하원의 의사당 건물에 위치해 있었으며, 의원들과 직원들은 언제든지 그 소장물들을 이용할 수 있었다. 1914년 상·하의원들은 도서관의 의회에 대한 특별한 책임을 인식하여 도서관 내에 의원들의 자료요구에 회답하는 특별부서, 나중에 '입법참고국Legislative Reference Service'이라 불리는 부서를 설립하도록 했다.

연설문을 대작시키는 상황이었다. 이에 따라 1913년 7월 10일 상원도서관위원회는 '입법참고국'의 설치를 요구하였다. 이후 의회의 전문적이며 기술적인 입법 정보 요구가 점차 방대해지고 다양해짐에 따라 입법과정을 직접 지원하고 의회를 보좌할 필요성이 더욱 증대되어갔다.

아울러 의회 조직의 발전이라는 거시적 측면을 중시하게 되면서 각 정당 간에 보좌관들을 공평하게 분배하고 전문적인 인력의 지원을 강화하는 한편, 의회만의 독립적인 정보와 분석 능력의 필요성을 인식하게 되었다. 당시 미국 의회의 경우 행정부에 대한 정보는 지나치게 정부의 정책에 의존하였고, 정부안에 대한 당리당략적이고 형식적인 의사 결정을 내리는 경우가 많았다. 뿐만 아니라 특수 이익 집단 역시 객관적이고 올바른 판단을 하는 데는 명백한 한계가 있었다. 따라서 의회는 잠차 늘어가는 입법에 대한 정보 요구와 그에 따른 다양한 수요를 충족시키면서도 특정 정파의 이해 관계를 대변하지 않으면서, 철저하면서도 객관적이고 전문적인 입장에서 전 국민을 위한 효과적인 공공 정책을 수립할 수 있도록 하는 입법 지원 조직이 필요했던 것이다. 결국 미 의회는 '1946년 입법부재조직법Legislative Reorganization Act of 1946'을 통해 입법참고국의 조직을 더욱 확대 개편하였고, 그 기능을 확충했다.

20세기 초 위스콘신Wisconsin 주지사 로버트 라 폴레트Robert M. La Follette는 주정부에 입법참고국을 설치하였다. 그 후 그는 입법 지원 예산안을 수정하여 1914년 7월 18일에 입법참고봉사국(Legislative Reference Service: LRS)을 출범시켜 미국 의회도서관장으로 하여금 저명한 인사들을 확보하여 의회와 일반인들을 위한 법률의 색인 및 편찬을 하도록 하였던 것이다. 그러나 입법참고봉사국의 역할은 의회와 의회도서관 사이의 중개자 역할, 즉 특정한 주제에 대한 책을 제공하기보다는 그 속에 들어있는 정보를 간추려 전달하는 데 초점을 맞추었기 때문에 의회의 기대 수준을 충족시키기에 미흡할 수밖에 없었다.

그 뒤를 이어서 그의 아들 로버트 라 폴레트 2세는 위스콘신 주 상원의원이 되어 1946년 입법부 재조직법을 만드는 데 노력하였다. 이 법은 조사국의 임무와 기능을 대폭 확대하여 현재의 의회조사처(Congressional Research Service: CRS)의 기능을 갖게 한 1970년 재조직법의 기반을 구축했던 것이다.

그러나 2차 세계 대전과 그 이후 재건 기간 중 정부에 대한 막대한 요구는 전문적인 분야의 지원을 위한 의회의 요구를 반영한 것이었다. 즉 의회는 독립적인 전문성을 확보하기 위하여 조직의 재정비에 착수하기 시작했다. 1946년 입법부재조직법에서 이 조사국은 도서관의 독립 부서로서 영구적인 위치를 갖게 되었다. 여러 전문 주제 분야를 담당하는 131명의 전문 위원을 확보하여 의원과 위원회에서 도출된 문제에 대한 전문가 집단으로서 활동을 하였고 1970년대까지 그 인원의 확충이 꾸준히 지속되었다.

나아가 '1970년의 입법부재조직법Legislative Reorganization Act of 1970'은 의회가 법안의 자료를 수집하고 준비하는 데 있어 행정부, 로비스트 그리고 다른 외부 기관에 대한 의존도를 줄이기 위한 목적으로 탄생되었다. 결국 이 부서는 의회조사처(Congressional Research Service: CRS)로 개칭되었고, 의회에 대해 보다 직접적인 지원을 하게 됨으로써 도서관 내에서 행정적 그리고 예산상으로 독립성을 갖게 되었다. 이는 곧 고도의 연구 수준을 갖춘 전문가는 물론 분야별 전문 직원을 확보하여 분석적인 연구 · 조사 기능을 갖도록 요구하는 것이며, 의회의 위원회에 대한 연구 지원을 더욱 강화하도록 한 것이다. 이 법은 의회조사처로 하여금 제안된 법안을 분석 · 평가하는 데 있어 모든 위원회의 요구에

응하도록 되어 있다. 또한 제안된 법안의 실행 가능성을 판단하고 보다
나은 평가 방법을 찾는 데 지원을 해 주도록 되어 있다.

이러한 의회조사처의 조직 변천사를 통해 미국이 엄격한 권력 분립
주의 하에 개별 의원의 자율성을 강조하고, 위원회 중심주의로 운영하며,
의원 활동이 정당에의 구속력보다는 의원 개인의 활동에 의존하여 움직
이고 있다는 특징을 확인할 수 있다.[18] 이처럼 의회조사처를 통해 의원의
입법 활동의 전문성이 제고된 것은 권력 분립의 한 축이자 국민의
대의 기관으로서 행정부를 견제하고 감독할 의무를 지닌 의회로서는
역사 발전 과정에서 불가피한 선택의 결과라고 볼 수 있다.

2) 의회조사처의 조직과 특징

'미국 의회도서관장Librarian of Congress'은 의회조사처에 대하여
앞서 언급하였던 목적과 임무에 부합하는 연구 및 행정적 독립성을
부여하고 있다. 아울러 '의회조사처장Director'은 의회도서관장이 상
· 하원의 대표가 참여하는 합동위원회Joint Committee on the Library와의
협의를 거쳐 임명한다. 뿐만 아니라 의회도서관장은 의회조사처장의
건의에 따라 의회조사처의 부처장과 국장 그리고 기타 필요한 인력을
광범위한 분야[19]에서 임명할 수 있는 권한을 가진다. 결과적으로 의회조

---

18. 미국의 헌법은 권력에 대한 경쟁을 유발하도록 대통령과 의회 간에 권력을 분산하고
있다. 여기서 의회조사처는 의회가 대통령 및 행정부와 효과적으로 경쟁하기 위해서
공공 정책 관련 자료 수집 및 분석을 독자적으로 이용하도록 하는 것이 필수적이라는
사실을 중시하여 이러한 모든 입법 과정의 각 단계에서 의회의 모든 의원, 지도자
및 위원회가 헌법 기관으로서의 책무를 다할 수 있도록 중요한 역할을 하는 것이다.
19. 농업, 미국 정부 및 행정, 미국 공법public law, 보존, 교육, 엔지니어링 및 공공
사업, 주택, 산업 구조 및 기업 재정,국제 문제, 국제 무역 및 경제 지리, 노동 및
경제 지리, 노동 및 고용, 광업 경제학, 화폐 및 금융, 국방, 미시 경제학, 과학, 사회

사처는 형식상 의회도서관 소속이지만, 법적으로나 관리상으로는 완전히 독립된 연구 기관이다. 더욱이 중복 없이 중앙 통계식의 단일 운영 체계를 갖고 있는 사실이 매우 두드러진 특징이다.

미의회도서관장과 의회조사처장의 임기는 그들의 독립성을 최대한 존중하기 위하여 종신으로 한다(실제로는 임기에 대한 규정이 없다). 현재 의회조사처장은 다니엘 뮤올란Mr. Daniel P. Mulhollan이다. 의회조사처장의 임무 및 권한은 다음과 같다.

① 적절한 시기마다 위원회, 상원과 하원의 의원들 및 양원 합동위원회가 의회조사처에 제출한 조언, 지원 및 기타 서비스 요청을 다음과 같은 목적에 필요하다고 판단되는 등급 및 유형으로 분류, 체계화, 정리, 통합 및 세분화한다.
– 상원과 하원의원 각각의 요청에 대한 일처리를 진척시키고 용이하게 함.
– 위원회, 상원과 하원의 의원들 및 양원 합동위원회를 위한 서비스 제공시 효율성을 제고.
– 의회조사처가 입법 조사 및 전반적인 관련 기능을 효율적으로 수행 할 수 있는 기초를 마련함.
② 의회조사처의 목적을 달성하는 데 필요하다고 판단되는 조사 및 참고봉사 담당과나 기타 부서를 자신이 적절하다고 간주하는 시점마다 의회조사처 내에 설치하고 변경할 수 있다.
③ 예산 산정과 관련해서 의회조사처장은 미 연방 정부 예산에 포함되는 의회조사처 예산 산정서를 도서관장에게 제출하여 검토, 심의, 평가 및 승인되도록 한다.
④ 의회조사처장은 전문가나 컨설턴트들과 계약 입찰, 용역 및 고용 계약 등을 통해 일시적 또는 간헐적인 지원을 조달할 수 있다.
⑤ 의회조사처장은 해마다 정기 회기 시작과 함께 바로 전 회계 연도의 의회조사처 활동 전반을 다룬 특별 보고서를 요약 및 상술 형태로 작성하여

복지, 조세 및 회계 정책, 기술, 교통 및 통신, 도시 문제, 재향 군인 문제, 기타 처장이 적절하다고 간주하는 분야를 포함한다.

양원합동 도서관위원회에 제출한다.

의회조사처의 조직 구조

의회조사처의 조직 구조는 5개의 관리 지원 부서와 6개의 학제적인 연구 부서로 구성되어 있다. 먼저 관리 업무 부서는 처장실(Office of the Deputy Director: DIR), 처장전임고문실(Office of Congressional Affairs and Counselor to the Director: CAC), 재무관리실(Office of the Finance and Administration: FIN), 연구관리실(Office of Research: OR), 입법 정보실(Office of Legislative Information: LIN), 인력개발실(Office of Workforce Development: WRK)로 운영되고 있다.

처장전임고문실은 내부적으로 의회조사처의 정책, 특히 그들이 의회의 의뢰인과 다른 입법 지원 기관과의 서비스 관계에 영향을 미치는 여러 가지 정책과 관련한 문제를 계획·개발하고 조정한다. 즉 의회의 질문을 받고 그것들을 연구 부서에 할당하는 일, 그리고 의원, 위원회, 직원들을 위한 브리핑과 세미나 등을 계획하고 집행 부서와 함께 일한다. 또한 회의 질문과 의회조사처 응답에 관한 데이터를 기록·추적하고 보고하는 일을 하고, 관리자에게 자원 이용, 고객 서비스와 주제를 분석하는 데 필요한 통계 정보를 제공하기 위해 설계된 시스템을 정제하고 개발한다.

재무관리실은 서비스의 행정적·재정적 활동에 대한 감독 기능을 담당한다. 먼저 연간 전략적 성과를 계획하고 지출 예산 요청, 관련된 예산 추정, 예산 집행, 외부 계약, 자금 조달, 서비스에 대한 연간 재무 활동을 계획하고 지시하는 것에 대한 책임을 진다. 또한 기획, 관리, 예산, 행정의 관련된 영역에서 다른 도서관의 부서와 서비스의 상태, 역할, 활동, 상호작용을 포함하는 이슈들을 처리한다.

연구관리실은 무엇보다도 각 부서의 연구 활동을 조정하는 기능을 담당한다. 또한 국회와 의회조사처 직원을 지원하는 정보 서비스를 개발하고 유지한다. 이들 중 입법 정보 검색 시스템은 의회 입법 현황을 분석·요약·추적하는 의회조사처와는 다른 정부 출처, 법안 요약, 온라인 입법 문서화 데이터베이스에 의해 생산된 광범위하고 다양한 서비스를 이용할 수 있도록 해준다. 아울러 연구관리실은 인트라넷 정보 개발과 전자 정보의 사용을 위한 교육, 전자 혹은 인쇄 정보의 획득, 참고 서비스, 도서관 관리 규정을 통해 의회조사처 직원에게 정보 지원을 제공한다.

입법 정보실은 의회조사처의 웹사이트, 의회의 입법 검색 시스템(LIS), 법안 요약 시스템Bill Digest system을 포함하여 국회와 의회조사처 직원을 지원하는 정보 서비스를 개발하고 유지하는 기능을 담당한다. 전체적으로 서비스의 기술적인 인프라를 만들고 유지하며 의회조사처 연구 능력과 생산성을 향상시키기 위한 새로운 기술을 개발하고 적용한다. 또한 전자 정보 형태로 의회조사처 입법 정보들을 편집·생산·분배한다. 마지막으로 다른 조직과 기관들과 함께 입법 정보 기술에 관한 이슈들을 다룬다.

인력개발실은 인적 자원과 관련하여 서비스의 인력 개발 프로그램을 관할한다. 이것은 연속 계획, 특별 채용 프로그램, 특기 선발, 기타 다른 고용 프로그램, 훈련, 인사 관리, 성과 관리 등을 포함하고 있다.

한편 연구 부서는 미국법제국(American Law Division: ALD), 국내사회 정책국(Domestic Social Policy Division: DSP), 외교·국방 및 통상국(Foreign Affair Defense and Trade Division: FDT), 정부 및 재정국(Government and Finance Division: G&F), 정보분석국(Information Research Division: IRD),

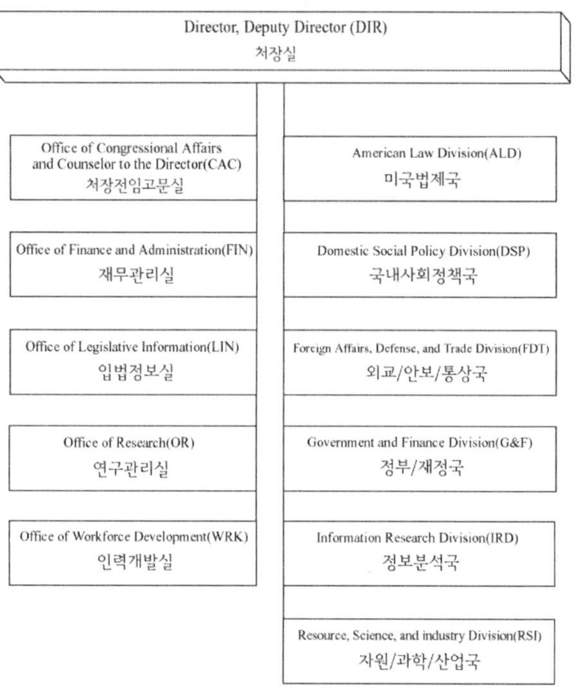

자원·과학 및 산업국(Resources, Science and Industry Division: RSI)으로 구분되어 운영되고 있다.

미국법제국은 삼권 분립과 의회·행정부 관계에 관한 헌법적 질문으로부터 연방법, 주법 그리고 국제법에 관한 것까지, 그리고 법안의 발 이전 단계의 고려 사항부터 이미 실행에 옮겨진 법안의 감독까지도 담당하고 있다. 즉 의회에서 논의되는 다양한 법률 관련 질의에 대한 정보 및 분석을 제공한다. 미국법제국의 분석관들은 의원들과 그 직원들

---

20. Annual Report Fiscal Year 2004, *Congressional Research Service*, 2005.

을 상대로 해마다 정기적으로 두 번씩 특강을 개최하는 등 법적인 이슈들에 대한 정보를 제공하고 있다.

국내사회정책국은 국내 정책과 사회 프로그램에 대해 연구하고 분석하여 국회를 지원한다. 주로 교육 및 노동, 주택, 이민, 의료 및 건강, 사회 복지의 사안과 관련하여 계량 경제적 분석Econometric analysis을 제공하고 있다. 이러한 분야들은 의원들이 초미의 관심을 보이며, 사실상 상당 부분 연방 지출이 이루어지는 영역이기도 하다. 따라서 국내사회정책국의 분석관들은 위원회 및 의원실 직원과 머리를 맞대고 법안 이슈의 분석, 그 영향 그리고 법안의 구체적 항목까지 검토하는 데 가장 높은 우선 순위를 두고 있다.

외교·안보 및 통상국(Foreign Affair Defense and Trade Division: FDT)에는 65명의 정책 분석가를 포함하여 약 80여 명의 구성원이 있다. 이 부서는 일곱 개의 지역 및 기능 영역으로 나뉘어 있는데, ① 아시아 부문, ② 국방 자원 부문, ③ 유럽·유라시아 부문, ④ 외교 정책 관리 및 지구적 이슈 부문, ⑤ 국제 통상 및 금융 부문, ⑥ 남미·중동 및 아프리카 부문, ⑦ 군대 및 위협 완화 정책 부문으로 구성되어 있다. 외교 분석관들은 전 세계 각 지역의 정치적, 경제적 전개 상황을 파악하여 특정 국가와 미국과의 정치·경제적 관계, 미국의 대외 원조 프로그램, 국제 금융 기구, 그리고 테러리즘과 난민과 같은 초국가적 이슈에 관한 정보를 수집·분석하여 제공한다. 국방 분석관들은 국가 안보 정책, 군사 전략, 미국의 방위 예산, 무기 체계, 군대 내의 인권, 미국 내외에 있는 군사 기지 등에 관한 연구를 한다. 통상 분석관들이 다루는 영역은 통상과 관련된 법안이나 정책 및 프로그램, 미국의 통상 성과 및 투자 흐름 등에 관한 것이다. 한편 외교·국방 및 통상국은 의원들과 위원회에 외국어, 즉 프랑스어, 독일어, 이탈리아어, 포르투갈어, 라틴어 및 그리스어 등에 관하여 번역 서비스를 제공하기도 한다.

　정부 및 재정국은 미국 정부와 정치, 의회의 구조와 행정, 경제, 공공 재정, 금융 서비스와 관련된 이슈와 정책 분야를 폭넓게 다루고 있다. 이곳은 크게 다섯 개의 연구 부문으로 나뉜다. 즉 ① 은행 · 보험 · 거시 경제 정책 부문, ② 의회 부문, ③ 연방 정부 및 사법부 부문, ④ 연방주의 선거 및 경제 발전 부문, ⑤ 정부의 재정 및 조세 부문이다. 정부 및 재정국의 분석관들은 현재의 상황에 대한 분석뿐만 아니라 새롭게 제기될 법안 이슈를 예측하는 데에도 큰 관심을 보인다.

　정보분석국은 참고 자료, 정보 및 분석에 관한 다양한 서비스를 제공한다. 정보분석국은 인터넷, 전화 및 세계에서 가장 큰 미국의 의회도서관이 제공하는 무한한 자원을 이용하고, 전통적인 도서관 도구들의 한계를 넘어선 분석 테크닉을 도입하여 가능한 한 모든 주제에 대하여 의회에 신속하게 정보를 제공하는 '정보 중개인information broker'의 역할을 한다. 선임 연구사서와 정보 연구 전문가들은 항상 의회에서 일어나는 관심 사항 및 요구 사항들을 추적하고 확인하여 의회의 요청에 대응한다.

　자원 · 과학 및 산업국은 천연 자원과 환경 관리, 과학과 기술 그리고 산업과 인프라와 관련된 법적인 영역들을 다루고 있다. 구체적인 영역들은 ① 농업과 식량 공급 부문, ② 에너지와 미네랄 부문, ③ 환경 정책 부문, ④ 천연 자원과 지구 과학 부문, ⑤ 과학과 기술 정책 부문, ⑥ 수송과 산업 분석 부문으로 나뉜다.

　의회조사처 소속 구성원들은 주로 변호사, 경제학자, 교육 전문가, 공학자, 보건 문제 전문가, 정보 전문가, 국방 및 외교 문제 전문가, 정치학자, 행정학자, 물리학자, 사회 문제 전문가, 전문 사서 등 각 방면의 전문직에 종사하는 전문 인력을 포함하여 2004년 현재 약 729명이 있다. 이 직원의 5분의 3 이상이 분석 요원으로 근무하며, 대부분 대학원 이상의 학력 소지자들이다. 또 전체의 3분의 1 정도는 박사 학위 소지자들이고, 전체 직원의 3분의 2는 10년 이상 근무한 전문가들이다.

이들은 의회도서관으로부터 전폭적인 지원을 받고 있다. 의회도서관의 존립 근거는 의회에 대한 서비스에서 찾아야 하기 때문이다. 그 결과 이들은 각 분야의 업무를 담당함에 있어 최고의 수준을 유지하기 위하여 노력하고 있음은 두말할 필요가 없다. 동시에 이들은 다음과 같은 자질들을 요구받고 있다.

첫째는 정확한 시간 개념, 즉 적시성이다. 의회의 법안 심의는 예정된 계획표에 따라 이루어지기 때문에 아무리 충실한 서비스라도 마감 시간을 넘겨서는 무의미해질 가능성이 크다. 따라서 의회조사처의 분석관이 가져야 할 가장 중요한 덕목은 시간에 맞추어 시의적절하게 일을 처리하는 것이며, 이 점이 의회조사처의 존속 이유이기도 하다.

둘째는 정확성이다. 최신 정보에 기반을 두며 신뢰성 있는 포괄적인 서비스를 제공하는 것은 법안의 중요성을 고려해 볼 때 필수적이며, 의회조사처의 분석관이 항상 현안에 대한 정확한 정보에 접하기 위하여 부단한 노력이 필요하다는 것은 바로 이러한 점 때문이다.

셋째는 비밀성이다. 의원들이나 위원회가 요청하는 서비스는 자신들만을 위한 서비스가 되기를 기대하고 있으며, 자신들의 특별한 지시가 없이는 외부로 유출하지 않는다는 확신이 설 경우에만 의회조사처를 신뢰하게 되는 것은 당연하다.

넷째는 전문성이다. 다양한 분야의 전문가들이 한자리에 모여 법안을 논의할 수 있다는 점이 의회조사처의 가장 큰 장점이다. 그러므로 의회조사처는 전문성을 갖춘 다양한 분석을 제공해야 한다.

다섯째는 객관성과 균형성 및 비당파성이다. 당파성과 편협한 사고에 얽매이지 않고 객관적인 서비스를 제공한다는 점은 의회에 가장 필요한 덕목이다. 즉 의회조사처가 제공하는 서비스는 중립성에 기반을 둔다.

이와 더불어 의회조사처의 서비스는 쉽게 이용할 수 있어야 한다. 의회조사처는 법안과 관련된 지원을 요구하는 의원들과 위원회가 편리하게 이용할 수 있도록 다양한 통로를 마련하고 있다. 의회조사처는 정기적이며 효율적으로 서비스를 제공하기 위한 다음과 같은 원칙을 가지고 있다.

첫째는 경제성이다. 의회에 직접적인 지원이 가능하게 하고, 그 지원이 중요한 역할을 할 수 있도록 의회조사처가 가지고 있는 모든 인적 및 물적 자원을 재조직하거나 재편성할 수 있게 준비하는 것이다. 의회조사처는 의회에 대한 지원에 있기 때문에 존재하는 것이다.

둘째는 효율성이다. 의회의 요구에 대하여 최소의 비용으로 최대의 서비스를 제공하기 위하여 이미 알려진 의회조사처의 내부나 혹은 외부의 연구 기관 등에 결과물이 있을 경우에는 새로운 연구에 반복하여 들어가지 않고 그것을 이용하도록 하고 있다.

셋째는 책임성이다. 의회의 요구를 가장 효율적으로 충족시키는 데 최선을 다하는 것이 의회조사처의 성공적인 운영이라고 할 정도로 의회만을 위한 조직으로서 그 역할을 충실히 할 수 있도록 노력하고 있다.

의회조사처의 인원, 예산, 급여

의회조사처는 입법 지원 서비스의 요구가 확대됨에 따라 조직 자체가 점차 세분화되고 전문화되면서 예산과 인원 또한 대폭 증대되었다.

구체적으로 의회조사처는 1914년 131명으로 출발했던 것이 1980년대
에는 868명으로 증원되었으며, 예산 규모에 있어서는 1914년 약 2만
5000달러 수준이었던 것이 1985년에는 3983만 3000달러로 무려 160배
로 팽창하였다.[21] 2004년도 회계 연도를 기준으로 의회조사처는 상근직
에 상당하는 수준(full-time equivalents: FIEs)의 인원이 729명이며[22]
무려 9118만 4817달러의 예산을 집행했다.

2004 회계 연도 예산의 약 88%가 직원 급여와 직원들을 위한 기타
후생에 지원되고 있다. 또한 의회조사처는 관계 부처 자금interagency
funds과 사적 자원private sources[23]으로부터 각종 보조금을 지원받아
활용하고 있다. 의회조사처 전문가들의 급여 체계는 미국 연방 공무원
급여 체계(General Schedule: GS)[24]를 따르는데, 정보 조사 전문가들은
일반적으로 GS 9~13등급에 속하며 각 분야 분석가들은 GS 11~15등급
에 속한다.

---

21. 이 수치는 인플레이션을 감안하여 계산된 것이다.
22. 의회조사처 전문 연구원의 충원에 있어서 연봉은 일반직 연방 공무원General Service
에 준하며 이들 충원 방법은 철저히 공개 개방 경쟁 방식이다. 이들 전문 연구직의
경우 연구 환경이 자유롭고 좋아 이직률이 매우 낮아 장기 근속하는 경우가 많다.
최근에는 연구직을 제외한 일반 행정직에도 '미국 대통령 공공 경영 인턴(Presidential
Management Internship: PMI)', 즉 미국 행정 고시 출신들이 지원을 많이 하고 있다(Mr.
Robert Dilger, Assistant Director of the Government and Finance Division 인터뷰, 의회 조사처,
2004년 8월 17일, 워싱턴 DC). 디글러 씨(Mr. Digler)의 경우 지방 정부 재정 전문가(정치학
박사)이며 1985년부터 2004년 초까지 웨스트버지니아 대학(West Virginia University) 정치
학과 정교수로 재직하고 2004년 여름 공개 경쟁을 통해 현직에 재임하고 있다고 한다.
23. The Henry Luce Foundation, The Jewish Healthcare Foundation of Pittsburgh, The Office
of Rural Health Policy, Robert Wood Johnson Foundation 등이 있다.
24. http://www.opm.gov/flsa/oca/05tables/html/dcb.asp
http://www.loc.gov/crsinfo/crsbenefits.html#salaries

3) 의회조사처의 역할

의회조사처가 수행하는 역할은 다음의 두 가지로 구분할 수 있다. 첫째는 자체의 정책 조사 기능에 해당하는 '연구, 분석, 정보 제공 Research, Analysis, and Information' 기능과 둘째는 의회에 대한 이러한 지원 서비스의 홍보 및 교육과 관련된 교육 훈련Program and Training 기능이다.

연구, 분석, 정보 제공

의회조사처의 직무는 1970년 입법부재조직법에서 규정한 것처럼 연방 의회의 입법 기능 및 국정 감독 기능과 관련된 종합적인 조사와 전문적인 관점에서 초당적이고 편견 없는 객관적 분석 외에도 기타 일반적인 입법 관련 정보를 국회의원, 위원회, 국회 직원에게 제공·지원하고 있다.

의회조사처를 구성하는 분석관들은 다양한 분야의 학문 영역, 즉 법률, 경제, 외교, 행정, 정보, 사회학, 정치학 및 자연과학의 전문가들로서 이들은 미국 내에서 잘 알려진 인물들이다. 이들이 가진 전문 지식의 폭과 넓이가 몇 개의 법안 영역을 연관짓는 복잡한 사안들에 대한 통합된 분석이 시간 내에 이루어지는 것이 가능하게 한다는 점이 의회조사처의 장점이기도 할 뿐만 아니라 강점이기도 하다. 법안과 관련한 거의 모든 분야의 전문가들이 의회에 봉사하기 위하여 항상 가까이 대기한다는 사실은 의회로 하여금 적어도 심리적 안정감을 주기에 충분하다고 할 수 있다.

의회조사처의 분석관은 의회와 날마다 직접 접촉을 하면서 의회가 법안을 입안하는 단계에서 문제점을 인식하고 분석하며 법안을 형성하는 것을 도와주는 역할을 하고 있다. 구체적으로 말하면, 의회조사처의 분석관은 문제점이 있는 사안과 관련하여 정치적, 법적 그리고 절차적 분석을 심도 있게 수행하고, 정책적 대안과 그 영향과 여파를 알아내고 평가하며, 법안을 만드는 데 도움을 주는 역할을 할 뿐만 아니라 계량적인 데이터베이스도 개발하며, 가장 최신의 연구 기법을 사용하여 분석에 이용하고, 새로운 연구 결과물이나 데이터 그리고 정보를 발견하고 평가하는 한편 의회위원회에 출석하여 전문가로서 증언을 제공하기도 한다.

의회조사처의 분석관들은 다양한 방식으로 이러한 업무를 수행하고 있다. 즉 서면 형식의 보고서나 비망록 그리고 세미나 및 워크숍뿐만 아니라 면전에서 브리핑을 하거나 전화로 자문에 응하는 것 등이 그것이다. 이러한 역할 외에 의회조사처는 특수한 자료 요청 및 정보 제공 서비스도 광범위하게 수행하고 있다.

또한 의회조사처는 출판물과 정보 패킷을 발간하여 현재 의회의 관심을 끌고 있는 정치적 및 법적 사안에 대한 개요와 그 배경에 관한 정보를 제공한다. 이러한 자료들은 의원 및 위원회 직원에게 브리핑하는 데 요긴하게 사용된다.

첫째로 의회조사처 보고서(CRS Reports)가 있다. 이 자료는 의회가 특별하게 관심을 갖는 이슈에 대한 것으로 다양한 방식으로 기술된다. 정책 보고서, 통계적 검토, 경제 보고서, 연대기, 참고 자료 등의 형식이 그것이다. 예로써 선거 인단(CRS Report RL30804), 의회 예산 과정(CRS Report RS20095) 등을 들 수 있다.

둘째로 의회조사처의 이슈 브리프(CRS Issue Briefs)가 있다. 이 자료는 의회가 관심을 가지는 주요한 토픽에 관하여 간단하게 기술된 브리핑 자료로서 특정한 정책에 대한 찬성과 반대의 의견이 기술되고 회기

동안 정기적으로 업데이트 되는 특성을 가진다. 각각의 이슈 브리프는 요약문과 배경 분석을 기술하며 관련 법안의 리스트, 연대기 그리고 참고 자료를 제공한다. 해마다 새로운 '이슈 브리프'가 쏟아지며, 보통 회계 연도 말에는 144개의 이슈브리프Issue Briefs가 이용 가능할 정도로 그 활동이 매우 활발하다. 예로 지구 기후 변화(CRS Issue Brief IB97057), 최저 임금(CRS Issue Brief IB10039), 테러리즘과 미국의 외교 정책(CRS Issue Brief IB95112) 등을 들 수 있다.

셋째로는 의회조사처의 인포팩(CRS Info Packs)이 있다. 이 자료는 의회의 관심을 끄는 이슈와 토픽에 관련된 자료를 별도로 모아서 편집한 것이다. 인포팩 안에는 의회조사처 보고서, 이슈 브리프, 신문 기사 및 사설, 잡지 논문 등이 포함되어 있다. 각각의 인포팩은 사건이 진행됨에 따라 업데이트 된다. 예로서 사회 보장 개혁(IP435S), 선거 자금(IP014C), 소수자 보호법과 고용 기회(IP424A), 이민(IP164I), 테러리즘(IP299T) 등을 들 수 있다.

넷째로는 의회조사처의 웹사이트(http://www.crs.gov/)가 있다. 인터넷이 보편화된 이후 급속도로 이용이 늘고 있는 실정이지만 의원들과 위원회 직원이 아닌 일반인의 접속은 엄격히 통제된다. 의회조사처 웹사이트는 다양한 서비스, 즉 전자 브리핑 서적, 예산, 입법 예산 과정, 주석을 단 헌법, 법안 이슈별 의회조사처 출판물, 그리고 제목, 저자, 요약문, 주제별(약 3000개) 검색, 전문(약 700개)을 제공하고 있다. 그리고 의회는 이 웹사이트를 통하여 의회조사처에 직접 자료를 요청할 수 있으며 세미나 등에 대한 정보도 제공 받을 수 있다. 한편 이 웹사이트는 인터넷을 통한 일반 자료(지도, 사전, 날씨 정보 등)에도 접근할 수 있도록 연결해 놓았을 뿐만 아니라 의회도서관의 방대한 자료를 직접 검색하고 요청할 수 있는 방법도 소개하고 있다.

한편 의회조사처의 웹사이트는 입법 정보 시스템(Legislative Informa-
tion System: http://www.congress.gov/)과의 연결도 제공하고 있다. 입법
정보 시스템은 키워드와 주제별 검색을 통하여 원내의 활동과 일정뿐만
아니라 특정 법안의 요약문, 내용, 상태, 표결 상황, 위원회 보고서,
청문회, 번역문 등 법안과 관련한 전반적인 상황에 대한 정보를 제공함으
로써 의회의 입법 활동에 필수적인 역할을 한다. 입법 정보 시스템과
관련된 사이트로 의회의 활동 상황을 파악할 수 있게 하는 THOMAS
(http://thomas.loc.gov/)가 있다.

요즈음, 의회조사처에 대한 의회의 의존도가 점차 증가하는 경향을
보이고 있다. 2004 회계 연도 의회조사처의 연례 보고서에 따르면,
의회조사처가 의회의 요청을 받아 제공한 서비스는 조사·연구 응답
건수가 약 8112건에 달하며, 89만 9284건의 연구 자료들을 직접 생산
해서 의원 사무실에 배포하였다. 이 수치는 지난 회계 연도에 비해
10% 이상의 증가를 의미하며, 이 가운데 특징적 변화로는 웹사이트를
통한 요청이 큰 증가를 보였다는 것이다. 이러한 점은 편리한 입법
지원 요청과 신속한 답변을 원하는 의회의 경향을 반영한다. 한편
이전의 회계 연도에 비해 전화나 비망록을 통한 입법 지원 요청은
큰 변화를 보이지 않는 반면, 면전 브리핑을 통한 요구가 큰 증가를
보였다는 점은 궁금한 점을 즉시 묻고 그 대답을 신속·명확하게
포괄적으로 듣고자 하는 의회의 추세를 반영한다. 이러한 맥락은 앞으
로의 의회조사처가 나아갈 방향과 관련하여 큰 시사점을 던져준다고
볼 수 있다.

한편 의회조사처의 전문성 증가는 의회 밖으로부터도 관심을 받고
있다. 특히 의회조사처 보고서에 대한 공개 주장이 그것이다. 의회조사
처의 보고서는 원칙적으로 의회 밖으로의 공개가 금지되어 있다. 그렇지

만 의회에 대한 관심이 커지는 것과 동시에 해마다 1억 달러 이상의 예산을 사용하는 의회조사처에 대한 일반 여론의 관심도 더욱 커지고 있다. 이는 의회조사처의 보고서가 현재 질적으로 높은 수준을 유지하고 있다는 것을 반영하고 있다는 점에서 자긍심을 심어줄 수 있는 반면, 향후 더 좋은 보고서를 만들어 내어야 한다는 의무감을 동시에 의회조사처에 부여하는 것이다.

교육훈련 프로그램

의회조사처에서 매우 효과적이고 활발한 활동 중 하나가 바로 교육 훈련 프로그램이다. 이들이 수행하는 교육 훈련 강좌는 크게 ① 이슈 세미나Issue Seminar, ② 입법 과정 강좌Legislative Process Institutes, ③ 예산 과정 강좌Budget Process Institutes, ④ 법률 프로그램Legal Programs, ⑤ 지역/주州 강좌District/State Institute, ⑥ 오리엔테이션 Orientation 등이 있다.

의회조사처의 분석관들과 기타 전문가들은 다양한 공공 정책 이슈에 서부터 국내외의 주요 사안들까지 여러 가지 정책적 대안에 관한 이슈 세미나를 의회에서 개최한다. 최근의 세미나 주제는 주로 경제, 사이버 상의 보안 문제cyber security, 농업과 자유 무역agriculture and free trade agreements, 저소득층 의료 보험 제도medical and the uninsured, 방위 개혁defense transformation, 이라크 등이다. 의회조사처의 분석관들은 세미나를 통해 가능한 정책 대안을 검토하고, 외부 전문가들을 초청해서 정책 토론을 개최하기도 한다.

입법 과정 강좌는 상원과 하원에서의 모든 입법 과정을 의원과 보좌관들이 제대로 이해할 수 있도록 도움을 주고, 입법 과정 각각의 주요 단계에서의 보좌관들의 역할을 강조하고, 중요한 입법 문서들을

활용하는 것과 의회에서의 업무에 필요한 주요 자료 및 입법 문서들을
이용하는 것을 심층적으로 교육한다. 이는 크게 입문 과정, 중급 과정,
그리고 고급 과정의 세 단계로 나누어진다.[25]

예산 과정 강좌는 의원과 보좌관들이 예산 결정에 관한 법적 틀을
이해하고 모든 절차와 관련하여 어떻게 결정되고 집행되는지를 이해하
도록 돕는다. 구체적으로 연방 예산과 관련한 모든 개념과 절차를 소개하
고 예산 결정 과정과 기타 다양한 과정에 대한 이해를 돕는 "연방 재정
과정에 관한 개략Overview of the Federal Budget Process"이 있다. 또한
예산 과정에서의 의회의 역할을 조사하고 의회 예산에 관한 내용 및
예산 결정과 집행과 관련된 다양한 내용을 다루는 "예산 분석과 (사전)
조정Budget Resolutions and Reconciliation (Advanced)"이라는 프로그램도
있다. 나아가 "(사전) 예산 과정Appropriations Process (Advanced)" 과 "대통
령과 (사전) 예산The President and the Budget (Advanced)"과 같은 세미나
도 진행한다.

법률 프로그램은 사법적 의견과 행정, 입법 역사 등 다양한 내용의
세미나를 갖추고 있다. 이를 통해 의원 및 보좌관들의 법적 이해와
입법 연구의 능력을 신장시키고, 입법 활동 지원과 관련한 다양한 정보
활용 능력을 고양시킨다.

지역/주州 강좌는 의원 및 보좌관들이 시 또는 주정부의 지역district
과 주州 사무실State office에서 일하는 데 필요한 실질적인 지침을 제공하
기도 하며, 의회조사처 서비스와 입법 과정에 대한 다양한 내용을 배우며
그들의 업무를 지원하는 의회 기관과 연방 기관 직원들로부터 많은
정보를 들을 수 있는 프로그램을 갖추고 있다.

오리엔테이션은 의회조사처의 다양한 서비스 지원과 연구 · 분석

---

25. 입문 과정은 "Congress: An Introduction to Resources and Procedure", 중급 과정은
"Advanced Legislative Process Institutes", 그리고 고급 과정은 "Graduate Institute"을 말한다.

업무에 대해 적극적으로 홍보하는 영역이다. 이와 더불어 인턴과 자원봉사자를 위한 오리엔테이션도 준비되어 이들이 의회조사처의 지원으로 보다 원활히 업무에 임할 수 있도록 돕고 있다. 물론 인턴과 자원봉사자들에게는 의회조사처 서비스가 상대적으로 한정되어 있기도 하지만, 이들의 정보력과 대응력은 여기서도 매우 활발하다고 보인다. 이러한 오리엔테이션을 통해 의회조사처가 수행하는 각종 연구와 분석에 대해서 보다 잘 이해하게 되고 이들의 폭넓은 서비스를 활용할 수 있는 기회도 가질 수 있게 도와준다.

4) 의회조사처가 우리에게 주는 정책적 시사점[26]

정치적 중립성의 중요성

정책 조사 기능을 담당하는 조직은 철저히 정치적 당파성으로부터 배제되어야 한다. 정책 조사 기능을 담당하는 조직은 특정 정당이나 상임 위원회 차원이 아니라 국회 차원에서 국회의원 전체를 대상으로 의정 활동을 지원하는 조직이기에 정치적 중립성은 절대적인 수준에서 확보되어야 하며, 조직의 정치적 중립성이 보장되어야만 조직이 제공하는 주요 서비스인 정책 조사 및 분석 또한 정치적 당파성을 피할 수 있다.

독립적 운영의 필요성

조직이 정치적 중립을 확보하고 당파적 시비에서 벗어나려면 정책 조사 기능을 담당하는 조직은 국회의 다른 조직과 달리 매우 독립적으로 운영되어야 한다. 또한 조직의 독립성과 주체성이 확보되어야 정책

---

26. 주의할 사실들은 여기에서 강조하는 정책 조사 능력의 강화 방안의 시스템에 초점, 특히 조직적 차원을 중심으로 대안을 모색한다는 점이다.

조사 및 분석이 객관성을 유지할 수 있다.

신속성

정책 조사 및 분석 기능은 신속하게 진행되어 국회의 요구에 부응하여야 하며 이를 위해 조사 및 분석 기능과 함께 '신속한 전달 체계'가 바탕이 되어야 한다. 즉 신속성이 정보 교류의 핵심이다. 실제로 의회조사처는 의원 및 보좌관들이 요청한 자료를 신속하게 제공하기 위해 이메일 시스템과 항시적 전달자 등 매우 체계적인 전달 체계를 갖추고 있다. 이런 의미에서 흔히 관료제의 역기능으로 거론되는 조직의 비대화 및 조직을 위한 조직이 양산되지 않도록 주의해야 하며, 조직의 내외부에서 정보와 산출물의 상호 교류가 신속·정확하게 이루어질 수 있도록 조직을 설계해야 한다.

지리적 근접성의 중요성

정책 조사 및 분석 기능을 담당하는 조직은 기본적으로 서비스를 제공하는 기관이다. 따라서 조직의 구성원과 수혜자들이 상호 유기적으로 서비스를 주고받을 수 있도록 국회와 지리적으로 매우 근접하여 이용에 대한 편리성을 높여야 한다.

국회도서관과의 협조

정책 조사 및 분석을 담당하는 조직이 국회도서관 산하에 있을 수도 있고 반대로 국회도서관과는 별개의 독립된 조직으로 존재할 수도 있다. 이는 장·단점을 서로 나누어 갖기에 선택의 문제이다. 조직이 어떠한 형태를 지니던 간에 변하지 않는 사실은 조직은 국회도서관에서 제공하는 자료 및 다른 서비스를 최대한 활용할 수 있고 서로

긴밀한 협조 체계를 구축해야 그 기능의 효율성을 더욱 제고할 수 있다는
점이다.

맺음말

　이상에서 미국 의회도서관의 역사적 발전과 현황에 대하여 간략하게
설명하고, 덧붙여서 국가 전자 도서관 프로그램과 의회조사처의 입법
지원 기능에 대해 자세히 살펴보았다.
　정보의 중요성이 점점 커지는 현대 사회에서 우리나라 국회도서관의
자료 처리와 이용 방법을 계속해서 개발해야 하며 새로운 차원의 적극적
인 홍보와 활동을 연구해야 할 것이다. 국회도서관의 컴퓨터 이용과
텔레커뮤니케이션telecommunication 연구 발전, 그리고 자료 처리와 이
용 편의를 계속 개선한다면 앞으로는 도서관에 대한 개념을 바꾸고,
현 상황을 개선하여, 물리적인 규모의 확대나 자료 확보에 치중하는
기존의 도서관 업무의 틀에서 벗어날 것이다.
　컴퓨터 시대가 진행·발전되어 감에 따라 정보 서비스는 컴퓨터를
이용하여 직장이나 가정에서 이루어질 것이며, 이에 따른 도서관 이용자
의 감소는 눈에 띄게 나타날 것이다. 이런 상황에서 국회도서관은 그들이
가지고 있는 다양한 기능과 정보 서비스 이외의 대외 활동을 통하여
도서관에 대한 관심과 흥미, 그리고 즐거움을 유발시켜 국민 생활의
문화 센터나 포럼forum 역할을 수행해야 한다.
　우리나라에서도 국회도서관의 입법전자정보실의 업무와 그 역할이
점차 커져가고 있다. 미국의 의회조사처의 기능이 계속 발전을 거듭해

왔듯이 우리나라의 입법전자정보실의 역할도 양적인 증가뿐만이 아니라 질적인 면에서 계속 발전해 나아가야 한다. 최근의 경향이 의회 쪽에서 신속·정확한 대면 브리핑 등을 통한 전문적인 지식과 정보를 원하고 있으므로 더욱 전문화된 입법 정보의 제공과 그에 적합한 전문가들을 확보하여, 의회에 대한 정보 제공뿐만이 아닌 대국민 서비스를 실시하여 모든 국민들도 열린 정치에 참여할 수 있는 바탕을 마련해 주어야 한다는 생각이 든다.

국력의 신장은 지식 정보의 합리적인 관리와 운용을 바탕으로 다양한 지식 정보의 습득 욕구를 충족시켜 줌으로써 새로운 과학 정보의 창출을 융성하게 하는 것과 상관 관계를 가진다고 본다면, 지식 정보 관리의 핵심 기관인 각급 도서관과 아울러 대학 도서관의 생활화를 위해 획기적인 정책적 지원이 이루어져야 한다.

이 글을 통하여 우리나라 국회도서관의 발전에 조금이나마 도움을 주고 국회도서관의 위상이 새롭게 재정립되기를 기대하는 바이다.

:: 참고 문헌

공봉석, 「통합형 전자 도서관 구축에 관한 연구」, 고려대 석사논문, 1999.
국회도서관 입법전자정보실, 「의회조사처(CRS) 법: 미국」, 2004.
국회미래산업연구회, 「의원 입법체계의 현황 및 발전 방향」, 공청회 발표자료, 2004. 2. 18.
국회운영위원회 수석전문위원실, 『주요국의 의회제도』, 2004.
국회제도개선위원회, 「국회 제도 개선에 관한 건의」, 1994.

김광수, 「한·미 양국 의회의 입법전문성 성장 비교」, 『한국 정치학회보』 제27집 1호, 1993.

김민전, 「민주주의 공고화를 위한 국회개혁」, 『사상』 제41호, 1999.

김병섭 외, 「국회 사무처 조직의 활성화」, 2001년도 국회연구용역과제 연구보고서, 국회사무처, 2001.

김윤태, 「국회도서관의 발전 방향」, 『국회도서관보』 제40권 제2호 통권 제288호, 2003. 3. www.nanet.go.kr

류경희, 「정보 사회에서 국립 중앙 도서관의 발전 방향」, 중앙대 석사논문, 1998.

박재창, 『한국의회행정론』 법문사, 1995.

박찬표, 「한·미·일 3국 의회의 전문성 축적구조에 대한 비교연구」, 『한국 정치학회보』 제30집 4호, 1996.

서복경, 「주요국 의회도서관의 입법 정보 서비스 기능」, 『국회도서관보』 제42권 제6호 통권 제314호, 2005. 6. www.nanet.go.kr

안현수 역, 「미국 의회도서관에서의 OCLC CORC 시스템 활용」, Allene Hayes, Carolyn Larson 공저, 『국회도서관보』 제 39권 제1호 통권 제281호, 2002. 1.

윤정옥, 「미국 의회도서관 주제명표목표(LCSH)의 한국과 일본 관련 주제표목의 비교 연구」, 도서관 358, 2001. 3.

윤정옥 역, 「미국 의회도서관 주제표목: 구성원리와 적용정책」, Lois Mai Cha 저, 『정보관리연구』 제32권 제3/4호, 2001. 12.

이명희·이상렬, 「국가대표전자 도서관 웹사이트의 평가에 관한 연구: 한국·일본·미국 의회도서관을 중심으로」, 『국회도서관보』 제 39권 제3호 통권 제283호, 2002. 5. www.nanet.go.kr

이종선, 「미국 의회도서관의 입법 지원 기능」, 기획특집 디지털시대의 의정 활동과 의회도서관, 『국회도서관보』 제 42권 제10호 통권 제318호, 2005. 10. www.nanet.go.kr

이종원, 「헌법개정을 전제로 한 국회기능 강화방향에 관한 연구」, 한국의회 발전연구회, 연구보고서, 2002. 11.

이현출, 「미국 의회의 입법 지원 기능과 조직」, 『국회도서관보』, 제41권 4호, 2004. www.nanet.go.kr

정광효 · 김혁 · 윤진효, 「입법보좌제도의 개선에 관한 연구」, 한국의회발전연구회, 연구보고서, 2003. 8.

정호영, 「입법평가를 위한 법경제학적 접근방식에 관한 연구」, 중앙대학교 대학원 박사학위논문, 2004. 2.

천병호, 「입법보좌조직의 변화와 과제」, 의회발전연구회, 『의정연구』 통권 제7호, 1998.

최달현 · 이창수, 「정부자료의 분류」, 한국도서관협회, 2002.

함성득, 『미국정부론』, 서울: 나남, 2002.

함성득 외, 「한국과 미국의 의회보좌제도의 비교연구」, 『국제정치논총』, 제44권 1호, 2004.

홍완식, 「주요국 의회도서관의 입법 지원 현황」, 『국회도서관보』 제40권 제6호 통권 제292호, 2003. 8. www.nanet.go.kr

홍완식, 「유럽국가 의회도서관의 입법 지원 기능」 『국회도서관보』, 제42권 제10호 통권 318호. 2005.10. www.nanet.go.kr

Congressional Research Service, *Annual Report Fiscal Year 2004*, 2005.

Fiorina, Morris, Congress: *Keystone of the Washington Establishment*. New Haven, CT: Yale University Press, 1977.

Fox, Harrison W. and Susan Webb Hammond. *Congressional Staffs: The Invisible Force in American Lawmaking*", New York: Free Press, 1979.

Lamolinara G., *How the Electronic Library Evolved*, A Periodic Report from the National Digital Library Program, No. 2. http://lcweb.loc.gov/ndl/sep-95.html

Gerli, Merete F. *Congressional Resources in CRS Research Center and the La Follette Congressional Reading Room*, CRS Report for Congress, Updated September 25, 2001.

Billington J. H., *The Mission and Strategic Priorities of the Library of Congress*, http://lcweb.loc.gov/ndl/mission/sep-97.html

Grum John G., *Structural Determinants of Legislative Output*, in Allan Kornberg and Lloyd D. Msolf, eds., Legislatures in Developmental Perspective,

Derham, N.C.: Duke University Press, 1970.

Library of Congress, *Annual report of the Librarian of Congress 1940*, Washington, Library of Congress, pp.24~25, 1941.

__________, *Annual report of the Library of Congress 2003*, Washington, Library of Congress, 2004.

__________, *Annual report of the Library of Congress 2004*, Washington, Library of Congress, 2005.

McCubbins, Mathew D. and Talbot Page, "A Theory of Congressional Delegation", in Mathew D. McCubbins and Terry Sullivan eds., *Congress: Structure and Policy*, Cambridge: Cambridge University Press, 1987.

Pugh, D. S., D. J. Hikson, C. R. Hinnings, and C. Turner, "Dimensions of Organizational Structure", *Administrative Science Quarterly* Vol. 8, 1968.

Thomas S., *Library's Treasures Going Digital*, A Periodic Report from the National Digital Library Program, Nd. 1. http://lcweb.loc.gov/ndl/aug-95.html

Mary Rose and Magrill and John Corbin, *Acquisitions Management and Collection Development in Libraries*, 2nd ed., Chicago and London, *American Library Association*, 1989.

Patrick John J, Richard M. Pious and Donald A. Ritchie, *Staff, Congressional*, The Oxford Guide to the United States Government, Oxford University Press, 2001.

Weeks, L., "Endangered Species?: the Library of Congress and the Future of the Book", *The Washington Post Magazine*, May 26, 1991.

Worthley, John A., *Public Administration and Legislatures: Examination and Exploration*, Chicago: Nelson-Hall, 1976.

http://www.crs.gov/

http://www.congress.gov/

http://www.loc.gov/crsinfo/whatacrs.html

http://nas.assembly.go.kr

http://www.nanet.go.kr

http://nabo.go.kr

http://search.assembly.go.kr/law

http://thomas.loc.gov/

3장

영국 의회도서관

이현출

의회 민주주의의 근간은 의회가 국민의 대표 기관으로서 행정부에 대한 견제와 균형을 이루면서 독자적 정책 결정 과정의 주체로서 역할과 위상을 정립하는 것이다. 이를 위해서는 의회의 본질적 기능인 입법 활동이 무엇보다 강조되며, 의원들의 입법 활동에 필요한 정보 제공과 연구 지원을 담당하는 전문 인력의 확보가 요구된다. 더욱이 오늘날 각종 정보의 범람 속에서 입법에 관련된 배경 지식과 정책 현안에 대한 유용한 정보를 선별하고 조사·분석하는 역할은 의회의 원활한 운영을 위하여 필수적이다.

의회 민주주의가 정착된 서구 국가들의 경우, 의원들의 입법 활동을 지원하는 전문 조직들은 구성이나 내용면에서 체계적이다. 그 중에서 의회도서관은 입법 지원 기구로서의 오랜 역사와 전통을 가지고 있다. 입법 지원 기구로서의 의회도서관의 발전 과정을 보면 의회의 발전 과정을 반추할 수 있을 정도이다. 특히 의회 민주주의의 본산으로 여겨지는 영국 하원도서관 입법 지원 조직의 특징은 편제와 업무의 효율적 분담 그리고 높은 수준의 전산 시스템을 통한 광범위한 자료의 처리 등이다. 그러므로 영국의 의회도서관의 조직과 기능을 살펴보는 것은 우리의 입법 지원 조직에 발전적인 시사점을 제공할 것이다.

1. 영국 의회와 입법 지원 기구

영국 의회는 의원내각제를 채택하고 있다. 국왕을 원수로 하는 입헌 군주국인 영국은 성문화된 헌법을 갖고 있지 않은 나라이다. 일반적으로 영국의 헌법이라면 기본적 법률(왕위계승법, 의회법, 선거법 등), 판례, 관습, 권위있는 저작 등을 총칭한다. 국왕은 원수이지만 형식적이며, 내각의 조언에 따른다. 영국의 국회의사당은 런던 웨스트민스터의 템즈 강변에 위치하며, 하원 쪽에 있는 시계탑이 특징이다. 의사당 내의 의원열람실과 함께 도로를 가로질러 하원 도서관 직원 대부분이 근무하는 더비게이트Derby Gate 관(1991년 설립)이 위치하며 지하도로 연결되어 있다.

의회는 양원제이며 상원 및 하원으로 구성된다. 상원은 기본적으로 귀족으로 구성되며, 선거에 의해 선출되는 것은 아니다. 하원은 선거를 통해 선출되며 의원정수는 659명이다. 하원은 상원보다 우월한 입장에 서며, 의회는 사실상 일원제라고 평할 수 있을 정도로 하원에 의존한다. 심의는 본회의 중심이며, 3독회제가 채택되고 있다. 실질적인 심의는 제2독회에서 행해진다.

영국의 의원들은 선거구 대표로서의 자격과 국가 전체의 국사를 논의하는 자격으로 균형이 이루어져 있다. 따라서 영국에서의 의원은 법안 발의, 예산안 심의·수정 등의 활동보다는 내각의 정책안을 토의·심의하고, 차후 정책 집행 내용을 검토하는 위주의 활동에 주력하는 편이다. 따라서 입법 지원 조직 자체는 상대적으로 취약한 편이다.

영국의 입법 지원 조직은 양원 모두를 지원하는 조직과 각 원을 독립적으로 지원하는 조직으로 나눌 수 있다. 그 중에서 과학기술국, 회계감사원 등은 양원 모두를 대상으로 지원하는 기관인 반면, 상원과 하원은 각기 위원회국, 정보국을 둔다. 하원의 지원 기구로는 서기처,

경위처, 도서관, 재무행정처, 의사기록처, 후생처 등을 둔다([그림 1]
참조).

[그림 1] 영국 하원의 사무처 조직

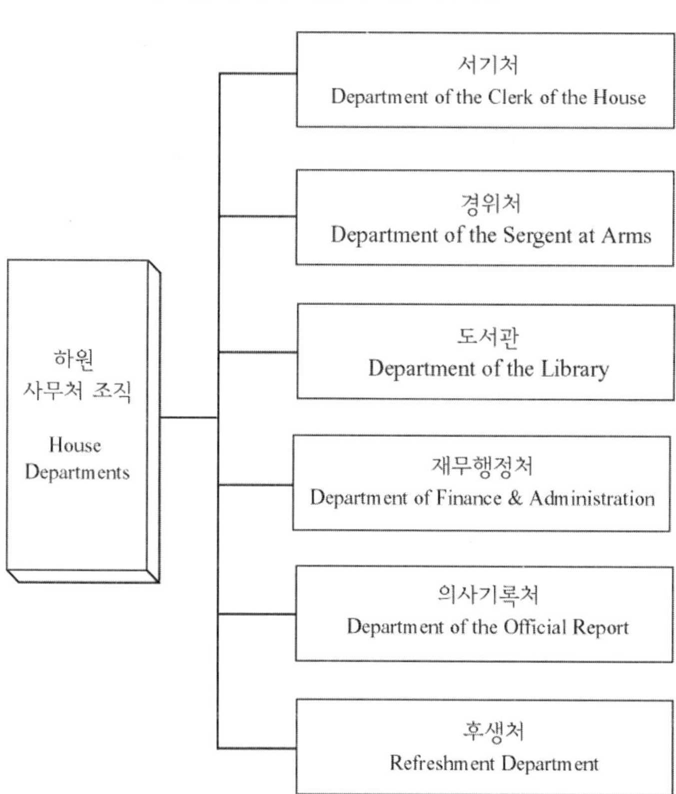

* 자료: House of Commons, "Twenty-seventh report of the House of Commons Commission: Financial Year 2004/05," July 2005, p.14.

하원의 서기처는 의사국, 법제국, 국제국, 문서국과, 위원회국으로 구성되어 위원회 및 본회의 운영과 관련하여 실질적인 지원 업무를 담당하는 곳이다.

영국의 경우 위원회에 소속된 전담 직원을 따로 두지 않고, 사무처 내에 상임위, 특별위, 재무위 등의 업무를 담당하는 위원회국을 설치해 각 위원회의 활동을 통합적으로 지원하는 것이 특징이다. 위원회별 직원은 대체로 3~6명이며, 이와는 별도로 전문 분야에 대한 자문을 구하기 위해 3~13명의 비상임 외부 전문가를 활용하고 있다. 이는 영국이 상임위원회 중심주의가 아닌 본회의 중심주의를 택하고 있기 때문이라고 풀이할 수 있다.

따라서 영국 의회의 입법 지원 조직으로 분류될 수 있는 것은 위의 [그림 1]에서 볼 수 있는 바와 같이 서기처 소속의 위원회국과 법제국, 그리고 도서관을 들 수 있다. 그리고 사무처 조직에 속하지는 않지만 상하 양원에 서비스하는 회계감사원National Audit Office과 의회과학기술국(POST)을 들 수 있다.

회계감사원은 정부에 대한 통제를 강화할 목적으로 제정된 조직으로 회계전문가를 포함한 800여 명의 직원이 행정부처의 지출에 관한 회계를 검토한다. 회계감사원장은 수시로 공공회계위원회에 공공 지출에 관한 감사 보고서를 제출하고, 공공회계위원회는 회계감사원의 관계 직원과 행정부처의 사무차관 및 회계관을 증인으로 출석시켜 청문회를 개최하기도 한다. 공공회계위원회의 심사 보고서는 토론없이 본회의에서 채택되어 재무부로 이송되고, 재무부는 의회의 시정 및 건의 사항에 대한 각 부처의 조치를 총괄해 의회에 보고한다.

다음으로 의회과학기술국에 대해 알아보자. 1980년대에 들어서면서 의원들은 과학 기술에 관한 대중적 질의, 미디어에의 노출, 관련

이해 집단의 로비에 직면하면서 과학 기술 관련 정보나 분석을 지원할 수 있는 의회 지원 조직의 필요성을 절감하게 되었고, 그 결과 1993년 의회 내부 조직으로 설립되었다.

2. 하원도서관의 연혁[1]

양원제를 채택하고 있는 영국 의회는 상하원이 각각 별도의 도서관을 운영하면서 의원들의 입법 활동을 지원한다. 그러나 하원 중심의 영국 의회에서 상원도서관House of Lords Library이 20명 내외의 소규모 인원으로 운영되는데 비해, 하원도서관House of Commons Library은 2003년 현재 248명의 직원들이 입법 활동을 총체적으로 지원하고 있다. 그러므로 하원도서관이 영국 의회의 입법 정보 지원 기능을 전담한다고 하여도 과언이 아니다.

하원도서관의 기원은 성직자인 존 세이무어John Seymour가 필사본 의사록을 수집한 1547년으로 거슬러 올라간다. 이 시기의 의회도서관은 필사본 의사록이 전부인 시기였다. 그러나 18세기에 들어와 의회는 그들의 기록에 흥미를 갖기 시작하였고, 1742년에 하원은 처음으로 의사록을 인쇄하도록 조치를 취하였다. 이것이 의회의 권위있는 기록이 된 것이다. 초기의 하원 의회도서관은 초기의 필사본과 이후의 인쇄본 의사록과 함께 책자, 소논문, 팜플렛, 법령 기타 문서들로 구성이 된 것이다.

1802년 찰스 아보트Charles Abbot가 하원의장으로 선출되면서 의회

---

1. 하원도서관의 연혁은 House of Commons, "The House of Commons Library," Factsheet G18 General Series(Revised Feb. 2005)를 참조하였다.

도서관은 위한 굳건한 기반이 놓이게 되었다. 그는 국가 기록 보존에 대한 열정이 남달랐으며, 이러한 열정이 18세기 의회 문서 수집으로 이어졌고 이에 따라 분류 기법 또한 발전하게 된 것이다. 그의 후임 의장인 매너스 슈턴Manners Sutton은 자료 수집이 증가함에 따라 방을 배정하게 되었고, 1818년 1월 1일부로 초대관장 벤자민 스필러 Benjamin Spiller가 임명됨으로써 근대적 의미의 도서관의 역사가 시작된 것이다.

1826년에 스필러는 공간이 협소하다고 의회에 보고서를 냈고, 이에 따라 1828년 2층짜리 새로운 도서관 건물이 존 소앤John Soane 경의 설계로 지어졌다. 최초의 목록을 보면 약 2000권의 장서가 있었음을 알 수 있다. 1832년에 같은 건물 2층도 도서관으로 활용할 수 있게 됨으로써 공간이 2배로 늘어나게 되었다. 그러나 1834년 10월 16일의 대 화재로 인하여 웨스트민스터 궁전이 파괴되었고, 새로운 도서관 건물도 파괴되었다. 약 60%의 책이 구조되었으나 사실상 모든 의사록이 소실되었다.

화재 복구 과정에 의회도서관에는 최초 세 개의 방이 배정되었다가 다시 두 개의 방이 추가되었다. 그러나 19세기에서 20세기 초반에 이르기까지 도서관은 거의 장서 보관 기능을 벗어나지 못하였다. 그리고 또 한 가지 기능으로는 의원들이 다른 사람들의 방해나 간섭을 받지 않으면서 읽고 쓰는 장소로서 더욱 유용하게 활용되었다는 것이다. 1852년부터 사용되기 시작한 현재의 국회의사당 건물의 도서관은 현재는 의원들만 사용할 수 있도록 제한되어 있다. 그러나 1834년 제정된 최초의 도서관 이용 규칙에는 의원들과 직원들이 사용할 수 있었다. 당시의 규정을 보면 "외부인(하원의원이나 의회 직원이 아닌 자)은 의장이 하원의 개회를 선언한 이후에는 어떠한 상황에도 도서관의 출입이 허용되지 않는다”고 규정하고 있어 일반인의 출입만을 제한하였다. 그러나 의원들은 이 공간을 의원들만의 공간으로 만들려고 하였다. 1834년 하원도서관 상임위원회가 위의 규정을 고치고자 한 이유는 “때로는 의원들만을 위한 공간이 충분치 않다”는 것이었다.

오늘날 모든 의원들은 자신의 책상과 사무실을 공동 혹은 단독으로 사용하고 있으나 이 시설들은 회의장과 투표장으로부터 거리가 떨어져 있다. 도서관은 여전히 의원들이 읽고 쓰는 장소로 사용되고 있으며, 도서관에서 소장하고 있는 자료를 직접 이용하고 있다. 의원들은 과거나 지금이나 도서관을 의원이 아닌 사람들의 방해나 간섭을 받지 않으면서 의원들 간의 비밀 대화를 할 수 있는 장소로 애용하고 있다.

19세기 의회도서관은 의회에서 생산된 문서에 대한 색인 작업에 전력을 투구하였다. 1차 대전 이후 2차 대전에 이르기까지 도서관이 제공하는 서비스에 관하여 상당한 비난이 쏟아졌다. 그것은 도서관이 의원들에게 만족스럽고도 적극적인 정보를 제공하고 있지 못하다는 것이었다. “하원의원의 입장에서 볼 때, 나는 도서관이 의회를 위하여 지원하는 서비스가 1850년 이래 거의 진전이 없다는 것을 알고 놀랐다”는 것이 벤슨 경의 지적이었다(Factsheet G18, p.5).

1945년 2차 대전이 끝난 후 의회에 많은 신진 의원들이 진출하게 됨에 따라 이들은 지금까지 의회도서관이 제공할 수 있는 수준보다 차원 높은 정보 서비스를 요구하기에 이르렀다. 이에 따라 의원들로 구성된 도서관 특별위원회Select Committee를 구성하여 도서관의 역할과 기능에 대한 검토를 하였고, 위원회의 권고는 오늘날의 하원도서관의 전형을 이루고 있다고 할 수 있다. 위원회는 “하원도서관은 책이나 의사록 보관소라는 기존 역할에서 더 나아가 특별한 기능을 제공하는 독특한 기관으로 변신해야 한다”고 주장하였다. 위원회 보고는 이미

110년 전 버던Vardon이 지적한 것과 같은 맥락에서 "도서관의 필수적 기능은 의원들의 의정 활동을 위하여 각종 사안에 관한 정보를 신속하게 제공하는 데 있다"는 것을 강조한다. 물론 이 보고서는 도서관의 인력구조, 시설, 장서 및 색인 목록 등에 관한 전문적인 사항에 대해서도 의견을 제시하였다.

1945년 이후 수십 년 동안 의회도서관은 기능과 인력의 측면에서 크게 확장되었다. 1946년부터 의원에게 조사 연구 서비스research service를 제공하기 시작하였고, 같은 해에 통계 서비스도 시작되었다. 1960년대 초에는 기사 스크랩 서비스press cutting service가 시작되었고, 60년대 후반부터 연구 서비스를 보강하기 위하여 전문 분야별 연구팀이 조직되기에 이르렀다. 1978년에는 일반 대중에 대한 서비스를 위하여 공공정보실(Public Information Office: PIO)과 교육실Education Office이 조직되었다. 이와 함께 회의록과 의회 문서의 검색데이터 베이스인 POLIS(Parliamentary Online Information System)를 구축하여 서비스하기 시작하였다. 1945년 이후 주요한 발전 과정을 살펴보면 다음과 같다.

▲ 포괄적인 참고자료실 구축(1940년대 후반)

▲ 조사 연구 서비스(1946)

▲ 통계 서비스(1946)

▲ 의회, 공공 문제, 국제 문제 등에 대한 색인 코드 생산(1955)

▲ 책 대출 및 상호대차 서비스(1961)

▲ 기사 색인 서비스(60년대 초반), 과학 팀 신설(1966)

▲ 국제 문제 팀 신설(1968)

▲ 경제 팀 신설(1968)

▲ 부속 도서관(Branch Library)(1975)

▲ 교육 및 사회서비스 팀(1977)

▲ 공공 정보실 신설(1978)

▲ 교육관 신설(1980)

▲ POLIS 구축, 컴퓨터 및 기술서비스 팀 신설(1980)

▲ 비디오 기록 서비스(1981)

▲ 보다 향상된 부속 도서관(1991)

의회도서관은 이전에는 의장실 소속이었으나 1967년에 하원의회조직법(The House of Commons Administration Act 1978)에 의하여 독립조직으로 개편되었다. 이 외에도 의회 내의 조직 변동으로 1979년 의회 '표결과'Vote Office가 도서관으로 이관되었다가 1993년에 다시 '서기처'Clerk's Department 소관으로 이관된 바 있다.

3. 하원도서관의 조직

1818년에 조직된 하원도서관은 앞에서 살펴본 바와 같이 영국 하원 사무처House Departments의 6개 부처 중의 하나이다. 하원의회조직법에 따르면 하원의 사무처 조직은 서기처Department of the Clerk of the House, 경위처Department of the Sergent at Arms, 재무행정처Department of Finance & Administration, 의사기록처Department of the Official Report, 후생처Refreshment Department로 구성되어 있다. 그리고 하원 사무처의 인력 배치는 다음의 [그림 2]와 같이 나타나 있다. 하원 서기처는 의사과, 법제과, 국제과, 문서과, 위원회국으로 편성되어 본회의 운영과 위원회 운영에 관한 실질적인 지원 업무를 담당한다.

하원 사무처의 6개 부처 중 하나로서 의정 활동 지원을 위한 입법 정보 지원 기능을 수행하는 하원도서관은 1967년부터 독립 조직으로

[그림 2] 영국 하원 사무처 인력 배치

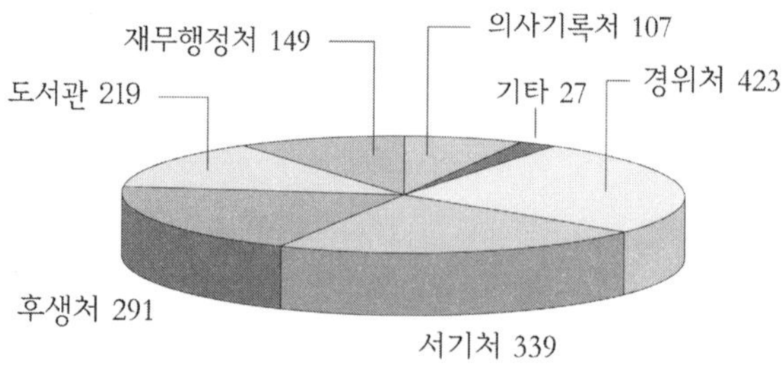

* 자료: House of Commons, "Twenty-seventh report of the House of Commons Commission: Financial Year 2004/05", Jul. 2005, p.50.

개편되어 오늘에 이른다. 하원도서관은 의사당 건물인 웨스트민스트궁 Westerminster Palace에 위치한 '의원 전용 도서관'Members' Library과 인접 건물인 더비 게이트관에 위치한 연구조사서비스실Derby Gate Readings Rooms로 구분된다. 더비 게이트관은 의원과 보좌진의 이용이 가능하지만 의사당 건물의 의원 전용 도서관은 의원만 이용할 수 있도록 되어 있다.

하원도서관의 조직은 관장 아래에 5개의 실로 구성되어 있다. 하원도서관의 내부 조직은 연구조사실Research Services을 비롯하여 서비스 제공 및 개발실Service Delivery & Development, 정보서비스실Information Services, PIMS프로젝트실Parliamentary Information Management Services Project, 자원관리실Resources Services 등 5개의 실로 구성되어 있다([그림 3] 참조). 이들 편재별 인력 배치 상황을 보면 전체 226명 중 연구조사실에 82인, 서비스 제공 및 개발실에 46인, 정보 서비스실에 62인, PIMS 프로젝트실에 6인, 자원관리실에 22인이 배속되어 있다(2004~5 연례보고서, 79).

[그림 3] 영국 하원도서관 조직도(2005년 3월 현재)

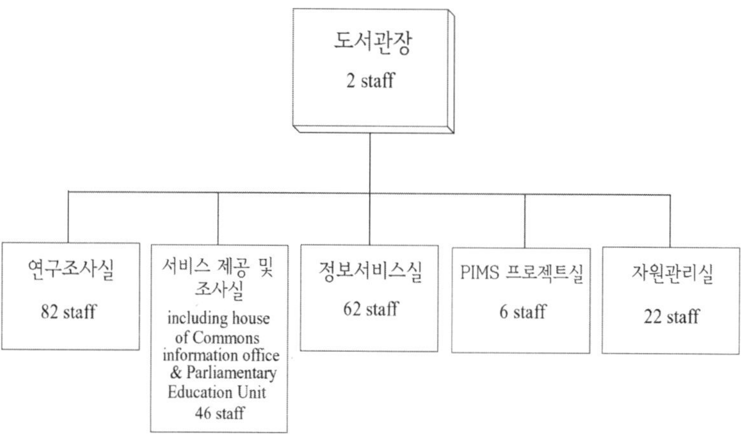

* 자료: House of Commons, "Twenty-seventh report of the House of Commons Commission: Financial Year 2004/05" (Jul. 2005), p. 50.

이 중 연구조사실이 하원도서관 조직 내에서 가장 비중있게 짜여 있는데, 이는 의원의 입법 활동 지원이 중추적 역할을 담당하기 때문이다. 연구 조사실의 직원들은 의원들의 광범위한 영역에 걸친 질의와 자료 요청에 부응하기 위하여 각 분야의 전문가들로 구성되어 있고, 모두 7개의 연구팀으로 구분되어 있다. 연구 조사실은 의원들의 심층적인 질문에 서면 또는 구두로 응답한다. 또한 의회 및 국정의 현안 의제나 법안에 대해 의원들을 위한 보고서를 발간하기도 한다. 연구팀은 주로 주제 전문 연구관과 사서, 그리고 행정직 등으로 구성된다. 연구 조사팀은 연간 1만 1000건의 서면 답변과 약 2만 건의 구두 답변을 제공하는 것으로 알려졌다(Factsheets, 7). 조사·분석 서비스 업무는 의회 공식 사이트를 통하여 제공되지 않으며 내부 인트라넷 망을 통하여 제공되거나 직접적으로 서비스가 의원들에게 제공된다.

연구조사실의 7개 팀과 주요 주제 영역을 살펴보면 다음과 같다
([표 1] 참조).

　　▲ 산업 및 교통팀(Business and Transport)
　　　교통, 조세, 소비자문제, 재정 서비스, 고용, 회사 등
　　▲ 국내 문제팀(Home Affairs)
　　　민·형사법, 경찰, 종교, 예술, 미디어, 이민, 도박, 인·허가
　　▲ 과학 및 환경팀(Science & Environment)
　　　과학 기술 문제, 환경, 에너지, 의학, 농업
　　▲ 사회 정책팀(Social Policy)
　　　보건, 사회 보장, 교육, 주택, 개인 사회 복지 사업
　　▲ 사회 및 일반 통계팀(Social & General Statistics)
　　　경제를 제외한 모든 영역에 걸친 통계 조사 분석(영국 및 국제)
　　▲ 경제 정책 및 통계팀(Economic Policy and Statistics)
　　　경제 및 경제 통계(경제모델링 포함), 노동 시장 통계
　　▲ 국제 문제 및 안보팀(International Affairs and Defence)
　　　영국 외교 및 안보 정책, 외국의 역사와 정치 및 국제 관계(EU의 정치적·제
　　　도적 측면 포함)
　　▲ 의회 및 헌법 센터(Parliament and Constitution Centre)

서비스 제공 및 개발실은 신속한 참고 봉사 업무 등 대의회 참고
서비스 업무를 담당한다. 참고 봉사 업무는 참고 질의에 대한 응답,
도서 대출, 신문 기사 스크랩 제공, 비디오 기록 제공 서비스뿐만 아니라
의사당 내의 의원 열람실을 유지·운영하며, 더비 게이트 빌딩을 운영한
다. 뿐만 아니라 대국민 공보 업무를 담당하는 하원공보실House of
Common Information Office과 의회교육단Parliamentary Education Unit을
운영하고 있다.

[표 1] 연구조사실의 업무 지원 내용

1. 산업·교통	4. 국내 문제(Home Affairs)
· 고용, 산업 관계, 철도 및 임금 · 교통 · 회사 법률, 재무 및 경쟁 정책 · 세제 · 개별 기업 · 소비자 문제, 소기업 및 파산	· 헌법, 의회, 정치, 정당 · 위임, 선거, 공공 서비스, 열린 정부, 북아일랜드(정치 상황), 공공 기밀 · 언론, 이민, 면허, 도박 · 지방 정부, 예술, 개인 생활 · 형법 제도, 경찰, 테러 · 민법 제도, 법률 지원, 종교, 스포츠
2. 경제 정책 · 통계 (Economic Policy and Statistics)	**5. 국제 문제 · 국방** (International Affairs and Defence)
· 통화 및 재정 정책, 경제 및 통화 단체 · 공공 재정 지출 · 산업체(농업, 에너지, 교통 부문 제외) · 국제 무역, 지원 및 재정 · EU 재정, 지역 정책 등 · 국가 세입 · 세출, 물가, 공공 재정, 조세 등의 통계 · 실업 통계 · 경제 이론 및 경제사 · 경제 모델 · 민영화	· 일반적 국제 문제 · EU 관련 문서 · 국방, 핵무기, 러시아, 구소련 · EU, 서유럽, 남미 지역 · UN, 아프리카, 아시아, 캐리비안 지역 · 군 관련, 유럽 안보, NATO, 북미 지역 · 중동, 전 유고슬라비아, 중앙 유럽 지역, 화학 무기, 무기 거래
3. 사회 · 일반 통계 (Social and General Statistics)	**6. 과학 · 환경** (Science and Environment)
· 범죄, 사법 · 지방 정부, 선거, 예술, 여론 조사 · 사회 안보, 인구 · 안보, 주택, 사회 서비스 · 보건 의료 · 교육, 농업, 이민 · 에너지, 환경, 교통 · 통계 관련 질의	· 농산물, 수산물, 식품 및 관련 계획 · 에너지, 건강 및 안전 · 과학, 통신, 물 관련 산업 · 동물, 환경, 자연 보호 · 의약품, 제약 산업
	7. 사회 정책(Social Policy)
	· 교육 · 사회 보장 · 주택 · 보건 서비스 · 사회 복지 서비스, 아동 지원, 기업 연금

* 자료: Hous of Commons 1997: 19ff.

정보 서비스실은 IS팀Information Systems Section을 비롯해서 의회 온라인 전산망인 POLIS팀Parliamentary Online Information System, 그리고 변화프로젝트팀Change Project team으로 구성되어 있다. POLIS팀은 PDVN(Parliamentary Data & Video Network)의 개발, 대정부 질의, 본회의 토론, 법안, 보고서 등 의원들의 의정 활동에 필요한 정보와 입법 관련 자료의 DB 구축 및 운영을 책임진다. 여기에서는 도서관의 일반 업무에 해당하는 자료 수집·색인·분류 등을 담당한다. PIMS실은 지난 25년간 의회 정보에 관한 주요한 참고원이 되어온 POLIS 시스템을 해제하고 새로이 구축하는 의회 정보 관리 서비스를 담당한다. 자원관리실은 인사 및 사업담당 부서로 구성되며, 회계, 기획, 인사, 자료 수집 등의 업무를 담당한다.

이상과 같은 조직을 움직이는 직원은 크게 연구원과 사서로 대별된다. 전문 연구원뿐만 아니라 연구 조사실 직원의 약 반 수가 주제 전문가subject specialist로 불리는 조사원이다. 주제 전문가는 전문 연구원과는 달리 대학을 졸업한 후 채용된 직원을 업무를 통해서 해당 분야의 전문가로 육성해 나가고 있다. 조사원이 행하는 조사 내용은 아래의 [그림 4]에서 보는 바와 같이 사서가 행하는 레퍼런스reference 서비스 보다는 각 주제에 담겨진 내용의 조사이지만 연구원이 행하는 학술적 조사에까지는 이르지 못하고 있다. 자격을 갖춘 사서는 60여 명 정도이며, 해마다 약간 명은 석사 또는 박사 과정의 도서관학을 이수한 자를 채용하고 있다. 채용 후 이들은 POLIS의 색인 업무에 종사하는 경우가 많다. 그곳에서 하원도서관 업무의 근간을 이루는 POLIS 색인에 의한 자료의 분류를 습득하고, 그 후 각 조사실의 사서로서 근무하고, 최종적으로는 참고 열람 서비스 업무에 종사하는 것이 기본적인 보직 패턴이다. 특히 복잡한 의회의 구조, 역사 또는 의회 자료에 관한 즉답이 가능한 지식을 채득할 것이 요구된다.

[그림 4] 직종별 업무 영역

연구원	주제전문가	사서
분석정보		사실적 정보

4. 하원도서관의 역할과 기능

1) 개관

하원도서관은 하원 및 하원의원에 대하여 소사, 분석 및 정보 제공 서비스를 행하고 있다. 의원으로부터의 요구에 응하여 즉시에, 정확하게, 중립을 지키며 서비스를 제공하고, 비밀을 지킬 의무를 지고 있다. 주요 서비스로는 다음과 같다.

- ▲ 의회·관청 자료, 신문·잡지, 일반 참고 자료, 온라인 자료 등을 이용한 정보 제공 서비스
- ▲ 각 주제별 조사 서비스
- ▲ 의회 웹사이트에 의한 서비스
- ▲ 도서·비디오의 대출
- ▲ 일반 국민·학교 교육에 대한 서비스
- ▲ 자료 수집·정리·분류 서비스

2) 조사 · 분석 서비스

하원도서관 내 연구 조사실의 기본적인 업무는 의원들의 현안에 대한 질의에 관련 자료를 조사 · 분석하여 회답하는 것이다. 이때, 의원들의 질의에 신속하게 회답하기 위해 각각의 영역에서 경험적으로 축적된 DB 자료를 이용하게 된다. 하지만 이들의 업무 영역은 의원들의 개별적인 질의에 대한 회답에만 국한하지 않고, 주요 쟁점 현안이나 최근 법안과 관련한 연구 보고서를 발간하여 의원들의 본회의 법안 독회와 정책 심의 및 행정부 견제 활동에 도움을 주기도 한다.[2] 이때 연구 보고서는 서면으로 뿐만 아니라 의회 전산망인 PEDDS(Parliamentary Electronic Document Distri bution Service)를 통해서 온라인상으로도 제공된다. 연구 조사실의 또 다른 주요 업무로는 의원들에 대한 통계 정보의 제공으로서, 영국 정부의 통계청 자료를 근거로 선거나 지역구 관련 각종 통계 자료를 제공한다.

의원들의 질의에 대한 회답 업무는 연구 조사실의 전문 연구관 뿐만 아니라 도서 자원실의 사서도 참여하는데, 질의 내용의 수준에 따라 전문 연구관 혹은 사서가 담당할 것인지 결정된다. 질의 요청은 의원들의 경우, 하원도서관의 참고 질의 데스크Oriel Room를 통해 이루어지며, 보좌진들의 경우는 연구원들과의 직접적인 커뮤니케이션으로 이루어진다. 참고 질의가 접수될 때 의원이 희망하는 완료일이 명시되고, 완성된 회답은 하원도서관에서 의원이 직접 찾아가거나 의원 로비 Member's Lobby에 위치한 우편함을 통해 전달된다.

연구원과 조사원의 업무의 대부분은 의원으로부터 의뢰받은 질의에

---

2. 상 · 하원의원들의 법안 독회 과정에 참고 자료로 제공되는 연구 보고서는 법안의 제 · 개정 배경, 내용, 목적, 쟁점, 정부 입장, 국내외적 동향 등에 대한 요약 보고서의 형태를 띤다.

대한 답변으로 이루어진다. 서면 회답은 연간 1만 건에서 1만 5000건에 이르고 있으며, 이중 1/3이 당일 회답에 속한다(高品盛也 2002, 104). 또한 화급을 요하는 전화 의뢰는 연간 1만 5000건에서 1만 8000건에 달하며, 연구 조사실 내의 연구원과 사서의 협력에 의해 신속한 회답을 하고 있다. 서면 질의(기한 명시, 기한 부정)와 구두 질의 그리고 전화 질의 등 비기록 질의의 변화는 다음 [표 2]에서 보는 바와 같다. 반면 단순한 참고 질의는 연간 5만 건 이상이다가 점차 줄어 이제는 약 4만 건에 달하고 있는 것으로 나타났다.

[표 2] 조사 분석 서비스 실적

	2000/01	2001/02	2002/03	2003/04	2004/05
조사 분석 질의					
· 기한 명시	8,743	6,116	6,669	6,670	6,392**
· 기한 비명시	4,602	4,735	4,896	4,591	4,586
· 비서면	17,600	15,700	17,300	15,500	18,100
참고 질의					
· 의사당 도서관	30,200	30,360	30,200	30,400	24,300
· 더비게이트*	25,500	22,808	23,588	19,307	16,539

*는 e-library 질의 포함.
**는 POLIS에서 PIMS로 전환하는 과정에서 약간 과소 기재됨
자료: House of Commons, "Twenty-seventh report of the House of Commons Commission: Financial Year 2004/05," July 2005.

입법 정보 지원 서비스의 효과적인 운용을 위해서 하원도서관은 신규 보좌관들을 위한 연구 서비스나 POLIS 등의 활용에 대한 교육도 병행하여 실시한다. 그리고 의원들의 문의를 돕기 위해 하원도서관은 『누가 어떤 연구를 담당하는가?Who Does What in Research?』라는 책자를

매 2개월마다 발간하며, 여기에는 각 분야 전문가와 통계 전문가의 이름과 연락처가 수록되어 있다. 또한 제공되는 서비스의 질적 고양을 위하여 서비스의 수혜자인 의원들과의 인터뷰, 설문 조사, 포커스 그룹 미팅 등의 형태로 회답에 대해 평가하고 이를 반영Feedback하기도 한다. 또한 의뢰에 의한 조사 분석뿐만 아니라 중요한 국정 과제에 관한 보고서를 발간하고 있다. 출판물의 종류는 다음과 같다.

연구 보고서

연구조사실은 의회의 입법 과정에서 심의중인 법안이 제기된 배경, 제·개정의 목적, 백서White Paper에 나타난 정부의 입장, 법안의 주요 내용, 쟁점 사항, 야당의 견해, 동 이슈에 관한 국제적 추세 및 동향을 요약·정리한 연구 보고서Research Paper를 발간하고 있으며, 이는 법안 및 정책 심의에 임하는 의원들에게 훌륭한 참고 자료로 활용되고 있다. 연구 보고서는 연간 100건 내외가 간행되며, 책자의 형태로 인쇄되어 배포된다. 아울러 1998년 이후의 보고서는 일반인 대상 웹사이트에서도 열람이 가능하다. 연구조사실 간행 보고서의 건수를 보면 다음의 [표 3]과 같다.

[표 3] 연구 보고서 발행

	2000/01	2001/02	2002/03	2003/04	2004/05
연구 보고서 발행	100	96	96	91	94
스탠더드 노트	510	788	1,368	1,816	2,173
2독회 이전 발행 비율*	92%	97%	97%	100%	97%

* 2독회 이전 주요 법안에 대한 연구 보고서 발행 비율

연구 보고서의 내용은 주로 다음과 같이 대별될 수 있다. 첫째, 법안의 배경, 개요, 논점 등에 관한 내용이다. 대부분의 정부제출법안과 주요한 의원제출법안에 관하여 제2 독회 전까지 법안의 배경, 개요, 논점, 관련 통계·자료 등을 정리하여 제공한다. 위의 [표 3]에서 알 수 있는 바와 같이 연구 보고서는 대체로 2독회 이전에 제공됨으로 인하여(2004년도 97%) 실질적으로 입법 활동에 도움을 주고 있다. 둘째, 주요 정책 과제에 관한 내용이다. 향후 의원들로부터 조사 의뢰가 있을 것으로 생각되는 주요한 정책 과제에 관하여 그 배경, 논점, 관련 통계·자료 등에 관하여 분석한 내용이다. 셋째, 통계 자료에 관한 내용이다. 정기적으로 간행되는 통계 자료뿐만 아니라 선거구 실업률 등 직접 정부 통계로부터 구할 수 없는 의원의 관심이 높은 통계를 제공한다는 점에서 흥미롭다.

스탠더드 노트

인트라넷 상으로 제공되고 있는 조사 보고이다. 의뢰 조사에 의한 서면 회답과 앞에서 기술한 연구 보고서의 중간에 위치할 수 있는 내용이다. 주로 현안에 관해 간결하게 개요와 논점을 정리한 것이다. 한국 국회도서관의 입법 지식 DB의 내용과 유사하다고 볼 수 있다. 전자 정보만으로 제공된다는 특성을 활용하여 빈번히 내용을 갱신할 수 있다는 장점이 있다. 스텐더드 노트Standard Notes는 위의 [표 3]에서 보는 바와 같이 2004~5년도 말까지 전체 2173건이 게재되어 해마다 DB 건수가 늘어나고 있음을 알 수 있다. 그리고 지난 한 해 동안 12만 1000건의 접속이 이루어진 것으로 나타났다. 그리고 이 서비스는 2004년에 처음으로 의회 웹사이트를 통해 일반 대중에게 서비스되기 시작하였다.

디베이트 팩

'디베이트 팩Debate packs'은 2003~4년도에 처음으로 소개되었다. 이 서비스는 상하원에서 일어나는 비입법 관련 토론에 관련이 있는 기존의 가용 자료(신문 기사, 의회 질문, 스텐더드 노트 등)를 집합한 것이다. 이러한 연구조사실의 온라인 서비스 접속 현황은 다음의 [표 4]와 같다.

[표 4] 온라인 자료 접속

	2000/01	2001/02	2002/03	2003/04	2004/05
연구 보고서(인터넷, 인트라넷)	-	420,000	670,000	730,000	887,000
스탠더드 노트(인트라넷)	-	27,000	58,000	100,000	121,000
현황 보고서(인터넷, 인트라넷)	-	240,000	323,000	309,000	280,000
디베이트 팩(인트라넷)	-			4,000	3,000

3) 도서관 서비스

도서관 서비스는 이전의 '의회 참고 자료 서비스실'에 해당하는 '서비스 제공 및 개발실'에서 주로 담당하고 있다. 서비스제공 및 개발실은 '참고자료 · 열람봉사과'Reference & Reader Service, '하원정보팀' House of Commons Information Section, '의회교육팀'Parliamentary Education Unit 그리고 '도서자원팀'Library Resources Section, '의회 · 헌법센터'Parliament & Constitution Centre의 부서로 구성된다. 주된 업무는 의원들에게 입법 및 의정 활동에 필요한 각종 문헌이나 자료를 제공하는 것으로, 의사록, 의회 자료, 공식 발간물, 일반 참고 자료, 신문 등을 망라한 자료 서비스가 이루어진다.

하원 회의장 가까이에 위치한 의원도서관은 카운터실Oriel Room, 레퍼런스실, A~D까지의 4개의 열람실로 구성되어 있다. 카운터실 및 레퍼런스실에는 레퍼런스 접수부가 있고, 법령 의회 자료나 각종 참고자료, 신문·잡지, 데이터베이스를 활용하여 질의에 답하고 있다. 회의장에 가깝다는 장점도 있고, 의회의 동향에 따라 의뢰의 경향이 달라지기도 하는데, 의뢰는 즉시에 회답을 요구하는 경우가 많다. 담당 직원은 폭 넓은 지식과 경험, 의뢰에 대한 기민한 반응이 요구되어 담당자로서는 긴장감이 요구되는 업무이기도 하다.

A열람실에는 EU 관련 정보나 자료 전문 카운터가 있고, 연구 조사실의 외무·안보실의 직원이 의뢰에 응하고 있다. D열람실은 의장실에 인접하여 있고, 의원이 연설문을 초고 또는 교열하는 경우가 많기 때문에 특히 정숙이 요구되는 열람실이기도 하다. 의원열람실의 참고 질의는 2004~5년도에 2만 4300건을 기록하고 있어, 더비 게이트관의 1만 6539건 보다 많은 것으로 기록되고 있다([표 2] 참조).

다음으로 더비 게이트관 내의 열람실 서비스에 대해 알아보자. 의회와는 별도 건물의 열람실은 주로 의원 보좌진을 대상으로 하고 있다. 시사 문제 열람실은 각종 참고 자료, 신문·잡지, 연구 조사실 간행물, 데이터베이스 접속 컴퓨터 등을 갖추고, 사서가 레퍼런스 서비스에 응하고 있다. 의회·관청 자료 도서관은 의회·관청 자료를 비치하고 관련 레퍼런스 서비스를 행하고 있다. 양자는 합해서 연간 3만 건 전후의 질문에 응답하고 있다. 또한 의원 회관 근처에 있는 전자 자료실에서는 하원도서관이 제공하는 인트라넷 등의 전자 정보 서비스의 이용이 가능하다.

다음으로 POLIS(Parliamentary On-line Indexing Service, 의회 온라인 색인 시스템)에 대해 알아보자. POLIS는 회의록을 필두로 하는 의회

자료, 법령, 정부 간행물, EU · 국제 기구 자료, 영국 하원도서관 간행물, 도서 · 잡지 기사 등의 색인 데이터베이스이며 영국 하원도서관의 주력을 이룬다. 매우 체계적인 색인집(시소러스)하에 통제되고 있다. 시소러스는 관련어, 상위어, 하위어 등 참조가 가능하도록 구조화되어 있다.

4) 대국민 서비스

영국 하원도서관은 미국, 일본, 한국의 경우와는 달리 대국민 서비스는 취약한 편이다. 그러나 온라인 시스템이 발전하면서 점차 대국민 서비스도 강화하는 추세에 있다. 1977년 7월에 하원 봉사에 관한 특별위원회는 도서관 측에 다음과 같은 부수적인 임무를 권했다. 그 내용은 일반 대중의 정보 요구에 봉사하기 위하여 도서관의 관리 하에 소규모의 공보실Information Office을 설치하고, 도서관 직원들이 일반 대중을 위한 교육 봉사 프로그램 개발에 관한 책임을 지고 의사당을 방문하고자 하는 학생들을 위해 실험적으로 기간을 설정하여 운영하는 것과 의회 자료 판매를 위한 공공 판매대를 설치할 것을 요지로 하고 있다. 이러한 계기 이후에 하원뿐만 아니라 일반 대중에게도 정보의 액세스Access권을 인정하는 2000년 제정된 정보자유법The Freedom of Information Act 2000이 2005년 1월부터 효력을 발휘하게 됨으로써 향후 대국민 서비스는 더욱 가속화될 것으로 전망된다.

이미 도서관 내에 존재하고 있던 초기의 정보 봉사 활동은 1978년 공보실Public Information Office로 발전하였다. 오늘날의 하원정보팀은 다른 의회에서는 도서관을 직접 이용할 수 있는 개인이나 단체를 위한 정보 제공 창구 역할을 하고 있다. 하원정보팀에서는 다양한 전화,

이메일 또는 서면 질의에 답변하고 있다. 2004~5 연간 약 6만 건의 문의 사항을 처리하는 것을 알 수 있다([표 5] 참조). 아울러 『Factsheet』, 『Weekly Information Bulletin』, 『Sessional Information Digest』 등의 정기 간행 물들을 제공한다. 이러한 간행물은 관심있는 개인뿐만 아니라 전문적인 정보 제공을 원하는 사람들에게 도움을 주기 위해 고안된 것이다.

[표 5] 공보실 대국민 업무 처리 결과

	2000/01	2001/02	2002/03	2003/04	2004/05
전화 문의	83,490	72,292	69,269	59,373	53,245
이메일/서신	10,716	9,010	6,432	5,347	4,822
전체 문의	92,751	83,008	75,700	64,720	58,067
20초 이내 답변	62%	71%	84%	86%	88%

* 자료: House of Commons, "Twenty-seventh report of the House of Commons Commission: Financial Year 2004/05," July 2005, p.73.

『현황 보고서Factsheet』는 '정부 법안의 의회 처리 현황', '각 분과 특별 위원회의 구조', '의원의 급여와 수당' 등 다양한 사실적 정보를 다루고 있다. 『Weekly Information Bulletin』은 지난 주 회의의 쟁점과 간행물, 법안의 심의 과정, 다음 주에 이루어질 의회의 활동 등을 수록하고 있어 하원의 입법 활동에 대한 안내 역할을 한다. 『Sessional Information Digest』는 Bulletin에 게재된 정보를 회기별로 누적하여 요약한 것이다.

의회교육단Parliamentary Education Unit은 하원을 대신하여 업무를 수행하면서 하원도서관에 근거를 둔다. 의회교육단은 학생과 교사를 대상으로 의회의 기능과 업무 그리고 역사에 대한 지식과 이해를 높이기 위한 교육 자료 제공 및 지원 업무를 담당한다. 교육단은 책자, 포스터,

방문 프로그램, 비디오 및 교육용 웹사이트(www.explore. parliament.uk)
를 포함한 다양한 서비스를 제공한다.

5) 네트워크 정보 서비스: 전자 도서관

'정보 서비스실'은 IS팀Information Systems Section을 비롯해서 의회
온라인 전산망인 POLIS팀Parliamentary OnLine Information Sysem, 그리
고 교환프로젝트팀Change Project team으로 구성되는데, POLIS팀은
PDVN(Parlia mentary Data & Video Network)의 개발, 대정부 질의, 본회의
토론, 법안, 보고서 등 의원들의 의정 활동에 필요한 정보와 입법 관련
자료의 DB 구축 및 운영을 책임진다. 참고 질의에 빈번하게 등장하는
사안에 대해서는 FAQ(Frequently Asked Questions)를 POLIS안에 설치해
정보를 제공한다.

영국하원에는 의회 내에 PDVN(Parliamentary Data and Video Network)
이라고 불리는 네트워크가 구축되어, 이 네트워크를 통하여 인트라넷에
의한 서비스가 제공되어 왔다. 서비스 내용은 하원도서관에 의해 구축
· 운영되고 있는 데이터베이스, 연구 조사실의 간행물, 상용 데이터베이
스, 주제별 인터넷 링크집의 네 종류로 나뉜다. 이용 가능한 데이터베이
스로서는 앞에서 언급한 POLIS와 EDM(Early Day Motions Database)이라
는 의안 전문 데이터베이스(1997/98~), 정부 보도 발표문, 주요 신문
기사의 전문을 볼 수 있는 프레스 데이터베이스, 기타 CD-ROM, 웹을
통해 활용 가능한 상용 데이터베이스를 들 수 있다. 인트라넷을 통해
입수할 수 있는 하원도서관의 간행물은 1995년부터의 연구조사실의
연구 보고서, 스텐더드 노트, 현황 보고서Factsheets, 조사 담당 분야

직원 일람 등이 있다. 또한 공개 사이트인 하원 홈페이지(http:// www. parliament.uk/commons/HSECOM.htm)를 통해서도 연구 보고서, 의사록 Hansard 등의 서비스가 제공된다.

그러나 지금까지 전자 도서관 서비스는 2004/05년에 마무리된 도서관 변화 프로젝트Librarys Change Project로 인하여 이미 변화가 시작되고 있고 앞으로도 지속적인 변화가 예상된다. 그 중에서도 도서관 서비스 시스템에서 가장 중요한 변화는 2005년 봄을 기점으로 지난 25년 동안 의회 정보에 대한 주요한 참고원으로서 기능해온 POLIS 데이터베이스가 해체되고 의회 정보 관리 서비스(Parliamentary Information Management Services: PIMS)로 대체된다는 것이다. PIMS는 전자 및 인쇄 포맷으로 의회 정보를 관리하기 위한 새로운 콘텐츠 관리 시스템이며, 사용자들에게 보다 강력한 정보 검색 기능을 가진 포털을 통하여 의회 정보에 접근할 수 있도록 해준다.

6. 하원도서관의 입법 지원 조직의 특성과 함의

영국 하원도서관의 입법 지원 조직은 이처럼 합리적인 편제와 역할, 그리고 수준 높은 전산 시스템의 도움으로 의원들에 대한 입법 관련 자료와 정보를 정확하고 신속하게 제공할 수 있는 효율적인 체제를 갖추고 있다고 평가할 수 있다. 그러나 이러한 체제를 갖추기까지는 20세기 중반 이후 전략적이고 집중적인 노력이 뒤따랐다는 점을 알 수 있었다. 의회 민주주의의 본산지인 영국 의회는 20세기 초반까지만 해도 의회 관련 문서의 집합소에 불과하였다. 그 업무도 분류와 색인 목록을 작성하는 데 집중되었던 것이다. 그러나 오늘날은 의회에서의 입법 및 정책 심의를 지원하기 위한 '특별한 기능을 갖춘 독특한 기관'으로 발전해 온 것이다.

영국의 입법 지원 조직은 한국, 미국, 일본, 캐나다 등의 국가들과 마찬가지로 입법 지원 조직이 의회도서관에 속해있는 통합형이다(김종갑, 2004).[3] 입법 지원 조직이 도서관의 참고 봉사 업무와 결합된 통합형은 의회 입법 활동 지원과 도서관 업무의 혼재나 입법 지원 조직의 위상의 격하가 우려될 수 있다. 하지만 영국의 경우, 독립적인 별도의 조직 체계는 아니지만 입법 지원의 전문성·효율성을 강조하는 운영의 묘를 보인다. 규모면에서 보면, 미국 의회도서관 의회 조사처 Congressional Research Service의 총인원이 722명에 달하는데 비해 영국 하원도서관의 총인원은 248명이며 실질적인 입법 지원 업무를 담당하는 연구 조사팀은 27명(2004년 3월 현재)에 불과하다. 그럼에도 불구하고 영국 하원도서관의 입법 지원 조직은 그 편제와 기능에서 볼 수 있듯이 의원들의 입법 정보 지원이라는 고유의 업무 내용을 중심으로 집중적으로 짜여져 있으며, 참고 회답과 연구 조사 활동 이외에도 의회에 제출되는 법안에 대한 검토 보고 업무도 병행하는 등 방대한 전문 영역을 포괄하고 있다.[4]

영국 하원도서관의 서비스 대상은 거의 전적으로 의원들의 의회 활동과 관련된 정보·연구 서비스를 중심적으로 제공한다. 하원도서관

---

3. 이러한 통합형 외에 입법 정보 지원 조직이 의회도서관과 외형적으로 분리되어 있으나 업무상 느슨하게 결합되어있는 정합형(예: 독일, 루마니아, 스페인 등), 두 조직이 완전히 나뉜 분리형(예: 폴란드, 러시아, 이탈리아), 그리고 연구 조직과 도서관이 여러 곳에 산재된 분산형(프랑스, 네덜란드, 벨기에 등)이 있다.

4. 영국의 경우, 일반적으로 입법 관련 정보를 제공하는 상임위원회 스태프의 기능이 제한적인 대신 하원도서관의 입법 지원 조직이 그 역할을 맡고 있다(김기상, 1983: 35).

전체가 한국 국회도서관의 입법전자정보실이 확대·발전된 것과 같은 기능을 수행한다고 볼 수 있다. 따라서 대국민 서비스가 더 큰 비중을 차지하는 한국 국회도서관과는 대조를 이룬다고 할 것이다. 조직상 문헌·연구·정보 서비스의 세 부문으로 이루어진 하원도서관은 고객(의원·보좌진 등)의 편익을 최우선으로 한다는 원칙아래, 950여 종의 전문주제별로 세분화된 실명제 연구·정보 서비스를 제공한다는 점에서 그 효율성을 더해주고 있다(박인화, 1997).

업무의 효율성 제고를 위한 구성원 간의 유연한 업무 협력 체계 또한 주목된다. 하원도서관 직원들은 문헌·연구·정보의 어느 부문에서 일하건 거의 전원이 '주제별 전문가'로서 업무에 임하고 있다. 의원 또는 참모들로부터의 의뢰 내용의 수준에 따라 연구원-주제 전문 사서-사서 등이 유기적으로 협조하며 신속한 답변을 제시한다. 이러한 측면에서 영국 하원도서관의 경우 하원의원 659명을 위하여 도서관 직원 226명(2004~5년도)이 제공하는 서비스가 하원의원들로부터 신뢰 받고 있다는 점에서 업무의 효율성과 신뢰성은 우리에게 많은 시사점을 준다.

다음으로 의회도서관 서비스의 주된 고객인 의원들로부터 근접 거리에서 입법 정보 서비스가 가능하다는 점도 도서관 서비스를 보다 '손에 잡히는' '맞춤형 서비스'로 가져갈 수 있을 것으로 보인다. 하원도서 관의 의원열람실은 회의장 바로 옆에 위치함으로써 의원들이 법안 심의 뿐만 아니라 연설 원고 작성 등 모든 입법 과정에서 손쉽게 참고가 가능하다는 점에 주목할 필요가 있을 것이다. 그리고 의문이 발생할 때 현장에서 참고 질의에 답변함으로 인하여 도서관 입법 정보 서비스의 효율성을 더욱 높일 수 있다. 이러한 맥락에서 한국 국회도서관도 본청에 의원열람실을 마련하는 방안을 검토해 볼 필요가 있다.

세계는 민주화, 세계화, 정보화의 추세에 따라 의회의 기능이 변화되
고 있다. 이러한 의회의 기능 변화는 의원의 역할에서의 변화를 요구하고
따라서 입법 지원 기구에 대한 수요도 달라질 것으로 판단된다. 이러한
측면에서 영국 의회는 1, 2차 대전 이후에 짧은 기간에 체계적인 입법
지원 기구로서의 하원도서관을 재조직해 온 것을 볼 수 있다. 이러한
변화를 통해서 우리도 의원들의 수요의 변화와 입법 지원 기구의 변화와
적응을 이해하는 보기로 삼을 수 있다는 점에서 의미가 있다.

:: 참고 문헌

고인철, 「영국하원도서관」, 『국회도서관보』 193, 1987. 10, pp.20~27.

김만선, 「영국하원도서관」, 『국회도서관보』 제32권 1호, 1995. 01, pp.117~130.

김기상, 「국회도서관 입법보조기능의 개선방향」, 『국회도서관보』 165 1983. 06,
　　　　pp.28~40.

김종갑, 「영국하원의 입법 지원 조직과 기능」, 『국회도서관보』, 2004. 4.

김희정, 「영국하원도서관의 전산화와 입법 정보지원」, 『국회도서관보』 206,
　　　　1989. 12, pp.13~20.

박성덕, 「주요국의회의 입법 정보에 관한 전산화실태」, 『입법 조사월보』 194,
　　　　1990. 11, pp.139~155.

박인화, 「영국의회의 입법 정보지원 기능과 시사점」, 『입법 조사연구』 제248호
　　　　1997년 12월호.

高品盛也, 「英國下院圖書館のサービス」, 『レファレンス』, 2002. 2.

House of Commons Library, *A Guide to the Services of the House of the Commons*

Library, London, 1997.

House of Commons, *The House of Commons Library*, Factsheet G18 General Series, Revised Feb. 2005.

House of Commons. 2005. *Twenty-seventh report of the House of Commons Commission: Financial Year 2004/05*, July 2005.

Ryle, Michael T., *The Legislative Staff of the British House of Commons*, *Legislative Studies Quartely* VI, 4, Nov. 1981, pp.497~519.

http://www.parliament.uk(영국 의회)

4장

독일 연방의회의 입법 지원 조직
-의회사무처와 의회도서관을 중심으로

김종갑

독일의원법Abgeordnetengesetz은 의원의 효율적인 의정 활동을 위한 지원 규정을 담고 있으며, 독일 기본법Grundgesetz도 제48조 제3항에서 의원들에게 "적절하고, 의원독립성을 보장할 수 있는 보상eineange-messene, ihre Unabhängigkeit sichernde Entschädigung"을 명시하고 있다. 이러한 법률적 근거에 따라 독일 의회는 의원의 입법 활동을 체계적으로 지원하고 있으며, 그 조직 구성을 보면 의회사무처 산하 의사지원처, 학술지원처, 행정지원처로 분류되어 있다. 이 중 학술지원처는 규모 면에서 미국과 일본에 이어 세계에서 세 번째로 큰 전문 연구 조직이며,[1] 학술지원처 산하 문서국에 소속되어 있는 의회도서관은 소장 자료의 규모(단행본: 130만권, 국내외 잡지: 1만 1000권)에 있어서 전 세계에서 가장 큰 의회도서관 중 하나로 손꼽힌다. 또한 의회도서관은 2002년 전자 도서관 구축 사업이 본격화되고 2004년 초 그 동안 분산되었던 도서관 내 조직들이 통합·이전됨으로써 의회도서관으로서의 본질적인 기능을 발휘할 수 있는 기틀이 마련되었다. 의회도서관이 입법 지원 기능을 담당하는 주요 조직들 중 하나로 중요하게 인식되는 것은 무엇보다 의원이 독립성을 견지하고 효율적인 의정 활동을 펴 나가기 위해서는

---

1. 국회운영위원회 수석전문위원실, 「주요국의 의회제도」, 2004, p.379.

사회에서 생산·재생산되는 정보와 지식을 섭렵하고 있어야 하기 때문이다. 사회적 이슈, 데이터 정보, 관련 논조 등에 대한 현재적 지식 Knowledge of time은 의원의 정치적 고려와 행위의 근저를 이루는 것으로, 의원이 제도 개선과 같은 시대적 요구에 부응해야 하는 역할들을 수행하기 위해서는 필수불가결한 부분이다.

이 장에서는 독일 연방의회의 입법 지원을 담당하는 제반 조직의 편제 및 역할, 그리고 정보 및 자료의 제공원提供原으로서의 기능을 수행하는 의회도서관의 최근 현황을 살펴보고자 한다. 그리고 독일의회의 입법 지원 조직을 보다 적확的確하게 설명하기 위해서는 의회의 권력 구조 및 정부 형태라는 정치적 환경 변수에 대한 이해가 우선되어야 하므로 의회사무처 산하 입법 지원 조직을 설명하기에 앞서 독일 연방의회의 제도적 특징과 성격 등을 고찰하고자 한다. 이는 독일과 같은 지방 분권형 연방제 국가에서 의회사무처와 의회도서관이 권력 구조와의 연계 속에서 어떠한 위상과 역할로서 규정되어 있는가에 대한 해답을 제시할 것이다.

1. 독일 연방의회

독일 연방공화국은 의회 민주주의의 원리를 근간으로 한 정부 구조를 갖추고 있으며, 의회주의적 정부 체제의 핵심은 국민이 선출한 연방하원이라 할 수 있다. 연방하원의 주요 기능으로는 연방 대통령, 연방 수상, 연방 헌법재판소 재판관 등에 대한 선출 기능, 소환권 및 질의권, 감사권과 감사위원회의 설치, 최종적 의회 의결 등과 같은 통제 기능,

의원 입법, 정부 입법, 상원 입법, 공동 입법 등의 핵심적 입법 기능, 의원 내각제하에서 국민이 선출하는 대표 기관으로서의 대의 기능 등으로 요약된다. 의회를 대표하는 연방의회 의장은 권력 분립상 입법권의 수장으로서 최고 국가 기관이며, 의장을 중심으로 부의장단과 각 정당의 원로들이 참여하는 최고평의회Ältestenrat[2]가 구성된다. 연방하원의 실질적인 의회 업무는 주로 각종 위원회별로 나뉘어 이루어지고, 정당 간의 의견 조정 역할은 교섭 단체Fraktion를 통하여 이루어진다.

독일 연방하원의 선거 제도는 1인 2표제의 다수 대표제와 비례 대표제의 요소가 연동된 독특한 혼합식 선거 제도를 채택하고 있다.[3] 이에 따라 연방 의회 의석 598석 중 반수半數는 299개 지역구 다수 대표제로 선출되고, 나머지 반은 정당의 전국 득표율에 비례하여 각 주별 정당 명부에 따라 선출된다. 혼합식 선거 제도가 정착되면서 정당체제는 사민당(SPD)과 기민·기사련(CDU·CSU)을 중심으로 집중화되었고 정치적 안정을 이루게 되었다. 이러한 정치적 안정성은 수상Kanzler의 정치적 위상과도 관계가 깊다. 수상의 선출은 형식적으로는 의회 내 선거에서 다수표를 확보한 인물을 대통령이 임명하는 방식이지만, 통상 연립 정부를 구성하는 정당의 당수 간 선거로 결정된다. 독일 의원 내각제에서 수상은 미국의 대통령과 비견될 정도의 막강한 권한을 가진다. 수상은 내각의 각료 구성권을 가지며 정부의 정책을 수행하고 의회에 대하여 책임을 진다. 의회가 임기 중인 수상을 불신임 결의에 의하여 교체할 때는 반드시 야당의 다수가 확보되어 있어야

---

2. 최고평의회는 현 하원을 대표하는 4개 정당(SPD, CDU/CSU, BÜNDNIS 90/DIE GRÜNEN, FDP)과 연방 정부 대리인의 협의 기구체이다. 구성은 의장 1명과 부의장 4명을 포함하여 28명으로 되어있다.
3. 독일 선거 제도는 다수 대표를 선출하는 인물 투표와 비례 대표를 선출하는 정당 투표의 결합이라는 점에서 '인물 중심의 비례 대표제personalized proportional representation'로 명명되기도 한다.

하며, 대체할 수상이 이 다수를 확보하여야 한다.[4] 의회의 수상 해임을 까다롭게 하는 것은 수상의 지위를 강화함으로써 정국의 안정을 도모하기 위함이다. 반면 내각의 의회 해산권 행사도 두 가지 경우[5]로 제한함으로써 내각이 의회에 의존하도록 하고 있다. 이처럼 수상은 연립 정부를 구성하는 파트너 정당과의 견제 구도 속에서 협상과 조율을 거쳐 정책 결정을 하게 된다.

국민이 직접 선출하는 연방하원과 별도로 주정부 대표들로 구성되는 연방상원Bundesrat이 있다.[6] 상원의원은 각 주의 수상과 주정부 장관들로 구성되며, 베를린, 브레멘, 함부르크의 3개 도시주Stadtland에서는 주의회 의원도 가능하다. 현재 독일 연방상원의 전체 의석수는 68석이며, 각 주의 인구수에 따라 3~6석씩 배정된다. 연방상원은 연방 정부와 주정부와의 이해 관계를 조정하는 통로로 기능한다. 연방 수상과 주정부 수상들 간의 수시 협의와 양 차원의 정부 관련 장관들의 위원회 등을 통해 연방 전체 차원에서의 협의가 이루어지게 된다. 독일 기본법Grundgesetz 제50조는 연방상원의 기본적인 역할을 연방입법과 행정의 공조로 규정한다. 즉, 외국과의 조약 체결에 참여하고 연방 헌법재판소 판사의 1/2을 선출하며 연방 의회에서 그 구성원이 발언권을 갖는 반면에, 연방 의회는 그 업무 수행에 관하여 연방상원에 지속적으로 고지할 의무를 가진다. 또한 연방상원은 법률안을 연방의회에 제출할 수 있고 연방 정부의 법률안에 의견을 제시할 수 있다.

---

4. 불신임 결의는 1972년과 1982년 두 번에 걸쳐 시도되었지만 모두 기각된 바 있다.
5. 하나는 의회에서 연방 수상으로 당선된 자가 과반수 득표를 하지 못한 경우이고, 또 하나는 신임을 요구한 연방 수상의 제의가 연방 의회 의원의 과반수 찬성을 얻지 못한 경우이다.
6. 독일 연방상원이 개별 주의 대표들로 구성된다는 점에서 미국 상원과 같이 주별 국민 투표를 거쳐 선출되는 방식과는 대조적이다. 이는 독일 연방제Deutscher Föderalismus의 주된 특징이며, 그러한 점에서 연방상원에 중앙집권적 기능unitarisierende Funktion이 내재된 것으로 보는 학자도 있다(Abromeit, 1992).

이처럼 연방상원은 독자적이고 최종적인 의결권을 가지지 못하는 구조적인 한계를 내포하고 있으나, 연방의 입법과 행정에 참여하고 있고 연방강제나 연방감독제와 같은 제도적 장치를 통해 연방의 통치 기능과도 밀접한 관련을 맺고 있다.

독일 의회를 보다 정확하게 이해하기 위해서는 상임위원회Ständige Ausschüsse의 조직과 역할을 살펴볼 필요가 있다. 상임위원회가 발달한 점은 독일 의회의 대표적인 특징으로 의정 활동의 대부분은 이들 위원회를 중심으로 이루어진다. 통상위원회라고 하면 연방하원의 공식적인 위원회뿐만 아니라 교섭 단체 내의 위원회별 실무 그룹까지 포함된다.

[표 1] 독일 상임위원회 현황(제15대 국회)

위원회	인원	위원회	인원
선거심사/면책/의사규칙위원회	15	국방위원회	30
청원위원회	25	가족/노인/여성/청소년 위원회	30
외무위원회	37	보건/사회보장/위원회	40
내무위원회	37	교통/건설/주택 위원회	40
스포츠위원회	15	환경/자연보호/핵시설안전 위원회	33
법무위원회	33	인권/인도적지원 위원회	17
재정위원회	33	교육/연구/기술영향평가 위원회	33
예산위원회	44	경제협력/개발위원회	23
경제/노동위원회	42	관광위원회	15
소비자보호/농업/식량위원회	30	유럽연합위원회	33
문화/미디어위원회	15		

* 자료: Schick, R./Schreiner, H. J., So arbeitet der Deutsche Bundestag. Organisation und Arbeitsweise. Die Gesetzgebung des Bundes, 2003, pp.29~30.

위원회는 연방하원의 산하 조직으로서 법률안 안건 심의를 위한 자료들을 취합하고 해당 분야에서 각종 사항들을 연구 검토하며 본회의에 보고하여 의결할 안건을 준비하는 등 광범위한 자율권을 가지고 그 관할 영역에 있어서 상당한 영향력을 행사한다. 위원회의 회의는 위원장에 의해 소집되며, 위원장은 위원회의 한쪽 교섭 단체 소속 위원 모두가 요구하거나 위원회위원 1/3 이상이 요구하면 회의를 소집해야 한다. 제15대 국회(2002~5)에서 구성된 21개 상임위원회의 종류와 인원을 살펴보면 [표 1]과 같다.

2. 의회사무처

국가 기능의 증대와 그에 따른 입법 대상의 다원화·복잡화는 의회 입법 기능의 전문성과 기술성을 요구하게 되었고 의회 운영에 있어서도 위원회 등 각종 전문 기관으로의 역할 확대를 가져왔다. 이와 같은 변화된 현실은 의회의 입법 지원 기능을 강화시키는 결과를 가져오게 되었고, 그러한 기능을 실질적으로 담당하는 조직은 의회사무처 Verwaltung des Deutschen Bundestages라고 할 수 있다.

의회사무처는 1949년 연방하원의 구성과 함께 법적 근거없이 업무를 개시하였다. 그러나 독일 기본법 제40조 1항의 "연방하원은 하원 의사 규칙을 제정한다"는 조항에 의거, 1951년 12월 6일 연방하원 의사 규칙Geschäftsordnung이 제정되어 비로소 법적 근거를 갖게 되었다.

의회사무처는 2200여 명의 인력으로 구성되며 연방하원의장 소속 하에 편제되어있다. 사무처의 수장인 사무총장은 인력, 조직, 예산,

기술 등의 전반적인 영역에서 지원 업무를 총괄한다. 사무처는 의원에 대한 독립적인 보좌 기구인 의사지원처, 학술지원처, 행정지원처의 3개 단위 조직으로 구성되고 이들은 다시 산하 세부 조직으로 나뉜다([그림 1] 참조).

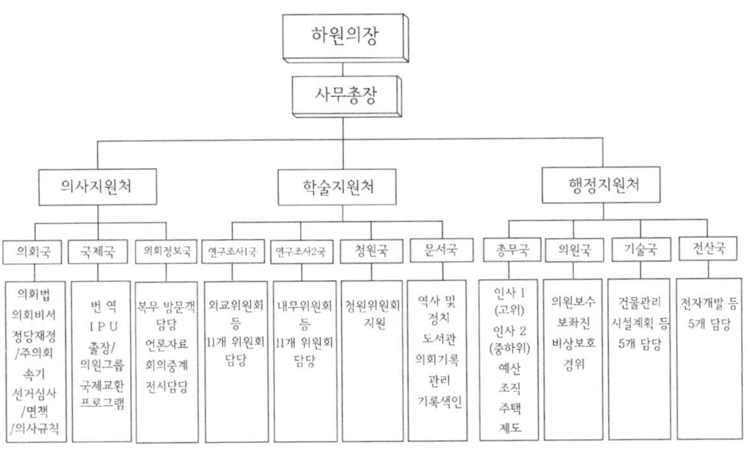

[그림 1] 독일 하원 사무처 조직도(2003년 현재)

* 자료: 국회운영위원회 수석전문위원실, 『주요국의 의회제도』, 2004, p.378.

1) 의사지원처

의사지원처Parlamentarische Dienste는 협의의 하원 의정 업무를 위한 서비스 기능을 담당하는 곳으로 의회국, 국제국, 의회정보국으로 나뉜다.

의회국Parlamentsdienste은 하원의 전반적인 기능에 중점을 두고 본회의의 준비 및 진행, 연방 의회 자료의 생산 및 배포에 관한 업무를 지원한다. 그리고 의장, 의장단, 최고평의회 등의 상위 기관들과 몇몇

특별위원회, 그리고 전문위원회를 보좌하기도 한다. 의회법Parlament-
srecht팀은 본회의 진행을 위한 이른바 '발언 페이퍼'를 제작하고, 모든
의사 일정 관련 업무와 그에 따른 법률안, 개정안, 최종 결정안, 보고서,
문의 등을 행정적으로 처리한다. 또한 본회의 의장석 뒤편에 마련된
곳에서 의사 참관을 수행하며, 여기에는 의사국장과 의사과장도 참석한
다. 또한 의사 규칙의 해석이나 의회법에 대한 자문 업무도 담당한다.
의회비서Parlamentssekretariat팀은 하원 의사 절차에 관련된 모든 발의
나 의안을 접수, 정리, 이송을 담당한다. 법률안, 의원이나 정당 발의안,
위원회 보고서, 그리고 그 밖의 모든 의안은 의사비서실을 거쳐 정리,
인쇄, 배분된다. 그러나 의사비서실의 업무 중 가장 본연의 업무는
본회의 절차에 대해 협의하고 교섭 단체 간 합의를 도출하는 것이라
할 수 있다. 정당재정 · 주의회Parteienfinanzierung · Landesparla mente팀은
주정부 의회와의 의사 소통에 관계하는데, 특히 정기적으로 열리는 주의
회의장과 주의회 사무총장의 회의에 조언 관련 업무를 수행한다. 또한
연방 재무의 자산 관리도 담당한다. 즉 청구의 산정과 지출, 정당 회계
보고서와, 연방하원의장 정기 보고의 공개 등이 이에 해당된다. 따라서
정당재정 · 주의회팀은 연방하원의장에 편제되어 의회 관련 업무보다는
행정 업무를 주관하는 정당법상의 기관이다. 속기Stenografischer Dienst
팀은 의사 규칙에 따라 본회의 속기록을 작성, 언제나 익일翌日의 보고서
를 완료하도록 하고 있으며, 본회의 외에도 공청회 조사위원회와 같은
위원회의 회의 사항 등도 속기한다. 작성된 보고서는 연방의원이나 위원
회뿐만 아니라 헌법 기관, 미디어, 연구소, 이익 단체 등에도 제공된다.
또한 본회의에서의 모든 발언들을 전부 속기할 수 없기 때문에 녹음기가
동시에 사용된다. 선거감시 · 면책 · 의사규칙Wahl prüfung · Immunität · Geschäft
sord nung팀은 관련 업무를 수행하며, 의원 규칙상의 문제들이 모든 영역

에서 발생하는 특성으로 인해 의회법 및 의회 비서 파트 등과 업무상 긴밀한 연계성을 가진다.

국제국Internationale Beziehungen 산하에는 정부의 정보 업무에 대한 청취 감독의 기밀위원회를 지원하는 대정부 정보행위 검열위원회 담당 팀, 하원의 외교·국제 관계 관련 업무에 비중을 두는 의회관계Parlamen-tarische Beziehung팀, 통·번역과 언어교육을 담당하는 어학Sprachdienst 팀 등이 있다. 세계의원연맹Interpar lament arische Organization팀은 유럽 연합, 유럽 의회, G8 국가 및 지중해 연안 유럽 국가들과의 회의에서 하원의장과 부의장을 보좌한다. 또한 국제의원연맹, 유럽평의회회의, 서유럽연합회의, OSZE회의, 나토회의 등과 같은 국제적 의원 연합체에 파견되는 하원 의원들을 지원한다. 출장·의원그룹Dienstu. Mandatsreise/ Parlamentariergruppen팀은 외국 의회 의원들과 회합하는 하원의 50여 개 의원 그룹을 보좌한다. 국제 교환 프로그램Intern. Austausch programme 팀은 미국 의회와 하원 간의 멘토Mentor 프로그램을 지원한다. 멘토 프로그램은 학생이나 젊은 취업자들을 위한 청소년 교환 프로그램으로 서 해마다 400명의 독일인이 참여한다.

의회정보국Parlamentarische Information은 하원의 대언론 관계에 초 점을 두고 하원의원이나 보좌진을 위한 정보 제공을 담당한다.[7]

2) 학술지원처

의회사무처 산하 조직 중 입법 지원의 핵심적인 역할을 담당하는 곳은 학술지원처Wissenschaftliche Dienste라고 할 수 있다. 하원의 모든

---

7. R. Schick/H. J. Schreiner, So arbeitet der Deutsche Bundestag. Organisation und Arbeitsweise. Die Gesetzgebung des Bundes, 2003, pp.150~153

의원들은 학술지원처에 특정 주제에 관한 정보, 연구 자료, 문헌 목록 등의 제공을 요청할 수 있다. 의원들은 단순한 정보 제공을 필요로 하기도 하고, 때로는 복잡한 문제에 관한 포괄적인 분석을 요구하기도 한다. 또한 법안에 관한 제안, 발언 원고 등을 요청하기도 한다. 이러한 전문적 업무의 원활한 수행을 위해 현재 연구조사 1국 및 2국 산하에 정책분야별 연구 인력과 상임위원회별 연구 인력의 2개 그룹으로 있다 ([그림 2]참조).

학술지원처는 1964년에 독립적인 부서로 인정되었으며, 1970년에는 상임위원회를 지원하도록 주제 영역별로 재편되었다.[8] 현재 주제 분야는 10개로 나뉘며 각 분야별로 전문가들이 근무하고 있고 총 인원은 100명 정도이다. 그중 56명은 전문가 집단으로 분류되며, 이중 절반은 법률 전문가이다. 이들은 의원사무실의 요청에 따라 자료의 정리, 요약, 비교, 찬반 논거, 법안의 초안 작성 등을 수행하는 역할을 한다.

학술조사처의 입법 지원 업무를 수행하는 기본 원칙은 의회 관련성, 정치적 중립, 적합성, 시의성, 비공개성 등의 다섯 가지로 함축된다.[9] 이 중 정치적 중립성과 적합성, 시의성은 지원 업무의 실제적 수행에 있어서 무엇보다 요구되는 기준이라고 할 수 있다. 이는 학술지원처의 직원 채용과 업무 특성을 살펴보면 명확하게 드러난다. 학술지원처의 전문가들은 국회사무처 소속으로 사무처의 공개 경쟁에 의해서 채용되고 보수를 지급받는 직업 공무원이다. 또한 정치적 경력보다는 행정이나 정책 관련 경험이 보다 중요시된다. 이처럼 일정한 경력이 요구되기 때문에 대학을 갓 졸업하고 바로 채용되는 경우는 거의 없다. 그리고 비슷한 분야에서 쌓은 경험이 중요하기 때문에 대부분의 지원자는

---

8. 권세기, 「독일연방의회 입법 조사연구처 역할과 기능」, 『국회도서관보』 제32권 7호, 1995. 11, p.47.
9. 권세기, 앞의 책, pp.46~47.

이전에 의원사무실에서 정책 보좌관으로서 일한 경우가 많다.

　이들은 정치적 중립의 원칙하에 정당을 초월하여 의원에 대한 상담과 자문, 객관적 정보를 제공하여야 한다. 따라서 기초 자료를 의원사무실의 정책 보좌관에 의해 정당의 정책 노선 및 방향에 따라 다시 정리하는 것이 일반적이다.

[그림 2] 독일 하원 학술지원처 조직도(2005년 2월 22일 현재)

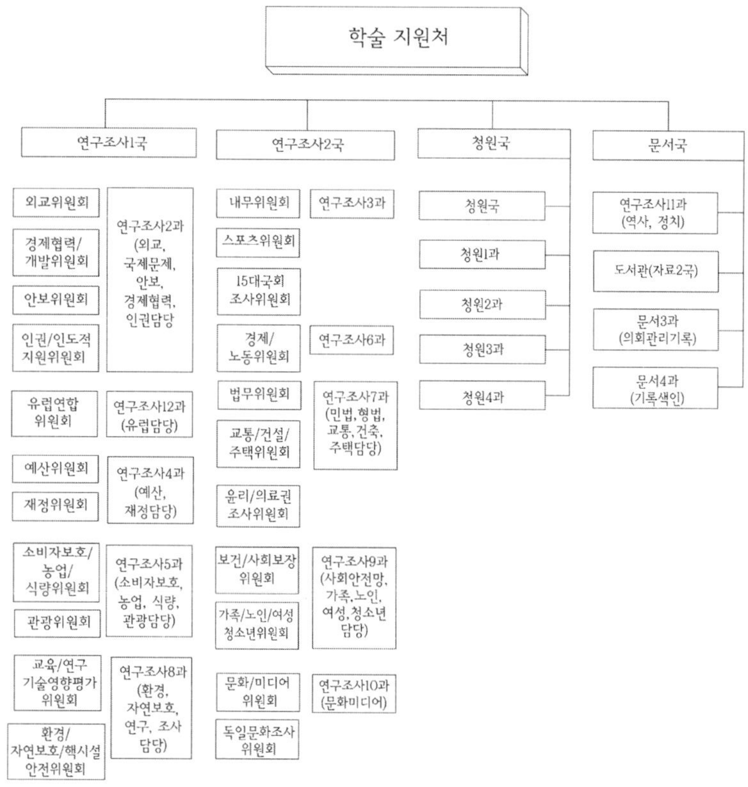

위원회 스태프

독일 연방하원은 위원회 중심의 편제이며, 법안 심사 및 수정 등의 입법 관련 업무의 대부분이 위원회에서 처리된다. 현재 21개 상임위원회가 있으며 이들 위원회는 법안 처리 업무 이외에 많은 다른 업무도 처리하고 있다. 그리고 특정 사안에 관한 공청회 및 간담회가 개최되며, 실태 파악을 위한 현지 시찰이 행해지기도 한다. 이들 상임위원회에는 상임위원장의 요구나 지시에 따라 위원회 업무를 직접적으로 보조·지원하는 소규모의 보좌진 인력Ausschusssekretariat이 배속되어 있다.[10] 위원회 보좌진 인력은 의회의 실제적인 법률 제정에 관한 지원 역할을 한다. 이들은 의사 일정과 관련된 필요한 자료를 준비하고 의사 규칙에 따른 회의 진행, 위원회 심의 내용의 기록 및 심사 보고서의 작성 등의 업무를 담당한다. 또한 다른 위원회 소속 보좌진들과 함께 위원장에게 자문을 해주기도 하고, 특정 문제에 관하여 메모 또는 구두로 조언을 해주기도 한다. 이외에도 학술지원처의 자료 요청에 관한 업무도 처리한다.

연구조사국

학술지원처 산하 연구조사 1, 2국Wissenschaftlicher Fachdienst은 의정 활동이나 정치적 사안에 관련되는 정보와 자료를 제공하는 업무를 담당한다. 인원은 모두 각 분야 전문가 280명으로 조직되며, 이들은 의원의 요구가 있거나 자발적으로 학문적 전문성에 기초하여 정보를 제공하게 된다. 연구조사국장은 위원회 회기와 의사 일정에 대한 조언을 할 수 있고, 회의 자료의 준비, 회의록과 본회의 보고서 초안 작성 등의 전반적인 절차 및 운영에 대한 책임을 진다. 연구조사국에서 담당하는 주제 영역을 구체적으로 살펴보면 다음과 같다.[11]

---

10. Schick/Schreiner, 앞의 책, p.155.
11. 권세기, 앞의 책, p.48.

① 외무, 국제법, 경제 협력, 독일 통합, 국방

② 헌법과 공공 행정

③ 재무와 예산

④ 경제, 식품, 농업과 임업, 수송, 여행과 관광, 우편과 전기 통신

⑤ 노동과 사회 문제

⑥ 민법, 형법, 소송법, 환경법, 지역 계획, 건축, 도시 개발

⑦ 연구, 기술, 교육과 과학, 환경, 자연 보호와 핵시설 안전

⑧ 보건, 가정, 노인, 여성과 청소년

⑨ 유럽연합

의원들은 다양한 주제와 정치적 쟁점에 대한 전문가의 조언과 정보를 연구조사국에 요청할 수 있다. 연구조사국의 질의 회답 또는 정보 제공은 한 해 약 2000건에 이른다. 이러한 개별적인 질의 회답 외에도 연구조사국에서는 보편적 관심 사항이나 새로운 주제 그리고 정치적으로 중요한 의미를 내포하는 판결 등에 대한 이슈 브리프issue brief나 보고서를 발간한다. 이렇게 발간되는 책자는 해마다 1만 2000부를 넘는다. 이슈 브리프를 담당하는 인력은 약 60명 정도이며, 이들의 업무는 다양한 정보들을 간결하게 체계화하여 의원들에게 이해하기 쉽고 정치적 토론에 적합한 형태로서 제공한다.

청원국

청원권Petition은 독일 기본법 제17조에서 보장되는 기본권으로서[12] 지난 제14대 국회1998~2002에서는 해마다 약 1만 8000명의 시민들이 청원권을 행사하였다. 청원 사례가 지속적으로 증가함에 따라 의회 차원에서의 공정한 심의 또한 점차 강조되었고, 이러한 업무는 50명의

---

12. 독일 기본법 제17에는 "누구나 독자적 또는 단체로 타인과 함께 서면으로 해당 부서나 대표 기관에 청원 또는 호소할 수 있는 권리를 가진다"고 규정하고 있다.

인력으로 구성된 청원위원회Petitionskommitee가 담당하고 있다. 청원위원회는 청원을 내리는 데 있어서 심사하여 결정을 내리는데, 본회의에 구체적인 결론을 추천하고 그 이유를 설명하여야 한다. 청원심사 절차는 '청원처리집행위원회의 원칙'에 따라 결정되는데, 이는 헌법 제110조 1항 독일 연방의회의 절차 규정에 근거한다.[13]

청원국은 바로 이러한 청원위원회의 업무를 보좌하는데, 국민들의 청원이나 진정 관련 업무의 준비 및 구성에 대한 지원을 하는 곳으로 약 70명으로 구성된다. 청원 관련 업무는 청원국 뿐만 아니라 연구조사국에서도 80명의 인원으로 청원 부서를 설치하여 시민의 청원을 처리하도록 하고 있다. 이들은 방대한 서류 작업 외에도 연간 활동 보고서 작성 등의 업무를 담당한다.

3) 행정지원처와 공보실

행정지원처Zentrale Dienste는 하원의 기능과 역할 수행에 필요한 기본적인 업무를 담당하는 곳이다. 행정지원처에는 인력 관리, 예산 수립 및 집행, 행정 업무 등 총괄적 행정 지원을 담당하는 총무국, 의원 세비 및 보좌진 관련 업무 등에 관한 지원을 담당하는 의원국, 건물 및 시설 관리를 담당하는 기술국, 컴퓨터 및 전산 개발 관련 업무를 담당하는 전산국 등의 4개국이 있다. 이 중 총무국의 인력 관리는 직원의 전문 지식과 해당 업무에 대한 적합성에 대한 면밀한 평가가 이루어지고, 관리직 직원의 승진과 같은 사항은 하원 의사 규칙Geschäftsordnung에 따라 사무처의 내부 동의가 전제되어야 한다. 이외에도 해당 상임위원회

---

13. 권세기, 앞의 책, p.50.

의 의결을 거친 예산안 편성과 그리고 예산안 시행의 관련 업무를
담당한다. 하원의 2002년 예산안 세부 내역을 보면 [표 2]와 같다.

[표 2] 연방 하원 예산안(2002년)

의원 수당	54 Mio.	
비용 보전	27 Mio.	
직원 대체 경비	92 Mio.	
사무처 공무원, 직원	86 Mio.	
인건비 총계		259 Mio.
임대료	9 Mio.	
토지 유지비	13 Mio.	
교섭 단체 지원	62 Mio.	
IT 시설비	28 Mio.	
물건비 전체	112 Mio.	
잔여 비용	181 Mio.	
총계		552 Mio.

* 자료: Schick, R./Schreiner, H. J., So arbeitet der Deutsche Bundestag. Organisation und Arbeitsweise. Die Gesetzgebung des Bundes, 2003, p.149.

　　의원의 세비 규정과 의원 보좌진에 관련된 사항은 의원국에서 담당
한다. 모든 의원들에게는 최신 정보 통신 시설을 갖춘 사무실이 제공되
고, 월 9910유로, 한 해 10만 5000유로의 한도 내에서 개인 보좌진을
고용할 수 있게 한다. 그리고 고용은 의원이 우선 보좌진과 계약을
맺고 채용하면, 그 비용을 나중에 보전해주는 형식을 취한다. 이는
보좌진의 업무 분담이나 자격 요건에 관해서 의원의 독립적인 판단에
위임한다는 것이다. 이처럼 보좌진의 채용을 전적으로 의원의 자율에
맡기고 있으나 친인척이나 가족 관계에 있는 사람은 배제된다. 또한

시간제 고용 계약도 한해 4000건에 이를 정도로 고용의 유연성을 보여주며, 이들 중 약 40%는 지역구에서 근무한다. 원내 교섭 단체의 역할과 권한이 두드러진 독일 하원에서는 전체 약 800명의 보좌 인력이 교섭 단체와 관련하여 근무하고 있으며, 그 비용은 연방 예산에서 지원된다. 이들은 전문 지식을 갖춘 조언자 외에도 행정 지원을 하는 사람들로 구성된다.

기술국의 주요 업무로는 치안, 우편, 운전, 전화국, 토지 및 건물 관리, 보안, 구매, 인쇄, 회의장 보조, 계단 관리, 출판물 분배 등 다양한 부문에 걸쳐 단순 인력을 요하는 것들이다. 우편물의 경우 회기중에는 4만 건 이상의 방대한 양을 처리한다.

하원의 원활한 업무 처리를 위해 원로평의회는 1984년 세 가지 IT 관련 업무의 적용 범위를 제시한 바 있다. 첫째, 의원이 필요로 하는 정보가 신속하고 원활하게 이루어질 수 있는 정보 확보이다. 둘째, IT 기술을 응용한 사무 처리가 가능한 사무실 체계이다. 셋째, 이메일, 지역구 사무실과의 연계망, 인터넷 접속 등의 통신이다. 이에 따라 의원은 누구나 4대의 컴퓨터를 보유하게 되며, 이 중 한 대는 지역구 사무실에 한 대는 노트북으로 쓸 수 있다. 모든 컴퓨터는 하원의 내부 전산망에 연결되어 있어, 뉴스 서비스, 언론 자료, 도서관, 의사 진행 과정 등의 정보 시스템에 접속할 수 있다. 또한 서식문과 같은 외부 자료도 다운로드받을 수 있으며, 종합 전산망인 베를린·본(IVBB)에 연결하여 연방 정부의 정보망에도 접근이 가능하다.

하원의장 직속으로 대외 접촉 업무를 담당하는 공보실Pressezentrum 은 신문, 라디오, TV와 같은 대중 매체에 의정 활동에 관한 정보를 제공하고, 의회 안건 심의에 관한 안내서 발간 등의 임무를 맡고 있다. 또한 교육 단체, 이익 단체 등 일반 시민 사회 단체나 의회 방문객들에게 의회 활동에 관한 안내서 및 기타 자료의 제공 및 정보를 제공해 주기도 한다. 공보실에서 발간하는 안내서와 소책자를 포함한 출판물은 연간 약 250만 건에 이르고, 의회 방문객의 수도 연간 25만 명에 달한다.[14]

4. 의회도서관

하원도서관은 1949년 독일 의회와 함께 설립되었다. 설립 당시 1000여 권에 불과했던 장서는 현재 1300만 권에 이르며, 학술 도서뿐만 아니라 의회 기록물 및 독일 관보는 연방, 주정부, 지방 자치 단체의 관보와 같은 특수 자료의 규모에 있어서도 최대를 자랑한다. 또한 10개 국외 도서관의 수탁 도서관으로서 해당국의 발간물도 소장하고 있다. 의회도서관의 직원은 총 91명이며, 이들은 출신 경력에 따라 4개 그룹으로 나뉜다. 상위 그룹으로는 정규 대학 학위 이상 소지자들이며, 차상위 그룹은 전문대 출신자, 중간 그룹은 중급 도서관학과 출신 또는 제본 전문가 같은 비도서관 관련학과 출신자들로 구성된다.[15]

1) 의회도서관의 편제

의회도서관은 일반적으로 의원과 보좌진을 위해 존재한다. 도서관이 소장한 자료들 특정 전문 분야로 제한되어 있으며, 편제 또한 특수화

---

14. 국회운영위원회 수석전문위원실, 「주요국의 의회제도」, 2004, pp.192~193.
15. 이들 각 그룹의 인원은 상위 그룹: 14~5명, 차상위 그룹: 32~5명, 중간 그룹: 31명이며, 총원에 따른 고정 비율을 의미하므로 소수점 이하로 표시된다.

된 전문 조직에 소속된다. 그러한 의미에서 의회도서관은 특수 도서관이라 할 수 있다. 하지만 다른 국가들의 의회도서관과 마찬가지로 독일 하원의 의회도서관도 유형별로 분류하기가 쉽지 않다. 이는 의회도서관들이 조직과 기능에서 뿐만 아니라 설립 목적, 전문 분야, 총체적인 정보 컨셉 등에 따라 국가마다 현저한 차이를 보이기 때문이다. 그 차이는 국가의 권력 구도와 정부 형태에 기인한다고 볼 수 있다. 예를 들면 분권형 연방제와 중앙집권제 국가 간에는 의회의 권한 영역과 배분이 다를 수밖에 없다.

의회도서관은 직제상 연방 하원 학술지원처Wissems chaftliche Dienste 산하 문서국에 소속되어 있다. 도서관 내부적으로는 자료 수집 담당 2개 부서와 색인과, 그리고 정보조사과로 구성되어 있다.[16] 의회도서관은 하원뿐만 아니라 행정부 및 외교 단체, 언론, 이익 단체 등도 이용할 수 있도록 개방하고 있다. 하지만 한국이나 미국과는 달리 일반인을 대상으로 한 자료 열람 서비스는 원칙적으로 하지 않는다. 소장 자료는 정치, 법률, 경제, 사회, 역사 등의 분야에 집중되어 있으며, 국내외 공보 및 이익 단체, 교회 등의 간행물도 포함하고 있다. 단행본과 논문들은 내부 전산망Intranet의 온라인 목록을 통해 개별 사무실에서 검색과 대출 예약이 가능하며 의원실의 요청이 있을 경우 세부질의 또는 광범위한 주제에 관한 도서나 자료 목록을 제공하기도 한다. 의회도서관이 소장하고 있는 자료와 목록을 근거로 제공되는 정보는 한해 8만 건 이상에 달한다. 또한 적극적 정보 제공의 차원에서 정치, 경제, 사회학 관련 주제에 관한 신간 목록, 참고 문헌, 관련 도서들이 발간되기도 한다.

---

16. 국회운영위원회 수석전문위원실, 앞의 책, p.5.

2) 의회도서관의 입법 지원 기능

독일 의회도서관도 다른 나라의 의회도서관과 마찬가지로 의원 입법 지원 기능과 연계되어 있다. 다만 의원 및 보좌진에 대한 직접적 또는 대면적vis-a-vis 지원 기능보다는 간접적, 배경적 자료 및 정보 제공이 의회도서관의 기본적인 기능이라 할 수 있다. 또한 의원들의 위원회 활동을 위한 정보 제공의 목적으로 참고 도서를 비치해두고 있으며 참고 도서 목록은 일반적으로 위원회 소속 의원들이 지속적으로 필요로 하는 도서로 구성된다. 도서의 종류로는 일반 및 전문 사전, 가철판, 법률 평전, 그리고 도서관 소장 분야에 속하지 않으나 의원이 필요로 하는 도서 등이다. 의회도서관은 도서 비치의 기본적인 업무를 넘어서 정보의 재생산 기능을 담당하고 있으며, 그러한 기능은 전자 도서관의 효율적인 구축으로 가시화되고 있다. 의회도서관의 전산화로 인해 각종 정치 관련 전자 도서 및 잡지, 전문 사전, 통계, 법률 문건, 및 평전 등이 의원 개인 및 지역구 사무실에 내부 전산망을 통해 제공된다.

입법 지원에 관한 의회도서관의 주된 기능은 국회의원의 입법 및 국정 심의에 필요한 최신의 정보가 신속·정확하게 전달되는 것이다. 그러한 점에서 입법 정보의 전산화 필요성이 증대되어 왔다. 1990년 독일 통일 후 의회도서관은 신규 소프트웨어 개발과 정보 기술의 현대화에 집중하였다. 1996~8년까지 이루어진 시소러스[17] 개정 사업에 힘입어 새로운 시소러스인 POLIANTES가 도입되어 광범위한 의회정보 제공을 위한 온라인 도서관 시스템의 변화가 가시화되었다. 그 결과 1998년

---

17. 시소러스란 동일한 개념이 각기 다른 용어로 색인되는 것을 방지하고 용어 간의 개념 관계를 보여줌으로써 정확하게 원하는 정보를 검색하게 하는 통제된 색인 어휘집을 말한다.

새로운 도서관 시스템인 DIS · BMS을 도입하게 되었다. 이 시스템은 유닉스에 기초한 서버와 윈도우에 기초한 클라이언트를 적용한 일종의 '클라이언트-서버' 방법이다. 새로운 시스템의 도입으로 의원들은 자신의 사무실에서 편리하게 자료 예약을 할 수 있게 되었다. 또한 자동화된 대출 시스템에 맞춰 목록 기입이 간소화되고 업무 시간도 단축되는 효과를 가져왔다. 이외에도 도서 구입, 카달로그 작성, 모듈, 대출 등록, 시소러스 관리, WWW-OPAC, 전문가 확장 검색용 ADIS-Client-OPAC, 서지 작성 등이 가능해졌다. 이러한 전산화의 성과를 토대로 2002년 초부터는 전자 도서관이 체계적으로 구축되기에 이르렀다.

전자 도서관의 구축으로 도서관 소장 목록에 대한 검색을 자동화함으로써 이용자에게 보다 빠르고 편리한 목록의 검색을 가능하게 하는 서비스를 제공할 수 있게 되었다. 정보 제공의 규모는 획기적으로 늘어났고, 정치적 이슈들에 대한 정보를 개인 컴퓨터에서 신속하고 편리하게 접근하는 것이 가능하게 되었다. 전자 도서관 구축이 가져온 변화들을 구체적으로 살펴보면 다음과 같다.

▲ 중앙 전자 정보 도구로서의 도서관 내부 포털을 통한 이용자를 위한 정보 연결
▲ 정치 관련 잡지 전문(full text) 또는 목차의 무료 제공
▲ 일반 백과 사전, 사전, 통계, 법조문, 법률 평전 등의 다양한 전자 도서 제공
▲ 정치 관련 분야의 내용 및 정보 링크 연결
▲ 주요 정치 문건의 저장 및 제공

맺음말

의회 입법 지원 조직의 특징 및 성격을 파악하기 위해서는 거시적인 환경 변수에 대한 이해가 전제되어야 한다. 즉 의회, 정당, 정부 형태, 선거 제도 등은 의회 입법 지원 조직의 형성과 규모, 변화와 발전에 직·간접적으로 영향을 주는 요인으로 작용하게 된다. 특히 국가 권력 구도, 정확하게 표현하면 정부 형태와 정치 권력의 배분 형태는 입법 지원 조직의 위상과 역할을 규정짓는 주된 요인으로 볼 수 있다.

독일의 경우, 내각 책임제의 정부 형태 하에서 분권적 연방제를 채택하고 있다. 연방하원은 국민의 직접 선거를 통해 정당성을 획득하는 최고 국가 기관이지만, 16개 주의 주정부 대표로 이루어지는 연방상원의 하원에 대한 견제 기능이나, 크라이스Kreis와 게마인데Gemeinde로 이루어지는 코뮌Kommune 지방자치권의 주체적 행사 등은 연방하원의 위상을 약화시키는 정치 환경이라 할 수 있다. 독일 의회의 이러한 분권적 권력 구도는 독일 입법 지원 조직이 의원의 자율성보다는 정당과 위원회 중심으로 운영·편제되는 구조적 특성을 가져왔다. 의회도서관 또한 조직 구성과 운용에 있어서도 이러한 특성을 잘 반영하고 있는데, 학술지원처 문서국 산하 조직으로 존재하는 의회도서관은 그 규모나 위상으로 볼 때 주변적peripheral 지위와 기능으로 국한되어 있다. 조직면에서 볼 때 의회도서관은 의회사무처에 배속되어 있는 소규모 단위 조직으로 구성되어 있고, 그 역할이나 기능도 도서 및 자료 정보의 제공에 한하며, 자료 및 정보 이용에 있어서도 일반인의 이용을 제한하는 등 일정한 폐쇄성을 보이고 있다.

:: 참고 문헌

권세기, 「독일연방의회 입법 조사연구처 역할과 기능」, 『국회도서관보』
　　　　제32권 7호, 1995. 11.

국회도서관, 「독일연방의회도서관의 개관」 『국회도서관보』 제7권 제2호
　　　　(통권 제64호), 1970.

국회운영위원회 수석전문위원실, 『주요국의 의회제도』, 2004.

김희정(편), 「끊임없는 변화와 도전: 독일연방의회도서관의 1990~2003년」,
　　　　『국회도서관보』 제41권 제12호 통권 제308호, 2004. 12.

박성덕, 「주요국의회의 입법 정보에 관한 전산화실태」, 『입법 조사월보』 194,
　　　　1990.

서복경, 「주요국 의회도서관의 입법 정보 서비스 기능」, 『국회도서관보』 제42권
　　　　제6호 통권 제314호, 2005.6.

홍완식, 「주요국 의회도서관의 입법 지원 현황」, 『국회도서관보』 제40권 제6호
　　　　통권 제292호, 2003.8.

Abromeit, H., *Der verkappte Einheitsstaat*, Opladen.

Braun, W./Jantsch, M./Klante, E., *Abgeordnetengesetz des Bundes - unter
　　　　Einschluss des Europaabgeordnetengesetzes und der
　　　　Abgeordnetengesetze der Länder*, 2002.

German Bundestag, *Information on Benefits for Members of the German
　　　　Bundestag*, 2005.

Kurschners Volkshandbuch, *Deutscher Bundestag - 15*. Wahlperiode, 2004.

Schick, R./ Schreiner, H. J., *So arbeitet der Deutsche Bundestag. Organisation
　　　　und Arbeitsweise*. Die Gesetzgebung des Bundes, 2003.

http://www.bundestag.de/bic/bibliothek/selbst/index.html(독일 의회도서관)

PTOLEMAEUS
GEOGRAPHIAE
DÜRER
INSTITUT
GEOMET

5장

일본 국립국회도서관

이현출

일본 국립국회도서관The National Diet Library 홀의 벽면에는 국립국회도서관법 전문에 게재된 "진리가 우리를 자유롭게 한다"는 글귀가 새겨져 있다. 이것은 진리가 국민으로부터 감추어진 상태에서 불행한 전쟁으로 돌입한 것에 대한 반성으로 전후 모든 정보를 국민의 것으로 함으로써 민주주의, 그리고 세계 평화에 기여하는 것을 모토로 새겨진 것이다. 국립국회도서관이 의회도서관으로서의 기능과 함께 국립중앙도서관으로서 국내 각지의 지방 도서관의 정보 기지로서 그 역할을 충분히 발휘하고 또한 각국의 의회도서관과 상호 연대를 심화하여 긴밀한 협력 하에 견고한 정보 네트워크를 구축하는 것이야말로 이러한 모토를 오늘날 되살리는 것이다.

이러한 모토로 일본 국립국회도서관은 2차 대전 후 1948년 2월 미국 의회도서관을 모델로 하여 설립되었다. 일본 국립국회도서관은 그 명칭에서 시사하는 바와 같이 기본 성격으로서 국립도서관과 국회도서관의 두 가지 성격을 갖고 있는 명실상부한 일본의 대표 도서관이다. 이 도서관은 1890년에 설립되어 일본 (舊)헌법하의 제국의회에 속해있던 귀족원·중의원貴族院·衆議院의 도서관과 1872년에 설립된 문부성 소속 우에노上野제국도서관(현 우에노 지부 도서관) 그리고 최고재판소 및 각 행정부의 도서관을 통합하여 발족되었다. 제국도서관은 원래 메이지明治 5년(1872) 문부성 박문국博文局 산하 서적관으로 시작하여 메이지 30년(1897) 제국도서관으로 변경되었으며, 쇼와昭和 22년(1947)에 국립도서관으로 개칭된 바 있다. 여기의 제국도서관은 전전戰前의 납본도서관으로 메이지 이후 근대 일본의 출판물을 총망라하여 수집하여 옴으로써 현재 국립국회도서관의 장서를 구성하고 있는 것이다.

2차 대전 후 연합군최고사령관 총사령부(General Headquarters of Supreme Commander for the Allied Powers: GHQ·SCAP)의 일본에 대한 민주화 조치의 일환으로 1947년에 국회법이 제정되었다. 국회법 제130조에는 "의원의 조사 연구에 이바지하기 위하여 국회에 국회도서관을 설치한다"고 하여 보좌 기구로서 '국회도서관의 설치를 규정하고 있다. 여기에 기초하여 국회도서관법이 제정되었고, 국회법과 같은 날인 1947년 4월 30일 공포되어 다음 달부터 시행되었다. 당시의 국회도서관법은 전체 7조의 비교적 간단한 것이었으며, 이 보좌 기구의 구체적 기능이나 조직에 관해서는 중·참 양원의 도서관운영위원회를 중심으로 검토가 이루어지고 있었다. 이때양원 의장 및 도서관운영위원장은 연합국최고사령관 총사령부에 의뢰하여 도서관 전문가 파견을 요청한다. 이에 미국 의회도서관으로부터 두 명의 미국 도서관사절단United States Library Mission to advise on the establishment of the National Diet Library of Japan을 파견받아 이들의 권고안에 따라 1948년 2월 중·참양원 본회의에서 국립국회도서관법이 통과되고 이전의 국회도서관법은 폐지되었다(國立國會圖書館, 1999: 3~4). 이처럼 일본 국회도서관은 그 성립 당시부터 미국 의회도서관의 영향을 받았고 이는 이후 조직과 기능에도 결정적인 영향을 끼쳤다.

국립국회도서관은 1948년 6월 아카사카이궁(赤坂離宮: 현 영빈관)을

가 청사로 개관하였다. 이후 1961년 8월 나가타쵸永田町에 현 청사의
제1기 공사가 준공을 보게 되었고, 지부 우에노上野도서관(구 제국도서
관) 등의 자료를 통합하여 205만 권의 장서를 소장하는 일본을 대표하는
도서관으로 활동을 시작하였다. 1968년에 현재의 본관 청사가 완성되었
으나 그 후 자료의 증가, 업무의 확대에 따라 1981년부터 서고를 중심으
로 한 신관 건축에 들어가 1986년에 일부를 제외하고 완성되었다. 이후
2000년 5월에는 지부 우에노도서관을 개축하고, 2002년 5월에는 아동
서 전문 도서관인 국제어린이도서관을 개관하였으며, 2002년 10월 교토
京都에 간사이關西관이 개관되었다.

[표 1] 일본 국립국회도서관 현황 통계(2003)

장서수	도서	8,145,191책
	연속 간행물(잡지·신문)	183,234종
	지도	442,742점
	레코드(CD포함)	502,448매
	마이크로 필름	412,097권
	마이크로피셔	7,262,149매
일반 공중에 대한 서비스	출납 자료수	1,382,146건
	레퍼런스 회답	245,318건
	복사 처리건수	464,273건
국회에 대한 서비스	조사·레퍼런스	31,706건
	대출 자료수	35,116책
행정·사법에 대한 서비스	레퍼런스 회답	1,251건
	대출 자료수	4,871점
도서관에 대한 서비스	레퍼런스 회답	7,771건
	대출 자료수	21,923건
연간 입관자수	동경본관	352,317인(1일 평균 1,468인)
	간사이관	78,060인(1일 평균 279인)
	국제어린이도서관	143,530인(1일 평균 488인)

1. 의회 입법 체계의 특징과 입법 지원 기구

의원내각제에 의거한 정당 정치를 채택하고 있는 일본 입법 과정의 특징은 의원 입법이 매우 적으며 관료 주도하의 정부 입법이 압도적 다수를 차지한다는 점이다(五十嵐敬喜, 1993: 30~31). 그 결과 정책의 형성 및 법률안의 작성에 있어서도 행정부 특히 관료들에게 많이 의존하고 있는 실정이며, 실제로 입법의 중요한 부분은 거의 관료에 의하여 기초되고 입안되는 실정이다.

그러나 일본의 입법 과정은 법률안이 국회에 제출되기 이전에 여·야당 간, 입법부와 행정부 간의 긴밀한 협조와 조정 활동이 유기적으로 이루어지고 있다. 또한 여러 이익 집단들의 주장이 법제화되는 경우도 많기 때문에 입법 과정이 행정부에 의해서만 형성되는 것이 아니라 의원, 관료, 이익 단체 등의 복합적인 상호 작용에 의하여 이루어지고 있는 것으로 보는 것이 타당할 것이다(淸水睦, 1990: 87). 한편 일본의 의회는 참의원과 중의원의 양원으로 구성되며(헌법 제42조), 양원의 권한은 현대 국가의 양원제의 일반적인 경향처럼 중의원이 법적으로 우월한 양원제를 채택한다.

이러한 입법 체계의 특성상 일본의 입법 지원 조직은 크게 내각의 법제 기구와 의회의 법제 기구로 대별할 수 있다. 정부의 법제 기구인 내각법제국은 내각 제도의 창설에 수반하여 설치된 내각의 보좌 기구이다. 내각법제국은 양원에 부의된 법률안, 정령안 및 조약을 입안·심사하며 그에 의견을 첨부하고 필요한 수정을 가하여 내각에 상신한다. 법률 문제에 관해 내각 및 내각총리대신·각성 대신에 대해 의견을 개진하며, 국내외 및 국제법제와 그 운용에 관한 조사 연구, 기타 법제 일반에 관한 업무를 담당한다(내각법제국설치법 제3조).

이에 반해 일본 국회에서는 국회의원의 입법 활동을 보좌하기 위한 입법 지원 조직을 두고 있다. 입법 보좌 기구로는 국회의원의 정책 담당 비서, 중의원·참의원 법제국, 상임위원회 조사실 및 특별조사실, 국회도서관의 입법고사국이 있으며, 이들 기구는 각각 수평적·독립적으로 입법 지원 업무를 수행한다.

국회법 제132조 1항에 의해 직무 수행 보좌를 위해 2인의 비서를 둘 수 있는데, 1993년 국회법 개정을 계기로 의원의 정책 입안 및 입법 활동을 보좌하는 정책 비서관 1인을 추가로 두고 있다. 정책 비서 채용은 중·참 양원이 합동으로 실시하는 정책 담당 비서 자격 시험에 의한 방법과 선고채용심사인정위원회選考採用審査認定委員會의 선발에 의한 방법이 있다. 후자는 사법 시험·공무원 1종 시험 등의 합격자, 박사 학위 취득자, 의원 비서 재직 10년 이상으로 양원에서 실시하는 연수를 수료한 자 등에게 자격이 주어진다.

의원법제국은 국회법에 의거하여 설치된 중요한 입법 기구로서 내각 제출 법률안을 관장하는 내각법제국에 대응하여 각원에 설치되어 있다. 그 주요 기능은 의원 발의 법률안 및 위원회 제출 법률안에 대한 자료 조사와 이를 기초로 한 법률안의 기초 작업, 의원·위원회 제출 법률안 및 내각 제출 법률안과 그 수정안에 대한 위헌 여부 검토, 기존법 령과의 관계 검토, 예산 조치의 필요성에 대한 타당성 검토 등 의원 입법의 보좌 기능을 수행하는 외에 의원이나 위원회의 요구에 의하여 법률 및 법제상의 문제점에 대한 의견을 진술 및 제시를 함으로써 그 자문에 응하는 것이다. 참의원법제국은 의원 입법의 입안 등을 담당하는 제1부~제5부(총 11개과), 법제국장의 특명 사항을 담당하는 법제주간法制主幹 및 총무과로 구성된다. 그리고 중의원법제국에도 참의원과 마찬가지로 제1부~제5부(총 10개과)가 설치되어 있다. 각 과는 하나 또는 복수의 위원회를 담당한다.

다음으로 상임위원회 조사실에 대해 알아보자. 종전에는 양원의 각 상임위원회에는 사무국 소속이지만 거의 독립적인 성격을 가진 상임위원회 조사실을 설치했다. 그러나 1998년 제도 개편으로 중의원은 조사국 제도로 개편되었다. 참의원 상임위조사실에서는 의원이 발의하는 법률안 기타 의안 등에 관하여 그 기초를 위한 조사와 참고 자료의 작성 및 법안의 초안 작성, 위원회에 회부된 안건에 제안, 이유, 문제점과 기타 필요한 사항의 조사 및 참고 자료의 작성, 소관 사항에 관한 법률의 제정 및 개폐와 국정 조사를 뒷받침하기 위한 조사 및 자료의 작성, 조사 보고서의 원안 작성, 회부 안건의 위원회 보고서 작성 및 본회의에서의 위원장의 구두 보고의 원안 작성, 기타 소관 사항에 관한 기초 조사와 자료 수집 및 정리 등의 업무를 수행한다. 현재 14개의 상임위원회 조사실, 3개의 특별조사실 및 기획조정실이 있다.

종전에는 중의원에도 상임위 조사실 제도가 있었으나 1998년부터 조사국 제도로 재편되었다. 조사국은 15개 상임위원회 조사실과 5개 특별위원회조사실, 총괄조정실, 총무과, 조정정보과로 구성되어 있다. 각 조사실에는 실장, 수석조사원, 필요에 따라 차석조사원, 조사원 8~10명 정도가 배치되어 있다. 조사국 사무는 크게 세 가지로 나뉘는데, 위원회의 조사 사무, 예비적 조사 사무, 종합 조정에 관한 사무이다(배민식, 2004).

2. 국립 국회도서관의 조직

1) 국회도서관과 국회

국립국회도서관은 입법부인 국회에 소속하며, 중·참 양원의 의장은 양원의 운영위원회와 협의 후 국회의 승인을 얻어 관장을 임명한다. 관장은 국무대신과 같은 대우를 받으며, 관장 밑에 1명의 부관장을 둔다. 관장·부관장을 포함한 직원 정원은 2005년 4월 현재 940인이며 일반직은 공개 채용된다(國立國會圖書館, 2004: 111).

국립국회도서관은 중앙도서관, 국제어린이도서관, 지부동양문고 및 행정·사법 각부문의 지부 도서관(26관)으로 구성되어 있다. 중앙도서관의 주요 부서는 총무부, 조사 및 입법고사국, 수집부, 서지부, 자료제공부, 주제정보부, 국회분관, 간사이관으로 구성되며 각 부별 과는 다음의 그림과 같이 구성된다([그림 1] 참조). 행정·사법 각 부문의 지부 도서관은 정부 각 부성府省과 최고재판소에 설치하여 소속하는 부성 등의 직원에게 도서관 서비스를 행함과 함께 중앙관이나 지부 도서관 상호 간에 문헌의 대차 등을 행하며 국가에서 발행하는 출판물의 납입 창구 역할을 한다. 이러한 지부 도서관 제도는 세계의 국립도서관에서 그 예를 찾을 수 없는 독특한 체제이다.

국립국회도서관은 입법부에 소속된 국가 기관으로서 관리 운영에 필요한 경비는 모두 국고로 충당된다. 따라서 해마다 수입과 지출은 국가의 세입·세출 예산에 계상된다. 2005년도의 당초 예산은 시설 정비 등 공사 관계 경비를 제외하고 약 215억 2571만 엔이었다. 그 가운데 자료 구입비는 약 23억 5713만 엔을 차지하며 그 내역은 도서관

[그림 1] 국립국회도서관 조직도

자료 구입비 9억 3583만 엔, 납입 출판물 대상금 3억 9025만 엔, 과학 기술 관계 자료비 9억 7001만 엔, 입법 자료 구입비 6104만 엔으로 나타났다.[1]

3. 기능

국립국회도서관법 제2조의 설립 목적을 보면, "도서 및 기타 도서관 자료를 수집하고, 국회의원의 직무 수행에 이바지하기 위해, 행정 및 사법 각 부문에 대해 나아가서는 일본 국민에 대해서 이 법률에 규정한 도서관 봉사를 제공하는 것을 목적으로 한다"고 규정함으로써 그 임무가 국회, 정부 및 일반 국민에 대한 서비스 제공이며, 출판 문헌을 비롯한 각종 문화 유산을 보존하기 위한 노력을 다할 것을 규정한다. 일본 국립국회도서관은 국민의 지적활동의 성과를 인쇄물에서부터 전자 정보에 이르기까지 광범위하게 수집하여 국민 공유의 정보 자원을 구축한다. 아울러 국정 과제에 관한 조사·분석 및 정보를 제공함으로써 국회의 입법 활동을 보좌한다. 또한 행정 각 부문 및 국민에 대한 도서관 서비스를 제공하며, 현재와 장래의 정보 자원 액세스access를 보장하는 역할을 부여받는다.

---

1. 국립국회도서관 홈페이지 http://www.ndlgo.jp/jp/aboutus/outline_ 03finances. html (검색일: 2005. 08. 11) 참조.

1) 국회에 대한 서비스

국립국회도서관은 국회의 제반 활동을 조사·정보면에서 보좌하는 중요한 역할을 수행한다. 이를 위해 국회의원이나 국회 관계자로부터의 의뢰에 응하여 각종 조사와 입법 정보를 제공(입법 조사 서비스)함과 동시에 도서관 자료의 열람, 대출, 복사 등의 서비스를 행한다.

그 중에서 입법 조사 서비스를 담당하는 '조사 및 입법고사국立法考査局'에는 국회도서관의 다수의 자료나 내외의 데이터베이스 등을 활용하여 정치, 경제, 사회 등 광범위한 분야에 걸쳐 국정 과제에 관한 조사를 한다. 조사 및 입법고사국에서 작성한 국정 심의를 위한 참고 자료, 국회 회의록 데이터베이스, 일본 법령 데이터베이스는 국회뿐만 아니라 도서관 홈페이지를 통해 국민에게도 제공된다.

2) 행정·사법에 대한 서비스

국립국회도서관은 국회도서관으로서 입법부에 속하는 기관이지만, 행정 및 사법의 각 부문 업무 수행을 위해 각 부성청府省廳과 최고재판소에 설치된 지부 도서관을 통해서 자료의 대출, 복사, 레퍼런스reference 등의 도서관 서비스를 행하고 있다. 지부 도서관 제도는 입법·행정·사법의 3권 분립이라는 대원칙을 유지하면서 상호 간에 밀접한 제휴 협력 관계를 도모하며 발전을 기한다는 이념 아래 창설된 제도이며 타국에서는 그 유래를 찾아볼 수 없는 제도이다. 지부 도서관 제도의 창설은 미국 도서관 사절로서 일본에 왔던 미국 의회도서관 부관장인 베너 클랩Verner W. Clapp과 미국도서관협회 동양부위원장인 찰스 브라운Charles H. Brown의 조언과 권고에 의해 영향을 받은 것이다. 이들이 제시한 각서에 따르면 당초부터 국립국회도서관의 기능으로써 "일본국 정부의 각성을 위해 문헌에 기초한 조사와 참고(레퍼런스) 봉사"를 중시하고 있다(國立國會圖書館, 1999: 195). 그 때문에 조직 체계에 관해서 기존의 관청 도서관과의 관계에 있어서 관청 도서관을 '국립국회도서관의 지소로 한다'는 안과 '분리된 단위로서 상호 간에 완전 분리된 독립된 기관으로 둔다'는 두 가지 안을 제시했다. 여기에 대해서 중·참양원도서관운영위원회는 '지소로 둔다'는 안을 채택하기로 답신을 보내고 이를 국립국회도서관법안에 반영하게 된 것이다(國立國會圖書館, 1999: 195).

이러한 지부 도서관과 중앙관인 국립국회도서관은 지부 도서관 제도의 창설 당시부터 네트워크를 형성해서 각 부성청府省廳의 간행물의 교환, 자료의 상호 대차, 지부 도서관 직원에 대한 연수 등 도서관 활동 운영하여 각 관의 소장 목록을 검색할 수 있는 분산형 종합 목록 데이터베이스를 시작으로 하여 각종 서비스를 제공한다. 첫째, 관청 자료의 수집과 이용에 관한 업무이다. 이를 위해 관청 자료의 수집과 보존, 자료의 상호 교환과 기증, 관청 자료의 납본, 도도부현都道府縣 의회도서실 및 전문도서관협의회에 대한 관청 자료 제공 등의 역할을 수행한다. 둘째, 지부 도서관의 도서관 서비스로 열람 대출과 상호 대차, 소속 성청의 직원 등에 대한 레퍼런스 서비스와 서지 활동을 행한다. 지부에서 회답이 곤란한 것에 대해서는 다른 지부 도서관 또는 중앙관에 의뢰하여 회답한다. 셋째, 지부 도서관에 대한 운영 지원 활동으로서 지부 도서관의 기능 강화를 위한 직원 연수, 각종 간행물의 간행(びぶろす 등), 관청 간행물의 목록·서지 등의 간행, 직원의 직무 참고 자료 등을 간행하고 있다. 넷째, 서지 정보 공유를 위해 책자체冊子体의 종합 목록을 작성하고 있으며, 컴퓨터의 보급과 함께 온라인 정보

검색 시스템과 같은 데이터베이스를 구축하고 있다. 다섯째, 국립국회도서관 중앙관과 지부 도서관 네트워크를 구축하는 사업을 지속적으로 전개한다.

3) 일반 국민에 대한 서비스

국립국회도서관은 만 18세 이상의 국민이라면 누구나 이용이 가능하다. 국립국회도서관의 일반 이용자에 대한 서비스는 국립국회도서관법 제2조의 규정에 기초하여 이루어진다. 이러한 일반 이용자 서비스는 목록류의 정비, 업무 기계화의 진행, 도서관 이용 행태의 변화, 공공·대학 도서관 등의 기능 충실 및 네트워크의 발전이라는 도서관 내외의 환경 변화에 따라 서비스 범위가 동경 주변의 한정된 방문 이용자뿐만 아니라 국립도서관에 걸맞는 전국적인 서비스로 질과 양 모두 발전해 오고 있다. 도서관의 모든 자료가 서고에 보관되어 있으며, 청구에 기초하여 출납되는 폐가식 도서관이다. 관내에서의 열람 외에 복사 서비스(유료)가 이루어지고 있다. 개인에 대한 관외 대출은 허용하지 않고 있다.

국회도서관 이용자 서비스는 개관이래 방문 이용자에게 중점을 두었기 때문에 지리적으로 광범위하게 국민의 문헌·정보 수요에 부응하지 못하고, 서비스에 지역 격차가 생겨왔다. 이러한 방문자 중심의 서비스 형태는 통신 수단이 비약적으로 발전하고, 사회 환경이 크게 변화하고 있는 가운데 수정이 불가피하게 되었다. 1986년 기구 개혁으로 비방문 이용자 서비스(非來館 서비스)를 국립국회도서관 이용자 서비스의 큰 축으로 하고, 이러한 서비스를 공공 도서관, 대학 도서관 등을 경유하여 시행하는데, 이것도 도서관 협력 활동의 주요 업무의 하나이다. 이를 위해 도서관 서비스계를 설치하여 도서관 간 서비스 기반을 정비하고, 도서관 간 대출 제도, 우편 복사 서비스를 개선하였으며, 국제 서비스도 실시하고 있다.

4) 자료의 수집

영국 대영박물관도서관, 프랑스 국립도서관, 미국 연방의회도서관의 예와 같이 18세기 후반부터 20세기까지 구미의 근대 국가에서는 국립도서관이 설립되었다. 현대의 국립도서관은 일국의 문화 유산을 보존하기 위해 가능한 한 망라적으로 각 국가의 출판물을 수집할 책임을 부여하고, 전국 서지의 작성, 자료의 장기적 보존과 공개 이용을 임무로 하는 역할을 담당한다. 그 중에서 가장 중요한 자료 수집 방법이 납본 제도legal deposit이며, 또한 외국의 정부나 도서관과의 출판물 국제 교류이다. 이러한 측면에서 일본 국회도서관도 일본의 학술적 장서가 구축됨에 따라 일본 역사 그 자체와도 긴밀한 관계를 갖는다.

1948년 연합국 점령 하에서 제국의회로부터 국회로의 의회 제도 개혁의 과정에서 미국 의회도서관을 모델로 취한 역사적 배경 때문에 국회도서관의 자료 수집의 성격, 나아가 장서 구축의 방향도 미국의 영향을 받게 되었다. 세 가지의 주요 사항(國立國會圖書館, 1999: 401~402)을 열거하여 보자. 첫째, 의회도서관으로서의 자료 수집이다. 미국의 1946년 입법부개혁법을 참조하여 일본에 미국 의회도서관 모델을 전수하였기 때문에 의원의 조사 연구에 필요한 도서관으로서의 성격이 중요한 의미를 가지며, 따라서 국정 심의에 필요한 지부 도서관으로부터의 정부 간행물 수집과 외국과의 정부 출판물 국제 교환이 유력한 자료 수집 방법의 하나가 되었다. 둘째, 국립도서관으로서의 장서 구축이다. 미국과 일본 국회도서관이 이러한 체제를 취하고 있으며, 그 주요한 직무로서 납본 제도의 법정, 전국 서지의 작성, 출판물의 국제 교류 등을 들 수 있다. 셋째, 일본 특유의 사항으로 '근대 일본 장서'라고 할 구제국 도서관의 장서를 계승하는 것이다.

이러한 역사적 문맥을 배경으로 하여 국회도서관의 자료 수집 50년의 흐름을 개관하면, 자료 수집의 제도(법령과 조직), 방침(자료 수집의 방침과 계획 그리고 심의회의 답신), 사업(대규모 자료군의 수집 사업 및 그 예산과 업무 체제)이라는 세 개의 틀 중 하나에 큰 변화가 일어난 것을 기준으로 시기 구분이 가능하다. 각 시기[2]는 1950, 1960, 1970, 1980, 1990년대의 시기 구분과 거의 일치함을 알 수 있다. 이것은 우연이라고 말할 수는 있지만, 국회도서관 자체의 변화만이 아니라 자료 수집을 둘러싼 출판, 사회, 경제 등의 환경 변화를 반영한다고 할 수 있다.

일본 국회도서관 자료 수집의 발전 과정에서 나타난 문제점은 납본 제도의 시련과 전자 도서관의 구축과 관련된다. 30여 년간의 운용 경험을 가진 납본 제도도 나름의 시련이라고 할 수 있는 문제점이 제기되었다. 첫째, 보존과 이용의 모순이 커짐과 함께 수반되는 민간 출판물의 1부 납본제의 문제이다. 그 배경에는 복사, 대출 등으로 인하여 자료의 파손이 증대되었다는 점이 있다. 따라서 납본 부수를 늘림과 함께 제기되는 예산 문제가 등장한 것이다. 둘째, 납입 출판물의 범위 문제이다. 오늘날 비디오 테이프, CD-ROM, DVD 등의 증가로 인하여 1998년부터 패키지계 전자 출판물은 망라적으로 납입대상으로 한다는 방침이 정해지고 도서관법 개정 필요성이 제기되었다. 또한 전자 출판물, 데이터베

---

2. 구체적인 시기 구분은 國立國會圖書館, 1999, pp.402~421 참조하라.

이스 등 전자 정보의 범람으로 인한 자료 수집의 패러다임이 변화되고
있는 추세이다.

5) 자료의 보존

국회도서관은 일본 유일의 납본 도서관으로서 특히 국내에서 간행되
는 모든 자료를 광범위하게 수집하여 문헌의 최후의 거점으로서 장기간
에 걸쳐 보관하고, 이용할 수 있도록 제공하며, 국민의 지적 문화 유산으
로서 축적하여 후세에 전달하는 책무를 띤다. 따라서 자료보존은 국회도
서관의 주요 기본 업무의 하나이며, 도서관의 보존 업무는 옛날부터
제본 업무를 중요 업무로 여겨왔다. 국회도서관의 경우에도 주요 기능으
로, 파손된 자료를 복구하고 흩어질 우려가 있는 자료를 합책 제본하여
이용과 보존을 위한 준비를 해왔다.

일본 국회도서관은 1983년에 자료보존대책반을 7개 반으로 편성[3]하
여 자료 보존에 관한 문제점이나 대책을 검토하여 제언한 바 있으며,
다음 해에 '자료보존대책위원회'가 출범하게 되었다. 신관 완성과 함께
1986년 조직과 기구의 개편에 의해 수집부에 자료보존실이 설치되어,
여기에서 자료 보존의 기획, 입안뿐만 아니라 다른 도서관과의 제휴
·협력을 통하여 일본 전체의 자료 보존 계획의 중심적 역할을 담당하고
있다. 1990년에는 보존 협력 프로그램을 마련하여 국내외를 포괄하는
장기적인 보존 사업 및 보존 협력 활동을 실시하고 있다.

---

3. 자료의 형태, 재료, 이용 방법 등의 요인별로 '산성지대책반', '마이크로자료보존대책
반', '음반자료보존대책반', '복사에 의한 파손본대책반', '磁氣테이프자료보존대책반',
'충해방지대책반', '귀중서등보존대책반' 등 7개 반으로 나뉜다.

6) 자료의 조직화: 정리 · 서지 · 색인의 작성

다음은 납본, 기증 등 다양한 형태의 다양한 방법으로 수집된 자료를 이용자에게 제공하기 위해 행하고 있는 자료의 조직화와 그 성과로 작성된 서지 정보 등에 대해 살펴보자. 이용에 앞서서 행해지는 이러한 준비 작업은 '정리 업무'[4]라고 불렸으나, 최근에는 '자료 조직화 organization'라고 부른다. 도서 · 연속 간행물 등 주요한 자료에 관해서는 서지 데이터베이스와 각종 형태의 목록을 간행하고 있다. 정리 기술에 관한 여러 가지 기준은 서지계획심의회의 답신에 따라 도서관장 결재로 정해지며 새롭게 기준이 변경되는 경우에는 전국 서지 정보를 통해 알려준다.

일본 국회도서관이 수집한 국내 출판물 및 외국에서 발행된 일본어 출판물에 관하여 그 정확한 서지 정보를 국내외에 신속히 알리는 목적으로 주 1회 국회도서관 홈페이지에 '일본 전국 서지'를 제공하고 있다. 데이터베이스화한 서지 정보는 『JAPAN · MARC』로서 반포되고 있다. 또한 책자 형태의 『일본전국서지』도 간행하고 있다.

'잡지 기사 색인'은 국내 간행 주요 잡지에 게재된 논문 · 기사를 검색하기 위한 색인이다. 1948년 이후 데이터 약 600만 건을 국회도서관 홈페이지, CD-ROM, DVD-ROM으로 제공하고 있다. 단 1948년에서 1974년까지는 인문 · 사회계만으로 타 분야는 책자 형태로 되어 있다.

'일본 법령 색인'은 1886년 이후 일본의 법령을 대상으로 현행 법령이나 폐지 법령의 연혁 색인 정보 등을 제공하는 데이터베이스이다. 또한 연동해서 심의 단계의 국회회의록을 참조하는 것도 가능하도록 하였다. 회의록은 국회도서관 홈페이지에서 검색이 가능하다.

---

4. 국회도서관 창립 당시 미국 도서관 사절단 로버트 다운즈Robert B. Downs 보고서에서는 기술적 과정technical processes라고 불렀다.

7) 도서관 협력

국회도서관은 국내의 다양한 도서관이나 도서관 관련 단체와의 협력 활동을 행하고 있다. 전국의 도서관에서 보낸 그 도서관에서 응할 수 없었던 자료의 대출, 복사, 레퍼런스 의뢰에 응하고 있다. 또한 일본 공공 도서관에서의 서지 서비스 표준화와 효율화, 전국적인 도서관 상호 대차 등을 지원하는 것을 목적으로 1998년부터 국립국회도서관 종합 목록 네트워크 사업을 실시한다.

아울러 일본 유일의 국립도서관으로 세계 각국의 도서관과 협력 활동을 전개하고 있다. 외국과 정부 출판물이나 민간 출판물 등을 교환하면서 외국의 여러 기관의 요청에 응한 대출, 복사, 레퍼런스, 서지 정보의 교환, 업무 교류 등 다양한 분야에 걸친 협력 활동을 하고 있다. 또한 ISSN 네트워크의 일본 센터 및 IFLA-PAC(국제도서관협회연맹 · 자료보존 코어 프로그램)의 아시아 지역 센터의 역할도 하고 있다.

한편 1975년부터 시각 장애인 도서관 서비스의 일환으로 국회도서관이 소장한 학술 문헌의 녹음 테이프를 제작하여 전국 각종 도서관을 통하여 대출하고 있다. 또한 "점자 도서 · 녹음 도서 전국 종합 목록"을 작성하고, CD-ROM판도 간행하고 있다. 전국 점자 도서 · 녹음 도서 제작 속보는 홈페이지에서 제공하고 있다. 점자 출판물이나 대활자본 수집에도 노력하고 있다.

5. 전자 도서관 사업

1) 전자 도서관 구축 배경

전기 통신 기술, 정보 처리 기술의 발달은 오늘날 사회나 생활에 큰 변화를 초래하였다. 1990년대 후반에 등장한 정보 통신 네트워크인 인터넷이 급속히 보급되면서 지식이 유통되는 구조를 확실히 바꾸어 놓았다. 도서관을 둘러싼 정보 환경의 변화는 크게 뉴미디어의 대두, 디지털 정보 처리 기술의 발달, 정보 기록 매체의 발전, 그리고 전자 출판의 등장으로 요약할 수 있다(한상완, 1998: 98~103). 이러한 정보 환경의 변화 속에 도서관도 지식을 광범위하게 공유하는 역할과 기능을 더욱 강화하기 위해 정보 기술을 활용하여 시간적, 지리적인 제약에 구속받지 않는 발신형 서비스를 지향하게 되었다. 한편, 유통하는 전자 출판물 또는 전자 정보를 유용하게 활용함과 함께 지식을 축적하여 긴 시간에 걸쳐 이용 가능하도록 한다는 지금까지의 도서관 역할을 전자 정보 영역에 어떻게 부여할 수 있을까라는 문제도 새로운 테마이다.

전자 도서관은 이러한 전자 정보와 정보 환경을 활용해서 도서관이 행하는 서비스를 지칭하는 말이다. 또는 종래 도서관이 행하여 온 것과 같이 지식으로서의 정보 제공 서비스에도 널리 활용되는 경우가 있을 것이다. 전자 도서관에 대해서는 결정된 정의는 없으나 주요한 특징으로서 다음과 같은 사항을 지적할 수 있다.[5]

▲ 네트워크에 의한 정보의 제공

---

5. 일본 국회도서관의 "전자 도서관 프로젝트"(2002년 10월 작성) 참조. 자료는 국립국회 도서관 홈페이지 참조. http://www.ndl.go.jp/jp/aboutus/elib-project.html(검색일: 2005년 8월 2일).

▲ 자료에 접근할 수 있도록 하기 위한 서지 정보(2차 정보), 전자화된 자료 그 자체(1차 정보) 등 다양한 전자 도서관의 장서(콘텐츠)의 구축과 제공

▲ 텍스트만이 아닌 음성, 동화상 등 멀티미디어의 활용

▲ 정보 통신 기술을 활용한 검색 · 열람 등의 편의성 향상

▲ 인터넷상의 정보 등 외부 정보 자원의 활용과 탐색 지원

이러한 특징을 어떻게 각각의 도서관이 각각의 서비스에 필요한 전자 도서관을 디자인하여 구축할 것인가라는 과제에 직면하게 된다. 국회도서관은 1998년 수립한 "국립국회도서관 전자 도서관 구상"에 따라 전자 도서관 구축 작업을 착실히 추진하였다. 2004년에는 "국립국회도서관 전자 도서관 중기 계획 2004"(2004. 2. 17)를 제정하여 2004년 시점에서의 상황을 점검하고, 국회도서관이 향후 5년 정도를 목표로 달성할 수 있는 전자 도서관 서비스의 구체적 방향과 그 실현에 필요한 구조를 제시하고 있다.

이러한 계획을 수립하게 된 배경으로는 다음과 같다. 첫째, 사회적 기반으로서의 디지털 정보를 들 수 있다. 사람들이 다양한 활동을 하는 데 있어 컴퓨터와 정보 통신 네트워크에 깊이 의존하고 있다는 것이다. 정치, 경제, 문화, 사회 등 모든 영역에서 정보가 전자적으로 생산 · 유통되고, 이용되며, 디지털 정보가 사회적 기반으로 중요한 비중을 차지하게 되었다는 점이다. 둘째, 디지털 정보에 관한 국제 정세이다. 유네스코 제32회 총회(2003)에서 "디지털 유산의 보존에 관한 헌장 Charter on the Preservation of the Digital Heritage"이 채택되었다. 헌장은 인터넷 정보를 포함하여 현대 사회에서의 중요한 전자 정보의 보존이 보증되고 있지 않은 상황에 즈음하여 각국 정부에 문제 의식을 환기하고 보존을 위한 노력이 필요하다는 것을 선언하고 있다. 한편 각국의 국립도서관 · 의회도서관에서는 디지털 정보의 수집 · 축적 · 보존 · 제공이

화급한 과제로 인식되어 그것에 대한 대처가 이루어지고 있다. 셋째, 디지털 정보에 관한 일본 국내 정세이다. 국내에서는 2000년 말에 정부에서 e-Japan 중점 계획이 입안되어, 미술관·박물관, 도서관 등의 소장품 디지털화, 아카이브화가 추진되고 있다. 이러한 정세 속에 간사이관 개관(2002년 10월)을 기해서 전자 도서관 서비스를 본격화함으로써 국회도서관에 대한 역할의 기대가 더욱 높아지는 실정이다.

2) 전자 도서관 구상의 성과(2003년까지를 기준으로)

'전자 도서관 구상'에 기초하여 진행된 일본 국회도서관의 전자 도서관 추진 사업을 개관하면 다음과 같다(國立國會圖書館 電子圖書館中期計劃, 2004 참조).

디지털 콘텐츠의 구축과 제공

국회도서관은 장서의 전자화를 추진하여 왔다. '근대 디지털 라이브러리'로서 메이지明治기 간행 일본 도서 5만 책(약 600만 코마), 귀중서 등 화상 정보 3.3만 코마 등을 작성하여 제공하고 있다. 아동서에 대해서도 디지털 라이브러리 등의 콘텐츠를 공개하고 있다.

국회 서비스관계 분야에서는 중·참 양원과 공동으로 행하는 국회 회의록 전문 서비스 외에 국회 WAN상의 홈페이지를 통한 국회도서관 작성 자료 등을 전자적으로 제공한다. 또한 전자 전시용 콘텐츠를 순차 작성하여 '일본국 헌법의 탄생', '일본의 달력', '화첩 갤러리' 등 7종을 제공하고 있다.

웹 아카이빙과 제공

국회도서관은 인터넷상의 정보 자원의 수집·보존·제공 실험을 행하고 있다. 전자 잡지, 정부 콜렉션, 협력 기관 콜렉션에 관해서 개별적으로 저작권자의 허락을 얻은 후에 이것을 수집하여 제공하고 있다.

자료에 도달하기 위한 정보

▷ 2차 정보

2000년 3월에 일본 도서 200만 건, 서양 도서 20만 건의 서지 정보를 제공하는 Web-OPAC을 인터넷상에 공개하였다. 2002년 10월에 NDL-OPAC을 제공하기 시작하여 현재는 '잡지 기사 색인'을 포함하여 1000만 건 이상의 서지 정보를 공개하고 있다. NDL-OPAC에는 Web-OPAC에 오르지 않은 자료 상황 정보를 제공함과 함께 원격지로부터 직접 복사·대출 등의 신청이 가능하도록 하였다. 또한 도도부현립都道府縣立도서관 등의 일본 도서의 종합 목록, 아동서의 종합 목록, 신문 종합 목록 등도 제공하고 있다.

▷ 외부 자원에 대한 네비게이션

기계적으로 수집 불가능한 인터넷 정보 자원, 특히 인터넷에서 제공되는 정보의 대부분을 차지하는 데이터베이스에 대한 안내에 관해서는 데이터베이스 네비게이션 서비스Dnavi라는 명칭의 포털 서비스로 안내하고 있다.

▷ 국회도서관 홈페이지의 충실

국회도서관 홈페이지를 2000년 3월 및 2002년 10월에 쇄신하였다. 특히 2002년에는 홈페이지를 일반 이용자용의 창구로서 전자 도서관 서비스를 전면적으로 실시하고 있다.

▷ 연구 개발

전자 정보의 보존에 관한 조사 연구 및 전국 도서관 등과의 협동 사업으로서 레퍼런스 서비스의 시스템화를 연구 개발 사업으로 실시하고 있다. 이처럼 국회도서관은 전자 도서관 구상을 실천하며 일정한 성과를 거두고 있다. 특히 디지털 콘텐츠 구축과 제공에 관해서는 사회적으로 높은 평가를 받고 있다.

3) 향후 전자 도서관 서비스의 목표

디지털 콘텐츠를 광범위한 이용자에게 제공하기 위해 국회도서관은 디지털 아카이브의 중요한 거점이 되고 있다. 또한 국내외의 다양한 이용자층의 수요에 부응하여 일본의 디지털 정보 전체의 네비게이션 종합 사이트 구축을 목표로 나아가고 있다.

디지털 아카이브의 구축

정보 이용에서의 지역적 격차를 개선하고, 이용자의 편의를 높이기 위해 도서관 소장 자료의 전자화를 추진한다. 또한 온라인 계통의 정보자원을 광범위하게 수집하여 소실을 방지하고 영속적으로 이용할 수 있도록 노력을 기울인다. 먼저, 지금까지의 사업을 계승·확충하고, 국회의 기관으로서의 국회도서관의 역할, 국가 문화재로서의 도서관 자료의 가치, 이용자 수요 등을 선정 기준으로 하여 저작권법에 따라 도서 등을 디지털화하여 제공하는 것을 목표로 하고 있다.

다음으로 소멸의 위험이 있는 인터넷상의 정보를 수집할 선택 기준이나 보존·관리·제공의 기준을 마련하여 제도적으로 또는 선택적으로 수집하는 것을 목표로 하고 있다. 끝으로 액세스 또는 보존을 위한 정보의 부여에 관한 문제이다. 국회도서관이 집적하여 구축하고 있는 디지털 아카이브는 국가의 전자자료·정보의 보존고라고 할 수 있다. 데이터의 장기 보존이나 동일성 유지를 위한 식별 인자, 액세스나 보존을 위한 메타 데이터를 부여하고 있다.

정보 자원에 관한 정보의 충실

기존 매체 자료와의 정합성에 유의하면서 디지털 아카이브의 개개의 정보에 도달하기 위한 수단이나 정보의 충실을 도모한다. 또한 전문 검색 등 검색 수단을 충실히 하는 것을 목표로 한다. 주제 정보에 관해서는 자료의 해제 정보나 소개, 참고 정보 등을 충실하게 한다.

먼저 국회도서관이 집적하여 구축하고 있는 디지털 아카이브를 이용자가 적확하게 이용할 수 있도록 적절한 검색 인터페이스를 정비한다. 전문 검색, 지적 개념 검색 등 새로운 검색 인터페이스에도 십분 배려해야 하며, 그를 위해 필요한 사전 등을 활용한다. 한편 정보 자원 탐색의 편리성을 도모하기 위해 디지털 아카이브에 관계되는 액세스 포인트나 참고 정보, 레퍼런스 통로를 충실히 하는 문제 등이 과제가 되고 있다.

디지털 아카이브의 포털 기능

국회도서관 홈페이지는 조직으로서의 창구이지만 이것과는 별도로 이용자가 필요로 하는 정보를 원스톱으로 입수할 수 있는 창구를 구축한다. 이것은 국회도서관의 디지털 아카이브에 머무르지 않고 국가 등의 공적 기관을 중심으로 한 전자 정보 자원이나 정보 제공 서비스에 이용자를 적절히 안내하는 것이다.

디지털 아카이브 포털이 상정하는 기능은 통합적 검색, 서버제트 게이트웨이, 정보 탐색의 온라인 튜토리얼을 제시할 수 있다. 먼저 디지털 아카이브나 OPAC 등의 정보자원을 효과적으로 검색 가능하도록 하기 위한 통합적인 검색 기능을 구축한다. 이로써 일정한 범위에서 통합된 정보 검색을 가능하게 하고, 이용자를 정확히 정보원情報源에 안내한다. 다음으로 서버제트 게이트웨이를 통하여 이용자가 주제에 따라 계통적으로 정보 자원을 발견할 수 있도록 안내하는 기능을 제공한다. 끝으로 정보 탐색 방법을 이용자에게 온라인으로 제공하는 기능을 하는 것을 말한다.

6. 조사 및 입법고사국의 조직과 기능

1) 조직과 임무

조사 및 입법고사국(이하 고사국)은 의원의 입법 활동과 국정 심의를 보좌하기 위하여 국립국회도서관에 설치된 기구로 미국 의회도서관의 의회조사처(CRS)를 모델로 해서 1948년에 설치된 기구이다. 주요 임무는 양원의 위원회 또는 의원의 요구에 응하여 국회에 제출될 법률안 기타 안건의 분석 · 평가, 위원회나 의원의 요구에 응하여 자료의 수집 · 분석 등의 업무 수행, 입법 준비를 위한 의안의 기초, 국회의 업무가 방해당하지 않는 범위 내에서의 행정 · 사법의 각 부문 및 일반 공중에게 수집 자료의 제공 등을 담당하는 것으로 되어 있다(국립국회도서관법 제15조). 이와 같은 임무를 수행하는 데 있어서는 자료에 기초한 정확하고 객관적인 정보가 제공되어야 하는 것은 물론이고, 불편부당不偏不黨하여야 하며, 조사상의 비밀은 반드시 엄수하여야 한다. 또 조사 회답에서는 특정정책을 추천 또는 장려해서는 안된다.

정치적·사회적·경제적 변화 속에서 국회 기능의 강화가 요구되고, 이와 함께 입법 조사 서비스에 대한 국회의 수요가 점차 커지자 국회도서관은 2001년 4월 고사국 조직을 개편하여 현재와 같은 규모의 12개의 실室, 14개의 과課, 1개의 과내 실(헌법실)로 재편성하였다. 이 당시 개편의 주요 특징은 종전의 종합조정과總合調整課를 종합조정실總合調整室로 개편하여 종합적인 조사와 기획 능력을 강화하였고, 실내에 국회 레퍼런스과를 설치하여 레퍼런스 서비스의 효율화를 도모하였다. 또한 전자 정보 서비스과를 설치하여 조사국의 사무에 관한 정보 시스템 개발 체제를 강화하고 국회에 제공하고 있는 홈페이지인 ‘調査의 窓’을 통한 정보 제공 기능을 강화하였다. 그리고 2000년부터 중·참의원에 설치된 헌법조사회 기능을 뒷받침하기 위하여 정치의회과에 헌법실을 신설하였다. 아울러 성청省廳 개편에 대응하여 과학기술정책에 관한 조사 업무를 기존의 상공과학조사실·과에서 문교조사실·과로 옮기고, 각각의 명칭을 경제산업조사실·과와 문교과학기술조사실·과로 변경하였다.

한편 2002년 4월 1일에는 의회관청자료과가 신설되었다. 의회관청자료과는 종전의 법령의회자료과(자료 및 입법고사국 소속), 관청자료과(전문자료부 소속), 참고과(전문자료부 소속)의 법률·정치 담당 부문을 통합한 조직으로 종전의 법령의회자료실, 관청·국제기관자료실 등을 합쳐 새로 설치한 의회관청자료실을 운영하면서 국회에 대한 입법 조사

[표 3] 조사 및 입법고사국 조직도

조사 및 입법고사국	
종합조사실	종합 조사, 조사의 종합적인 기획, 고사국 간행물 등의 심사
조사기획과	고사국 업무의 기획 조정, 간행물의 편집 기획, 종합 조사의 사무국
국회레퍼런스과	조사 의뢰의 접수, 간략한 조사·레퍼런스 처리, 조사 자료 정보의 수집·조정, 의원 열람실 운영
전자정보 서비스과	정보 시스템의 기획·운용, 국회 회의록 DB, 홈페이지 「조사의 창」운영
의회관청자료조사실·과	내외의 법령·의회 자료, 관청 자료, 국제 기관 자료, 법률 정치 관계 참고 도서 정비·이용, 일본 법령 색인 작성
정치의회조사실·과	의회, 내각, 정당, 선거, 정치 자금, 정치 제도, 정치 과정, 정치 일반
정치의회과헌법실	헌법, 헌법조사회의 소관에 속하는 조사 사항
행정법무조사실·과	행정 제도 일반, 공무원 제도, 지방 자치, 소방, 경찰, 민사 법제, 형사 행정, 인권, 사법 제도
외교방위조사실·과	외교, 국제 정치, 국제법, 방위·안전 보장, 국제 연합, 국제 기관 일반
재정금융조사실·과	재정, 조세, 금융, 국제 금융, 景氣, 단기의 경제 운영, 물가, 회계 제도
경제산업조사실·과	중장기의 경제 운영, 산업, 통상, 경제 협력, 국제 경제, 자원, 에너지, 공정 거래, 소비자 보호
농림환경조사실·과	농업, 임업, 수산업, 農山漁村, 食料, 지구 환경 보전, 공해, 자연 환경 보호, 환경
국토교통조사실·과	국토, 사회 자본 정비, 건설, 자연 재해, 교통, 관광, 기상, 해상 보안, 정보 통신, 郵政
문교과학기술조사실·과	교육, 학술, 과학 기술, 스포츠, 예술·저작권·문화재 등 문화, 종교
사회노동조사실·과	사회 보장, 사회 복지, 보건, 의료, 인구 문제, 국민 생활, 노동 관계, 노동 조건, 노동 시장, 고용
해외입법 정보조사실·과	최신의 해외 입법 동향, 「외국의 입법-입법 정보·번역·해설」 편집

* 출처: 『國立國會圖書館 調査及び立法考査局の概要』(팜플렛), 2004. 9.
　國立國會圖書館, 『國立國會圖書館年報: 平成15年度』, 2004. 9. 30, p.179.

서비스와 일반 이용자에 대한 서비스를 제공한다.

고사국 조직을 보면 일반적으로 조사실·과로 되어 있는데, 조사실에는 전문위원, 주간主幹 또는 주임조사원이 배치되어 있고 조사과에는 과장을 비롯하여 5~8명 정도의 조사원이 조사 업무를 담당하고 있다. 한편 특수 분야를 위해 외부의 학식 경험자를 객원조사원, 비상근조사원으로 위촉하고 있다. 고사국 직원은 2004년 3월 31일 현재 165명인데 이 가운데 실제 조사업무를 담당하고 있는 직원은 90~100여 명 정도이다.

고사국 직원은 국회도서관 직원 채용 시험(Ⅰ종, Ⅱ종, Ⅲ종)에 의해 도서관 직원으로 일괄적으로 채용하고 있다. 종전에는 고사국에 배치된 후 장기간 인사 이동이 없는 경우가 많았으나 최근에는 사서 부문, 총무 부문과 단기간 인사 이동을 실시하고 있다(廣瀨淳子, 1999). 한편 국회의사당 중앙부 4층에 국회 분관(의사당 내 도서관)을 설치하여 국회의원들에게 자료의 열람, 대출과 더불어 소상 사료를 중심으로 간략한 사실 조사, 문헌 조사를 실시하고 있다. 국회분관에서 조사하기 곤란한 사항에 대해서는 본관 고사국에 회부하여 조사한다.

2) 입법 조사 서비스

국립국회도서관의 조사 서비스의 주된 업무는 국회(중·참의원, 위원회, 국회의원) 및 국회 관계자(전 국회의원, 정당, 의원사무국 등)를 위한 조사 서비스이다. 국회에 대한 서비스는 입법 조사 서비스와 도서관 서비스로 크게 나뉘는데, 국회에 대한 입법 조사 서비스는 '조사 및 입법고사국'의 소관 업무 가운데 가장 중요한 업무이다. 입법 조사 서비스는 국회의원 등의 의뢰에 의거하여 실시하는 의뢰 조사와 앞으로 있을 국정 심의의 논점을 예측하여 실시하는 예측 조사로 크게 구분된다.

의뢰 조사의 주요한 의뢰 사항은 정치, 경제, 사회 등의 국정 과제에 관한 해설, 국내외의 제도와 정책 동향에 관한 조사, 법안의 심의 및 그 밖의 안건에 대한 분석과 평가, 법안 요강(안) 작성, 의원 활동에 필요한 각종 자료 및 정보 등이다. 이 외에도 도서관이 소장한 자료를 활용하여 인물의 경력, 용어 해석, 관련 신문 기사 복사, 필요 자료의 리스트 작성 요구 등과 같이 매우 간단하고 단순한 작업도 의뢰 조사에 포함된다. 이들 중에서도 정치, 경제, 사회 전반에 걸친 국정 과제와 국내, 해외의 동향과 제도에 관한 조사가 전체 조사 내용의 99%를 차지하고 있으며, 간단한 사실 조사에서 고도의 분석 기술이 필요한 조사에 이르기까지 난이도는 천차만별이다(塚田洋, 2004). 의뢰 내용도 양원 의회의 조사실과는 많은 차이를 보인다. 고사국과는 달리 의회조사실은 주로 국회의원이 소속된 위원회의 활동에 부합되는 내용이 대부분이다. 또한 고사국의 의뢰 조사는 해외 동향에 관한 내용이 46%를 차지한다(塚田洋, 2004). 해외 동향에 관련된 조사 의뢰에 부응할 수 있는 자료와 외국어 능력을 갖춘 인재 확충이 조사국의 가장 큰 장점이라고 할 수 있다.

다음으로 의뢰 조사의 특징의 하나는 의뢰 건수의 급증과 촉박한 조사 업무 시간에 있다. 2004년에 처리한 의뢰 조사 건수는 3만 4014건이었다. 전년도의 2만 6900건에 비하면 7114건이 증가한 것으로 나타났으나 이것은 전년도에 중의원 해산 총선거가 실시되었기 때문이다. 그러나 다음 [표 4]에서 보는 바와 같이 의뢰 조사는 장기적으로 증가 추세에 있다. 1990년도 연간 처리 건수(1만 8461)에 비해 2004년도의 건수(3만 4014)는 1.84배나 증가한 것이다. 반면 이 기간 동안 조사원 수는 1.16배 증가했을 뿐이다. 또한 최근에는 시급을 요하는 조사 의뢰 건수가 급증하

[표 4] 연도별 회답 건수

연도	1990	1995	1996	1997	1998	1999	2000	2001	2002	2003	2004
건수	18,461	20,535	24,615	29,553	26,996	29,656	26,914	28,370	30,350	26,900	34,014

* 자료: 『國立國會圖書館年報』.

고 있다. 회신까지의 기한은 두 시간 이내인 '시급'이 20%, '오늘 중'이 25%, '이틀 내'가 25%를 차지하는 것으로 나타났다(塚田洋, 2004).

조사 서비스 대상 또한 다양하다. 조사 서비스 대상으로는 중·참의원 소속 의원뿐만 아니라 전 국회의원과 정당, 의원 사무국으로부터의 의뢰 조사도 포함된다. 그 중에서 국회의원의 의뢰가 전체의 90%를 차지하고 있으며, 전체 의원의 80%가 적어도 한번은 조사를 의뢰 해본 적이 있는 것으로 자체 조사 결과 나타났다(塚田洋, 2004). 의뢰 조사 회답은 주로 구두에 의한 회답, 자료에 의한 회답, 문서에 의한 회답으로 이루어진다. 2003년의 경우 구두에 의한 회답이 1218건, 자료에 의한 회답이 2만 3177건, 문서에 의한 회답이 2505건이었다(國立國會圖書館, 2004). 회답 방법으로서는 문서에 의한 회답이 증가 추세에 있으나 역시 자료에 의한 회답이 높은 비중을 점하고 있다.

다음으로 예측 조사에 대해 살펴보자. 의뢰 조사와 더불어 각 조사원은 담당 분야에서 예측 가능한 국정 과제에 관한 조사 활동을 하고 있다. 예측 조사는 기본적으로 해마다 발표되는 '기본 조사 업무 계획'에 따라 이뤄지며, 조사 성과는 조사국의 간행물인『레퍼런스』,『조사와 정보ISSUE BRIEF』,『외국의 입법』등에 게재된다. 2003년에는 300건의 예측 조사를 실시하였다. 또한 의원들이 언제라도 검색할 수 있도록 새로운 성과물은 모두 홈페이지에 게재하고 있다. 2003년 말 현재 인터넷 홈페이지를 통해 검색할 수 있는 콘텐츠는『레퍼런스』145건,『조사

자료』7건,『국정의 논점』111건,『조사와 정보』449건,『외국의 입법』
608건이며 전체적으로는 1320건을 넘고 있으며, 전년도에 비해 300건
이 증가한 것이다(國立國會圖書館, 2004: 13).

이처럼 기본적인 예측 조사는 모두 국정 심의에서 참고 자료로
활용될 것을 상정하여 이루어진다. 특히 최근에는 국정심의 상황에
맞는 신속 정확한 조사의 중요성이 더욱 강조되고 있다. 2000년부터
시의 적절한 테마에 대한 간략한 해설을 1000자 이내로 요약한『국정의
논점』(인터넷 게재용) 서비스를 개시하였으며 2003년부터 정기 국회의
중점 국정 과제가 될 내용을 요약 정리한『조사와 정보』를 간행하였다.
국가의 기본 정책이나 다양한 내용의 국정 과제 등 한 조사과에서는
도저히 감당할 수 없는 포괄적인 국정 과제에 대한 조사 업무도 활발하게
이루어지고 있다. 2003년까지 '자연 재해에 대한 지방 자치 단체 및
주민의 대응', '주요 국가의 최근 동향에 대한 대처 방안', '미국의 1980년
대 이후의 개혁 내용' 등에 대한 조사가 이루어졌으며 조사 내용은
『레퍼런스』와 『조사 자료』에 각각 게재되었다.

3) 간행물 서비스와 전자 정보 서비스

현재 '고사국'에서는 다음과 같은 자료들을 간행하여 국회의원, 중의
원, 참의원 등에 배포하고 있고 일부는 판매하고 있다.

①『レファレンス(레퍼런스)』(월간) : 1951년부터 발행하고 있는 월간지로
고사국에서 만든 각 분야의 국정과제를 해설하고 분석한 논문집이다.
②『外國の立法－立法情報・飜譯・解說－』(계간) : 1962년부터 발행하는
것으로 외국 법령의 번역 소개, 제정경위의 해설, 외국의 입법 정보를 실어

간행하고 있다.

③『調査と情報-ISSUE BRIEF-』(부정기간) : 국정 과제, 외국의 동향에 대해 간결하게 해설한 자료집으로 1986년부터 발행되고 있다.

④『調査資料』(부정기간): 종합 조사 등 특정 주제에 관한 조사 보고·자료집이다.

⑤『日本法令索引(현행법령편)』(연간) : 현행 법령의 사항별, 연도별, 50음별 색인 및 개정 경과 등을 게재한다.

⑥『れじすめいと』(부정기간) : 조사 및 입법고사국의 국회 내부에 대한 홍보지로 발행되고 있다.

한편 홈페이지 "조사의 창"을 통해서 회관 내에서 직접 이용이 가능하다. "조사의 창"은 http://chosa.ndl.go.jp을 통해 접근할 수 있으며, 여기에도 다양한 정보를 제공하고 있다.

① 국회 회의록 데이터베이스: 1947년 제1회 국회부터의 국회 회의록을 검색하고 열람할 수 있다.

② 일본 법령 색인 데이터베이스: 1886년 공문식公文式 시행 이후의 법령 색인 정보와 제1회 국회 이후의 법안 색인 정보를 검색할 수 있다. 법률안·조약 승인 조건에 관해서는 법안 심의 단계의 국회 회의록의 검색도 가능하다.

③ NDL-OPAC(국립국회도서관 장서 검색): 국립국회도서관의 소장 자료, 국내 주요지의 잡지 기사 색인의 검색, 자료의 대출, 복사 신청이 가능하다.

④ 의회관청자료실: 각국의 법령·의회 자료의 링크, 법률·정치 분야의 참고도서류, 관청자료, 국제 기관 자료를 소개하고 있다. 직접 방문하지 않고도 많은 정보를 입수할 수 있도록 국내외의 인터넷상의 원자료를 다수 소개하고 있다.

4) 조사원에 요구되는 자질과 육성

이처럼 고사국의 입법 조사 서비스는 서비스 대상과 조사 내용이 매우 방대한 데 비해 모든 조사 의뢰에 할애할 수 있는 시간은 매우 제한적이다. 고사국의 조사원은 많은 양의 간단한 조사뿐만 아니라 적은 양이기는 하나 고도의 분석 자료 조사도 소화해야 한다. 예측 조사는 소논문 정도의 집필 능력을 갖추어야 한다. 즉 조사원은 '질'과 '양'이라는 이중의 수요를 충족시킬 수 있어야 한다.

추상적으로 조사원에게 필요한 능력은 '도서관 전문직에 걸 맞는 도서관인'으로서의 능력과 '담당 분야 전문가'로서의 전문 지식을 활용하는 능력이다. '도서관 전문직에 걸 맞는 도서관인'으로서 업무는 이용자와 자료 · 정보를 신속하고 정확하게 연결시켜 주는 것이므로 ① 도서관의 자료를 숙지하고, ② 정보원(자료 · 도구)에 정통하며, ③ 이용자를 이해해야 한다. 아울러 ④ 미디어 활용 능력, ⑤ 외국어 능력, ⑥ 주제에 대한 전문 지식에 대한 일정 수준의 능력이 필요하다. 이러한 전문 능력 배양을 위해 일본 국회도서관에서는 조사 경험의 공유와 조사 업무 연수, 국내 · 해외 연수 등을 실시하고 있다.

맺음말

일본 국립국회도서관은 미국 의회도서관을 벤치마킹하여 세워진 국가 도서관으로서 미국의 경험과 많은 부분을 공유하고 있는 점이 특징이다. 특히 그 명칭에서 시사하는 바와 같이 기본적인 성격이 국립도서관과 국회도서관의 성격을 공유한다는 점이다. 이는 2차 대전 이후 연합군사령부에 의해 외부적으로 강제된 제도로 자리 잡게 된 것이다.

입법 정보 서비스와 관련하여서는 일본 국립국회도서관은 다른 나라의 의회도서관과 비교할 때 그 비중이 매우 크다는 것을 알 수 있었다. 일본 의회의 지원 조직은 행정 지원 조직이며, 입법 지원 조직으로는 법제국과 국회도서관이 그 중심 역할을 하고 있으며, 그 중에서도 조사 및 입법고사국의 인적 규모와 서비스 범위가 방대함을 알 수 있다. 입법 지원 조직이 의회도서관과 맺고 있는 관계도 미국, 영국, 캐나다 등과 같이 통합형integrated services으로, 즉 입법 정보 지원 조직이 의회도서관에 속해있으며, 의회도서관의 여타 조직과 긴밀한 연관을 맺으며 입법 정보를 지원하고 있다(Robinson, 1998).

일본도 최근 사회의 복잡화와 함께 다양한 분야의 복합적인 입법 정보 수요가 급증하고 있으며, 그 질석 수준 또한 나날이 깊어지고 있다. 의뢰 조사와 예측 조사 수요가 급증하고 있다는 점, 전문 조사원 충원 시스템의 전문화가 요구되고 있다는 점, 고도의 전문 지식에 바탕한 질 높은 서비스의 요구가 증대하고 있다는 점 등이 입법 정보 수요의 흐름이다.

이에 발맞추어 국회도서관도 고사국의 조직 개편을 단행하여 국회지원 서비스를 질적, 양적으로 강화하고 있다. 특히 단순한 의뢰 조사의 수준을 넘어 예측 가능한 국정 과제에 관한 예측 조사를 강화하여 신속 정확한 입법 정보 서비스를 제공하고 있다. 나아가 요즘에는 국가의 기본 정책이나 다양한 내용의 국정 과제 등 한 조사과에서는 도저히 감당할 수 없는 포괄적인 국정 과제에 대한 다학제적 조사 · 연구 또한 크게 확대되고 있는 추세이다. 이러한 프로젝트 팀 구성에 의한 '종합 조사'의 확대는 입법 조사 · 연구 서비스의 질적 수준을 강화할 수 있다는 점에서 의원들로부터 긍정적인 평가를 받으며, 한국 국회에도 시사하는 바가 크다고 할 것이다. 이러한 변화의 모색은 결국 수요자의 정보 요구에 대한 반응이며, 입법 정보 서비스 개선을 위한 국회도서관 노력의 결실이라고 할 수 있다.

:: 참고 문헌

고인철, 「한·일 국회도서관의 기능 비교연구」, 한양대학교 교육대학원 석사 학위논문. 1992.

이진상, 「일본국립국회도서관」, 『국회도서관보』 제32권 4호, 1995. 6.

이현출, 「미국 의회의 입법 지원 기능과 조직」, 『국회도서관보』 제41권 4호, 2004. 4.

배민식, 「일본 국립국회도서관의 입법 지원 기능과 조직」, 『국회도서관보』 2004. 4.

한상완, 「디지털 시대의 도서관 환경변화와 그 대응연구」, 『한국문헌정보 학회지』 32권 2호, 1998.

NDL入門編集委員會編, 『國立國會圖書館入門』, 東京: 三一書房, 1998.

五十風敬喜, 『議員立法』, 東京: 三成堂, 1994.

國立國會圖書館, 『國立國會圖書館年報: 平成15年度』, 2004. 9. 30.

國立國會圖書館, 『國立國會圖書館 五十年史: 本編』, 1999. 3.

清水 睦, 「委員會制度と族議員」, 『ジュリスト』 955号, 1990. 5.

塚田 洋, 「國會サービスの强化: 調査サービスの現況と人材育成を中心として」, 한국·일본국회도서관 교류 세미나 발표논문, 2004. 12.

廣瀨淳子, 「國會の政策形成課程と立法補佐機關」, 日本計劃行政學會, 『中央省廳の政策形成課程』, 東京: 中央大學出版部, 1999.

Robinson, William H., "Research and Analytical Services for national Legislature: a preliminary analysis", paper presented for 64th IFLA General Conference, 1998.

PTOLEMAEUS
GEOGRAPHIAE
MALTHUS
ON
POPULATION
DÜRER
INSTITUT
GEOMET

6장

프랑스 의회의 입법 정보 지원 제도

박찬이

국제도서관협회연맹(International Federation of Library Associations and Institutions: IFLA)의 2001~3년도 전략 계획 보고서에는 능동적인 의회의 조건으로 시기적절하게 제공되는 방대한 양의 정보와 그 분석을 명시하고 있다. 입법 기능뿐만 아니라, 행정부 견제, 유럽 공동체의 경우와 같이 의회가 각 국가를 대표하여 국제 관계 성립 및 유시, 발전에 직접적인 역할을 하도록 되었을 때, 의회에서는 다양한 분야에서 전문적이고 실질적인 정보에 바탕을 둔 결정이 요구되고 있다. 미국 의회조사처의 윌리엄 로빈슨William Robinson은 1998년 암스테르담에서 열린 IFLA 회의에서 적절한 정보 제공이 의회 활동에 주는 효과에 대하여 ① 의원과 의회가 다루는 의제에 대한 자신감 부여, ② 자료의 분석을 통한 문제 해결 및 정책 수립, ③ 정부 정책의 비판과 새로운 방안의 제안 가능성 등을 언급하였다.

일반적으로 입법 정보는 의회 도서관과 연구부서, 법제 담당부서, 각종 위원회 지원부서 등에 의해 제공되며, 동료 의원이나 의원 보좌관, 매스 미디어 등의 경로를 통한 정보 제공 또한 무시할 수 없다. 정보의 수집과 분석은 국가에 따라 그 범위와 규모, 제도적 형태를 달리하며 미국, 한국, 영국, 일본, 독일 등 주요 국가를 제외하고는 아직까지 충분히 제도화되지 못하고 있거나, 제도적 틀을 갖추고 있다고 하더라도 인력 규모나 전문성 면에서 실질적으로 정책 분석을 목적으로 한 정보 제공의 임무를 충분히 수행하지 못하고 있는 실정이다. 입법 정보의 연구·분석 범위는 정확하게 정의되어 있지 않지만, 효율적인 정보 제공은 신속성·객관성·실용성뿐만 아니라 전문적 주제를 비전문적인 용어로 이해시키는 능력, 정치적 감수성, 입법 절차에 대한 이해를 필요로 한다(William Robinson, 64th IFLA General Conference 1998, Amsterdam).

의회 활동을 위한 정보의 중요성은 의회의 역사에 비해 비교적 최근인 지난 반세기, 특히 1960~70년대에 널리 제기되었으며, 이는 사회가 복잡·다양화됨에 따라 입법 과정 또한 전문성을 요하게 되었다는 사실이다. 이에 대한 자각은 예산 통제와 관련된 입법에서 가장 먼저 절실히 느껴져 미국의 상원의원 리 메트칼프Lee Metcalf는 1974년 예산 개혁 토론에서 "정보는 예산 통제라는 게임 그 자체이다"라고 밝힌 바 있으며, 프랑스 의회의 경우도 재정위원회가 가장 먼저 지원 인력을 갖추게 되었다.

세계 주요국 의회의 입법 정보 필요성의 인식과 그 대책으로 입법 지원 기구를 두는 과정에는 또 다른 의도가 작용하였다. 그것은 바로 행정부의 견제이다. 행정부는 입법부에 비해 비교적 큰 예산과 많은 인력으로 전문적인 정보의 축적과 분석을 위한 제도적인 구조를 갖추었다. 이러한 행정부와의 정보 불균형이 입법부의 힘을 약화시키는 중요한 요소라는 견해는 1960년대에 널리 받아들여져 1970년대에 이르러 본격 적으로 미국과 유럽 주요국 의회의 제도 개혁에 반영되기 시작하였다.

다양한 규모와 형태의 입법 정보 기관에 대해서 미국 의회조사처의 윌리엄 로빈슨은 첫째, 정보 지원 기능이 한 기관에 집중된 통합형,

둘째, 도서관과는 별도로 정보지원기능이 이루어지지만 하나의 조직 구조 안에 존재하는 기능 정합형, 셋째, 도서관과 몇 개의 정보 지원 기관이 따로 형성되어 있는 분리형, 넷째, 몇 개의 다분야 정보 조사 기관 또는 분야별 기관들이 입법처 내에 산재하는 분산형 등 네 가지로 분류하고 있다(William Robinson, 64th IFLA General Conference 1998, Amsterdam).

프랑스 의회는 상·하 양원에 비교적 소규모의 의회도서관과 고문서 관이 있다. 상원의 경우 경제연구국, 법률연구국 등의 연구 기관, 속기국 그리고 통합보고국 등의 문서 기관, 위원회국, 유럽문제국, 그 외에 의장비서실, 질의과 등이 모두 의원에게 입법 정보를 제공하고 있다. 한편 하원에서는 법률문제국, 문화·사회문제국, 경제·과학평가국, 재정국, 국제문제·방위국, 유럽 문제국 등의 특정 기관의 총괄적인 보조의 역할도 하지만, 정보 제공의 기능이 강조되는 연구 기관과 속기 국, 통합보고국, 의장비서실, 질의과 등이 입법 정보 지원에 참여하고 있다. 위와 같은 제도로 인해 프랑스 의회는 로빈슨이 말한 네 번째 유형으로 분류될 수 있다.

이 장에서는 프랑스의 입법 지원 제도와 의회도서관과의 관계를 이해하기 위하여 먼저 프랑스의 의회 제도에서 프랑스 의회의 구조, 입법 과정, 그리고 의회사무처에 대해서 간단히 살펴본 후, 프랑스의 입법 정보 지원 기관에서는 의회도서관과 고문서관, 그리고 입법 지원 조직과 그 외 기타 입법처 기관에 대하여 고찰한다.

1. 프랑스의 의회 제도

프랑스 의회는 하원 우위의 양원제이지만, 상원의 경우 개헌 문제에 관해서는 하원과 동등한 권한을 가지며 대통령의 의회해산권으로부터는 제외되어 있다. 프랑스 의회의 정치적 권한은 상대적으로 제한되어 있지만, 근래에는 법률안 발의의 활성화와 행정부 통제의 관점에서 의회의 권력을 강화하는 것이 국가운영을 위해 필요하다는 견해가 제기되어 오고 있다. 프랑스의 의회는 해마다 10월 초부터 다음 해 6월 말까지 9개월간의 단일 정기회 제도로 운영되고 있다. 한편 특정한 안건을 심의하기 위한 임시회도 총리 또는 의원 과반수의 요구가 있는 경우에 대통령의 소집요구령decree에 의하여 소집될 수 있다.

1) 상원

상원의원은 지방의원, 시의원, 평의원과 하원의원 등으로 구성된 약 15만 명의 선거인단electoral college에 의해 간접 선거로 선출되는데, 상원 선거인단은 각 선거구 내의 하원의원과 지방의회 의원 등으로 구성된다. 2006년 현재 프랑스 상원의원의 임기는 6년이며, 선거인단에 의한 간접 선거에 의해 선출되는 331명의 의원으로 구성된다. 프랑스 상원은 2003년 1월 선거 제도를 개편하여 2004년 9월에 실시된 상원의원 선거에서부터 적용하기 시작했다. 상원의원의 의석수는 기존의 321석에서 2004년에는 331석으로 늘어나고 2008년에는 341명, 최종적으로 2011년에는 346석으로 정하였는데, 이는 인구 통계 변화에 따른 지역간 균형을 고려한 사항이다.[1] 아울러 2004년에 실시된 선거법 개혁에 의해 상원의원의 피선거권 연령을 35세에서 30세로 낮추었다. 그리고 상원의원은 기존에 9년의 임기로 3년마다 3개조로 나누어 3분의 1씩 선출하던 방식에서 3년마다 2개조로 나누어 2분의 1씩 개선하는 방식으로 선출하여 그 임기가 6년으로 단축되었다. 다만 기존의 상원의원의 임기는 9년으로 유지하고 2004년도부터 선출되는 상원의원부터는 6년의 임기를 적용한다.

2) 하원

2006년 현재 프랑스 하원의원은 5년을 임기로 하여 지역구에서 직접 선출되는 577명으로 구성된다. 비례 대표는 없으며, 지역구는 555개의 국내 소선거구와 22개의 해외 지역 선거구로 구성된다. 하원의원의 선거권은 18세 이상이며, 피선거권은 23세 이상의 국민이다. 프랑스 선거 방식의 특징은 결선 다수 대표제[2]를 운영한다는 점이다. 한편 평등 원칙에 입각하여 후보자는 남성과 여성을 동등하게 배분하도록 규정하고 있다.

---

1. 2003년에 실시된 선거법 개혁 사항의 적용 편의상 2007년과 2010년의 선거는 1년씩 연기되었다.
2. 1차 투표에서 유효 투표의 과반수를 획득한 후보의 득표수가 전체 선거구 등록 선거인의 4분의 1을 넘으면 결선 투표없이 당선되고, 그렇지 않은 경우 결선 투표인 2차 투표를 실시한다. 2차 결선 투표는 전체 유효 투표의 12.5% 이상을 득표한 후보자만이 참여할 수 있으며, 그 대상이 1인일 경우 차순위 득점자가 결선 투표에 참여할 수 있다.

3) 의회 입법 과정

일반적인 의회 민주주의 국가의 경우 의회는 무엇이든 입법할 수 있으며, 행정부는 그 집행을 담당하는 것이 상례이다. 그러나 프랑스 의회는 매우 다른 방법을 취하고 있다. 과거 3·4공화국에서 의회의 과도한 개입으로 인한 정치 불안을 겪은 후 탄생한 제5공화국에서는 가능한 한 의회의 권한을 줄이려고 하였고, 그 방안으로 의회의 입법 사항을 최소화하고 가능한 한 행정 입법(명령 또는 규칙)의 범위를 넓히려고 하였다.

프랑스는 의회의 입법권의 대상을 헌법에 규정하고 그 외의 분야는 행정권에 의한 규율의 대상으로 보고 있다. 헌법 제34조에서는 의회 입법의 대상 분야로서 공공자유권, 민법, 형법, 재정법, 행정 기관 및 지방 자치 단체, 공무원의 지위, 국유화 문제 등을 나열하고 있다. 의회의 역할은 근본적인 원칙만을 정하는 데 국한하고 구체적인 내용은 행정입법에 맡기고 있는 것이다. 이는 의원들의 입법 활동을 매우 심각하게 제한하는 조항으로 다른 나라에서는 그 예를 찾아보기 어려운 내용이다. 그러나 의회가 만든 법률이 행정부가 만드는 규범을 구속한다는 점에서는 프랑스도 예외는 아니다.

프랑스 헌법(제39조)에 의해 법률안은 정부와 의원만이 제출할 수 있다. 정부가 제출한 법안은 하원이나 상원 중 어느 곳에서나 심사를 시작할 수 있다. 그러나 대부분의 법안은 하원에 먼저 제출되고 있으며, 예산 법안이나 사회 보장 예산에 관한 법안은 반드시 하원에서 먼저 심사하도록 헌법에서 규정하고 있다. 의원 발의 법안은 해당 의원이 속한 의회의 의장단Bureau에 먼저 회부되는데, 여기에서 법률안 접수 거부 사유가 있는지 검토한다. 의회에 제출·접수되어 등록된 법률안은 본회의에 보고되며, 본회의가 없는 경우에는 공보를 통해 공지된다. 이로서 법안심사 절차에 돌입하게 된다.

먼저 의장은 6개 상임위원회 중 하나의 위원회에 법안을 회부한다. 법안이 회부되면 위원회는 법안을 예비 검토하여 위원회에 보고하는 보고위원rapporteur을 위원 중에서 선임한다. 위원회에서의 일반 토론과 축조 심의가 이루어진 후 최종적으로 전체 법안에 대해 의결한다. 각 위원회의 심사가 종료된 법안은 본회의의 의사 일정에 등록해야 한다. 본회의 중심의 법안 심사를 하고 있는 프랑스 의회는 소관위원회의 심의를 거친 법안에 대하여도 본회의에서의 형식적인 표결에 그치지 않고 원칙적으로 법안에 대한 제안 설명과 일반 토론 및 축조 심의를 다시 실시하여 전체 의원에게 의사 표명의 기회를 부여한다(국회운영위 원회, 2004).

법률안은 하원과 상원에서 교대 심의Navette하여 동일한 내용의 법안이 의결되어야 한다. 법안에 양원 간의 의견이 다른 경우에는 상 · 하 양원에서 7명씩 총 14명의 의원으로 구성되는 양원 동수의 합동위원 회를 구성하여 협의한다. 여기에서도 법안에 대한 합의가 이루어지지 않을 경우 하원이 최종 결정권을 갖는다.

2. 프랑스의 의회도서관

1) 고문서관

프랑스에는 상원과 하원에 의회도서관과 고문서관이 각각 따로 존재한다. 1948년 위원회 지원 인력제가 도입되고 1960년대에 이르러 의회 정보 지원 제도가 본격적으로 시작되기까지, 그들은 의원들에게 문서화된 입법 정보 지원 서비스를 제공하는 유일한 기관이었다. 현재까지 이들 기관은 해당 도서 목록, 보관된 국회 기록, 그리고 간단한 사실 정보의 제공 등 한정된 범위의 입법 정보 지원 기능을 수행한다.

고문서관

상원의 고문서관Le Service des Archives은 의회도서관과 함께 공통 업무처Services Communs에 소속된다. 상원의회와 위원회 회의기록의 보존, 상원의원의 활동 사항에 대한 정보 수집 및 보존, 각종 역사적 문헌 등을 보관하여 의원들에게 필요한 정보를 제공하는 역할을 수행한다.

하원의 고문서관은 프랑스 의회의 입법 서비스 기관 중 가장 오래된 기관으로 1789년 7월에 설립되었다. 본래의 기능은 입법 문서와 의회토론 기록을 보관·관리 하는 것이었으나[3] 토론 기록을 분석하여 의제별로 분류하고, 각 의원의 활동 사항을 정리하는 역할도 하게 되었다.[4] 회의 보고서와 의원에 대한 기록 외에도 각종 역사적 자료를 보관하고 있으며, 의원의 입법 임무 수행에 필요한 기록을 제공한다.[5] 이 곳에는 관장과 부관장, 그리고 약 20여 명의 인력이 배치되어 있다. 데이터베이스와 토론 기록의 색인 담당 7명, 미디어실을 정리, 유지하고 의원들에게

---

3. 1789년 5월부터의 모든 의회 토론의 기록 문서, 1974년부터는 의회 공식 토론회의 녹음과 1982년부터는 비디오를 소장하고 있다.

4. 1789년 이후의 모든 의원들의 의회, 회기, 연도, 또는 임기에 따른 활동 사항과 의원의 선거 공약을 포함한 하원위원의 신상 명세서를 기록하고 있다.

5. 고문서관에 의해 편집되는 자료책 중 대표적인 것은 1881년부터 출판되기 시작했던 의원의 선거 공약을 모집한 『바로데Barodet』와 『프랑스 의원사전Dictionnaire dea parlementaires français』이다.

자료 조사 지원 서비스를 제공하는 의회역사과 4명, 고문헌 분류, 일람표 작성 및 문서 관리를 수행하는 의회고서과 4명, 편집사 1명, 그리고 4명의 비서 등으로 구성된다.

2) 의회도서관

상원도서관

상원도서관La Bibliothèque du Sénat은 1800년에 설립되었다. 상원 의사당인 룩셈부르그 궁전Chateau de Luxembourg에 위치한 이 도서관은 프랑스 여왕 마리 메디치(Marie de Médicis, 1575~1642)의 이름을 따서 "메디치 도서관"이라고도 불린다. 르네상스 문화의 상징이었던 메디치 가의 이름이 암시하듯 이 도서관은 그 예술적인 가치로도 높이 평가되고 있다. 알퐁스 드 지소어Alphonse de Gisors가 디자인했으며, 그 후 둥근 천정은 1841~1846년에 걸쳐 위젠느 들라크로와Eugène Delacroix가 단테의 「신곡」 중 '지옥편'에 묘사되어 있는 장면을 연출하였고, 4개의 팔각원형양각은 신학, 철학, 시, 그리고 웅변을 상징적으로 묘사하고 있다.

상원도서관은 정원이 20명인 한 개의 작은 열람실을 갖추고 있는 도서관으로 법, 재정, 경제, 역사 분야의 약 45만 권의 책과 약 1000여 가지의 프랑스와 외국의 신문 및 정기 간행물이 소장되어 있다. 그리고 해마다 약 3500권의 새로운 책이 추가되는데, 이곳은 납본제의 혜택을 받지 않기 때문에 모든 책들은 주어진 일정 예산에 의해 구입된다. 의회 기록으로는 상원의 토론 기록, 상원 통합 회의 기록, 상원 의회 토론의 주제에 따른 기록, 또한 법안, 법규, 개정안의 기록 도표 및 구두 질의와 서면 질의의 기록을 보관하여 의원들의 요청에 따라 필요한 정보를 제공한다.

상원도서관은 상원의원과 그 보좌진 및 기타 지원 인력만이 이용 가능하며, 그 외에 허가를 받은 연구자들만이 출입할 수 있다. 약 20명의 사서와 5명의 연구관은 도서 목록 제공, 레퍼런스 서비스, 도서관 외 자료 뱅크 검색 등의 간단한 정보 검색과 열람인의 안내 및 보조 등 일반적인 도서관 업무를 수행하는 한편 상원이 주최하는 각종 전시회를 조직하거나 협조한다. 도서관에서는 연간 약 6000건의 대출과 열람실에서의 참고 서비스가 이루어진다.

하원도서관

현재의 하원도서관La Bibliothèque de l'Assemblée nationale은 1796년 3월 4일 벤토오즈법에 의해 설립되어 양원에 모두 서비스를 제공하다가 그 후 하원만의 도서관으로서 1만 6000권의 장서로 조촐하게 출발하였다. 당시 저명한 종교 분야 전문 변호사이며 정치가였던 아르망 가스통 카뮈Armand-Gaston Camus[6]는 1796년부터 1804년까지 하원도서관의 관장으로 재직하면서 프랑스 혁명으로 해체된 종교 단체와 해외로 망명한 귀족들의 압류된 재산 중 일부의 원고와 인쇄물을 수집하여 소장 서적을 급격히 늘려가기 시작했다. 그 후 1804년 베네딕트파의 수도사 피어르 폴 두루옹Pierre-Paul Druon은 카뮈의 뒤를 이어 1831년 93세의 나이로 죽을 때까지 재직하였다. 하원도서관의 초기 35년 동안(1796~1831) 이 두 사람은 현재 "고서적fonds anciens"이라고 불리는 소장품의 대부분인 1500건의 원고(현재 1980건 중), 80건의 두루마리 문서, 그리고 초본들을 수집하였다.

---

6. 고문서관 관장 카뮈의 주도로 설립된 하원도서관은 처음 고문서관에 소속되었다.

현재 하원도서관은 약 70만권의 법학, 정치학, 역사학, 경제학, 사회학을 주로 한 서적과 대학 논문을 소장하며 연간 약 6000권의 새로운 서적이 추가된다. 해마다 프랑스에서 출판되는 2만 여권의 책 중 약 1/4을 구입하는데, 그것은 법과 정치학에 관한 모든 책과 역사, 경제, 사회학에 관한 책의 75%에 해당한다. 소장된 약 3천 건의 정기간행물 중 670종은 현행 간행물로 220종의 프랑스 일간 신문과 선별된 외국의 신문, 잡지들로 구성되며, 정부 간행물 및 국영 회사의 간행물은 의무적으로 하원 도서관에 보내져 보관된다. 모든 토론의 기록과 의회가 발행한 문서가 1789년부터 보관되며, 그 중 1881년부터는 마이크로 필름으로 소장된다. 그 외 의회 관련 문서로는 하원의회 토론 기록, 정부에의 구두 질의 및 서면 질의의 기록, 입법 과정의 모든 법안 문서, 위원회 회의 기록, 각종 통계, 하원 내규, 모든 의원의 신상 명세서 및 선거 공약 등이다.

1830년 프랑스가 왕정 복귀와 함께 의회 제도를 채택하고 부르봉 궁전Palais Bourbon이 국회의사당으로 정해지자 하원도서관도 1834년 12월 튈러리 궁전에서 지금의 위치로 옮겨진다. 42미터 길이와 10미터 넓이의 도서관은 70명까지 수용이 가능한 2개의 열람실을 가지고 있으며, 다섯 개의 둥근 천장은 1847년에 완성된 위젠느 들라크르와Eugène Delacroix가 그린 그림으로 장식되어 있다. 로마의 시스틴 성당 천장 벽화에 비교되기도 하는 이 명화는 시, 신학, 법, 철학, 과학을 대표하는 인물들을 묘사한다. 그 외에도 다수의 예술적, 역사적 가치가 높은 소장품과 유명 고서는 정기적으로 일반인들에게 전시회 형태로 공개되며, 설립 당시의 전통에 따라 고서적과 희귀본의 수집을 계속하고 있어 하원 도서관은 박물관으로써의 위치 또한 항상 유지하고 있다.

하원도서관에는 도서관장을 중심으로 10명의 도서 담당 사서, 7명의

정기 간행물 담당 사서, 2명의 고서 담당 사서, 4명의 외부 데이터베이스[7]
와 인터넷 검색 담당 사서와 그 외 직원 등 28명이 근무하고 있다.
그들은 문서부의 전통적, 통상적 업무와 함께 도서 목록과 외부 데이터베
이스를 이용해 토론에 필요한 정보 제공, 그리고 의회가 필요로 하는
참고 문헌 작성 등의 입법 정보 지원 기능을 수행한다.

　　하원도서관은 상원도서관의 경우와 같이 일반인에게 공개되지 않으
며, 그 출입이 현직 하원의원과 그 보좌관, 하원의회 인력, 유럽의회의
프랑스 대표 의원 및 전직 하원의원 등으로 엄격하게 제한되어 있다.
연구를 위해 하원도서관의 자료를 참조해야 할 경우 ① 다른 장소에서
정보를 얻는 것은 불가능하고, ② 의회가 열려있지 않을 때에 한하여,
③ 도서관장의 추천에 의해 의장 비서실이나 의회행정비서실의 허가를
받아야 만이 이용 가능하다. 학자의 출입 허가증은 최대 한 달 동안
유효하며 갱신이 가능하다.

　　마지막으로, 전자 정보화 시대의 도래에 따라 1993년부터 소장된
책과 일반 간행물, 정기 간행물의 색인을 통합하는 전자화 시스템을
구축하였다. '라뮤Rameau' 시스템은 모든 문서를 그 분야와 형태와는
상관없이 저자, 제목, 주제 또는 문서의 성질에 의한 검색을 가능케
하였다. 이 시스템은 약 400개의 대학 도서관에 개방하여 활용되고 있다.

---

7 도서관에 데이터를 제공하는 대표적인 기관은 국립통계연구소(Institut Nationale de
la Statistique et des Etudes économiques, INSEE)와 국립과학연구센터(Centre Nationale de
la Recherche Scientifique: CNRS) 이다.

3. 프랑스 의회의 입법 지원 기구

1) 입법 지원 기구

프랑스의 의회의 입법 지원 조직은 상원의 경우 입법처, 행정처, 공통업무처Services Communs로 나뉘고([그림 1] 참조), 하원의 경우 입법처, 재무처, 공통업무처로 각각 나뉜다([그림 2] 참조).

[그림 1] 2006년 상원 의회사무처 조직

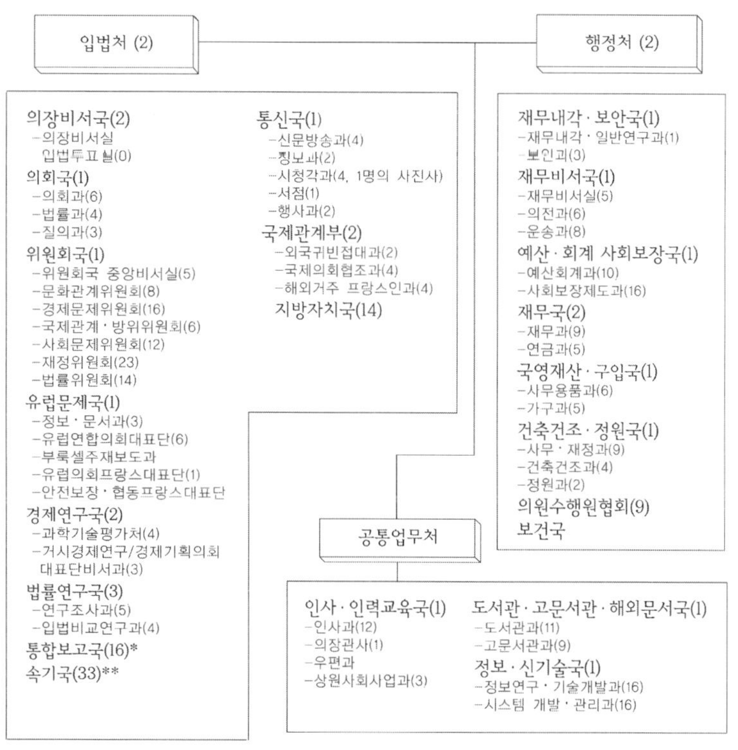

· 괄호안의 숫자는 부행정관급 이상의 공무원을 나타낸다.
　　* 6명의 기록관 포함　　** 23명의 속기관 포함

입법 활동의 보좌는 위원회국(상원), 유럽문제국, 그 외 각종 연구국 등 입법처에 소속된 입법조사부처와 입법처 내에 산재하는 각종 부처들에 의해 이루어지며, 재무처와 행정처는 의회의 행정적인 관리를 담당한다. 의회도서관과 고문서관은 상원에서는 공통업무처에 소속되며, 하원에서 의회도서관은 입법처에, 그리고 고문서관은 공통업무처에 소속된다.

[그림 2] 2006년 하원 의회사무처 조직

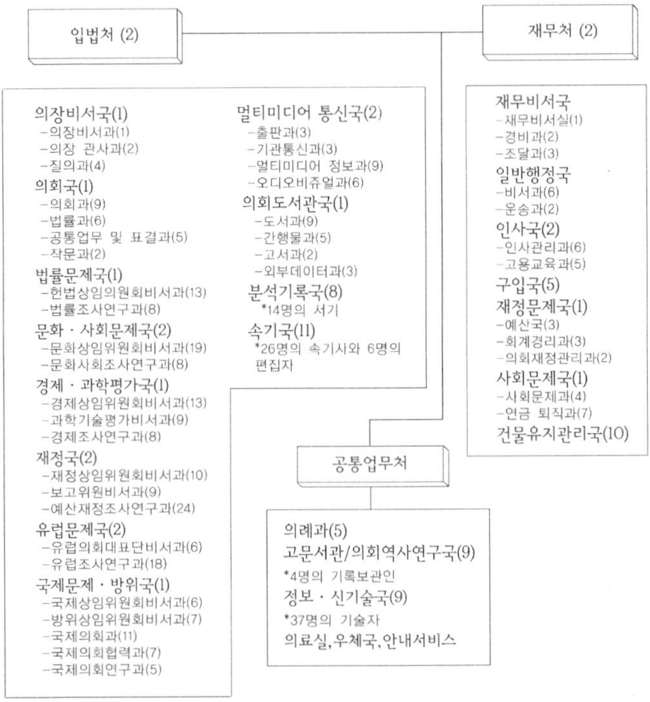

* 괄호 안의 숫자는 부행정관급 이상의 공무원을 나타낸다.

2) 위원회 지원 기관

의회 위원회의 분류 및 정의

의회 위원회는 의회만큼 오래된 제도이다. 이 중 가장 중요한 역할을 하는 것은 상임위원회Commission permanente로서 제3공화국(1870~1940) 후반에 나타났다. 그 당시 상임위원회의 수는 정해지지 않아서 제4공화국 말 하원의 경우 18개의 상임위원회가 각 행정부처의 정책과 활동 사항에 대하여 담당할 수 있었으나, 그 후 상임위원회의 수는 1958년 헌법의 43조항에 의해 제한되어 상·하원은 각각 특정 분야에 전문화된 6개의 상임위원회를 가지게 된다. 상임위원회의 중요 임무는 ① 법제 또는 의제에 대한 사전 조사 및 검토, ② 의원에게 필요한 정보·지식의 제공, ③ 국정 통제의 기능 등 세 가지로 분류되며 운영 규칙은 해당 의회 내규에 명시되어 있다.[8]

상원에는 문화상임위원회(54명), 재정·국가예산상임위원회(45명), 법률상임위원회(45명), 경제기획상임위원회(78명), 사회문제상임위원회(54명), 그리고 국제 관계·국방상임위원회(54명)의 6개 위원회가 존재한다. 상원 내규에 의해 의회의장을 제외한 모든 의원이 적어도 하나의 상임위원회에 소속되도록 각 상임위원회의 인원이 정해져 있다.

---

8. "입법 제안 또는 입법 과제는 정부의 요청에 따라 또는 정부에 의해 입법 과제가 제출된 의회의 요청에 의해 입법 조항의 검토를 위한 목적으로 특별히 구성된 위원회에 보낸다……. 그러한 요청이 부재할 경우 각각의 의회에 그 수가 여섯 개로 한정된 상임위원회로 [연구, 검토를 위해] 보낸다." 헌법 제43조항의 위와 같은 명시는 특별위원회가 형성되지 않는 한 모든 입법 제안과 입법 과제는 우선 해당 분야 상임위원회에 의해 검토되도록 규정하는 상원 내규 제16조항과 하원 내규 제83조항에 의해 보강된다. 또한 "상임위원회는 상원이 헌법에 의한 정부 정책제의 의무를 수행할 수 있도록 하는 정보를 제공한다"는 상원 내규 제 22조항과 하원 내규 제 145조항의 "……상임위원회는 의회가 정부 정책 통제를 수행할 수 있도록 정보를 제공한다"는 정보 제공의 기능과 국정 통제의 기능을 명백하게 한다.

하원에는 상원과 동일하지는 않지만 전반적으로 상응하는 분야별 6개의 상임위원회가 존재하며, 하원 내규 제36조항의 규정에 의한 그들의 담당 분야를 살펴보면 [표 1]과 같다. 상원에서와 마찬가지로 내규에 의해 하원의원은 한 개 이상의 상임위원회에 소속될 수 없으며, 모든 의원들이 적어도 한 개의 상임위원회에 소속되게 하기 위해 문화상임위원회와 경제상임위원회는 각각 최대 145명, 나머지 네 개의 상임위원회는 최대 75명으로 구성되도록 규정되어 있다. 각 상임 위원회는 한 명의 회장과 위원회 규모에 따라 3명 내지 4명의 부회장, 그리고 3명 내지 4명의 서기관으로 구성된 위원회 의장단에 의해 운영된다.

상임위원회 이외에도 정보조사회Mission d'information, 특별위원회 Commissions spéciales, 조사위원회Commissions d'enquête, 연구회Groupe d'études 등의 의회위원회가 존재한다.[9] 프랑스 헌법은 정부나 의회의

---

9. 1) 정보조사회Mission d'information: 상임위원회는 필요에 따라 특정 주제의 연구, 조사 후 보고서를 발행하는 조사회를 구성할 수 있는데, 한 개 이상의 상임위원회가 공동으로, 때에 따라서는 6개의 상임위원회가 모두 참여하여 하나의 정보조사회를 구성하기도 한다. 정보의 수집을 위한 최대한의 권한이 주어지며 정보의 수집은 프랑스 영토 내에서 뿐만이 아니라 국외에서도 이루어질 수 있다.
2) 특별위원회Commissions spéciales: 논의되고 있는 법제를 검토, 조사하기 위하여 의회, 또한 정부, 의회의장, 위원회 의장, 정당의 요청에 의해 구성되는 이 위원회는 양원의 경우 모두 57명의 정당 단체의 비례적 대표로 이루어진다. 하지만 법제의 검토는 일반적으로 상임위원회에 의해 이루어지며 특별위원회가 형성되는 것은 예외적인 경우이다.
3) 조사위원회Commissions d'enquête: 의회가 비교적 중대하다고 여겨지는 특정 상황 또는 공공 서비스, 국영 회사의 운영에 대해 조사하는 일종의 국정 감사의 한 도구이며 상원의 경우 최대 21명, 하원의 경우 최대 30명의 정당 단체 비례적 대표로 구성된다. 보고서가 제출되었을 때, 아니면 이 위원회의 구성이 결정된 날로부터 6개월 후 자동 해체되어 1년 이내에는 같은 주제로 다시 그 구성이 불가능하다.
4) 연구회Groupe d'études: 각 상임위원회 내에 세부화된 과제에 대한 집중 연구 및 검토를 위한 일종의 스터디 그룹은 상원의 경우 상임위원회의 전적인 관리 하에 존재하 며 의원들에게 일정 주제 또는 문제에 대한 법률적, 기술적 정보를 제공하여 조사위원회 의 구성 또는 외부 기관에의 연구 조사 의뢰를 결정한다. 단편적으로 보자면, 상원의 경우 2005년 12월에 문화상임위원회는 7개, 재정·국가예산상임위원회는 3개, 법률상임

요구에 의해 정보조사회, 특별위원회, 조사위원회를 구성하도록 규정하고 있으며, 이 세 개의 위원회는 소집되는 목적이 달성되면 해체되는 임시 조직의 성격을 지니고 있다. 상·하원은 각각의 내규에 이와 같은 특정한 주제의 정보 조사를 목적으로 하는 조직의 구성 조건 및 그 운영에 대해 명시하고 있으며 필요에 따라 그 구성을 결정한다.

[표 1] 하원의 상임위원회와 담당 분야

상임위원회	담당 분야
문화·가족·사회문제 상임위원회	교육과 연구, 전문 직업 교유, 보충 직업 교육, 문화 활동, 정보, 직업과 고용, 국민 보건, 가족, 인구, 사회 보장 및 보조, 국민 연금, 군무, 은퇴와 장애
경제·환경·영토 상임위원회	농업과 어업, 기술 연구, 소비, 국내 및 국외 교역, 세관, 통신과 관광 시설, 국토 개발과 도시화, 공공 시설 및 사업, 주택과 건설, 환경
국제문제상임위원회	국제 관계, 외교 정채, 국제 협력, 조약 및 협정
국방·군대 상임위원회	국방 안보 관리, 군대의 협조 및 협력 정책, 장기 국방 계획, 항공, 우주 및 병기 산업, 병력 및 병기 증축, 군 영역, 병역 및 신병 모집 관련법, 군대의 민간 및 군 인력, 경찰과 군사 법원
재무·경제·기획 상임위원회	국가 재정의 수입 및 지출, 예산 작성, 통화와 신용, 국내·외 금융 상황, 국영 회사의 재정 감사, 국가 재산
헌법·입법·공화국행정 상임위원회	헌번, 기본법(Lois organiques)과 선거법, 규칙, 사법 조직, 민법, 행정법, 형법, 공화국 행정 관리

* 프랑스의 1848년 헌법에 근거를 둔 정부의 기능을 명시하는 법이다-옮긴이

위원회는 2개, 경제기획상임위원회는 19개, 사회문제상임위원회는 5개의 연구회를 운영 중이었으며 참고로 하원의 경우 연구회는 이사회 위원단 관할 하에 운영되어 2006년 1월 120개 이상의 연구회가 진행 중이었다.

위원회 지원 기관의 기능 및 역할

오랫동안 별다른 지원을 받지 못했던 의회 위원회는 20세기 초반이 되어서야 실질적이며 전문적인 정보 및 지식의 필요성을 느낀 의원들의 요청에 의해 재정위원회에 처음으로 보조 인력을 배정하게 되었다. 그 후 1946년 상·하 양원에 위원회국의 전초인 25명의 행정관과 부행정관급의 인원으로 구성된 위원회비서국Secrétariats de commission을 설립하면서 공식적인 지원이 시작되었다. 하지만 설립 당시 각 상임위원회에 회의 기록을 위한 1명의 행정관이 배정되는 정도에 그쳤으며, 위원회와 관련된 본격적인 입법 지원은 제5공화국(1958년~현재)으로 들어서면서 상임위원회의 수가 6개로 규정된 이후의 일이다. 초기의 수동적이고 단순한 비서의 역할만을 했던 이들은 1964년 위원회에 대한 보조의 의미가 의원들에게 정보를 제공하는 것이라고 새롭게 정의하면서 위원회에 대한 지원이 본격화되었다. 그들은 위원회 의원들에게 전문적인 정보 제공과 함께 일종의 조언자의 역할을 할 뿐 아니라 보고위원 raporteur의 보고서 작성을 도와주는 등 입법 과정에 직접적인 참여를 하게 된 것이다. 위원회 활동의 보조·지원은 상원에서는 입법처 소속의 위원회국Le Service des Commissions이, 하원의 경우 각 상임위원회 분야를 중심으로 설립된 다섯 개의 연구지원국에 위치한 상임위원회 담당 부처 (상임위원회 비서과)가 해당분야 연구 부처와 함께 이 역할을 수행한다.

▷ 상원의 위원회국

상원 의원들의 위원회 활동을 보조하기 위한 위원회국은 위원회 업무와 관련된 모든 지원을 하며, 중앙비서실[10]과 6개 상임위원회 비서

---

10. 중앙비서실Secrétariat central du service은 직원 및 사무실의 관리부터, 정부의 입법 사항에 대한 사후 처리 관리, 관련 자료의 수집, 6명의 각 상임위원회 지원총괄서기관의 활동 지원, 상임위원회 이외의 각종 위원회 회의에 대한 업무 지원 등과 함께 새로운

과를 중심으로 구성된다. 그들의 역할은 상임위원회 회의 준비, 회의 진행의 내규 준수, 회의 기록 등의 행정적 지원에서부터 시작하여, 각종 비상임위원회의 조직 및 업무 보조, 특정 주제에 대한 전문적인 자료의 수집과 정보의 검색, '보고위원'의 보조 등 다양하다.

상임위원회 내의 세부 관할 분야는 의원들을 직접적으로 보조하는 고문과 행정관 사이에 나누어 배정되어 있으며, 특히 보고위원의 보고서 작성에 필요한 정보 제공과 법안 분석 업무를 담당한다. 위원회국은 상임위원회와 비상임위원회뿐 아니라 일부 의회대표단과 의회평가처를 위한 지원국의 기능도 갖고 있다.

▷ 하원의 위원회 지원부서

하원은 여섯 개의 상임위원회 담당부서 이외에 재정·경제·기획 상임위원회 보고위원의 보조를 위한 위원국 내의 일명 '7번째 부서'와 비상임위원회 담당 부서였던 '8번째 부서'의 존재를 제외하고는 상원과 유사한 구조의 위원회국을 유지해 왔다. 하원은 2006년부터 조직 별 연구 및 정보 지원 체제에서 분야별 지원 체제로 바뀌면서 상임위원회의 활동 보조 기관을 다섯 개의 연구조사국으로 나누어 배치하였다. 그것은 ① 위원회국의 각 상임위원회 지원을 담당하는 지원 부서들과 ② 재정경제과, 법률행정과, 사회보장과 그리고 여행·보건·교육·문화과의 4개 과로 나누어 의원들의 입법 질의에 연구·회답하고, 여성인권의회

위원회, 또는 조사회 구성의 결정, 상임위원회의 소집과 위원회 결정 사항에 대한 행정적 지원을 제공한다. 회기 중에는 매주 위원회관보 『bulletin des commissions』를 발행하고, 위원회 업무 진행 상황에 대한 정보 수집 및 전달의 업무 또한 병행한다. 하지만, 위원회국의 업무 중 가장 본질적인 내용은 위원회를 대표하여 입법안을 조사·검토한 후 의회에 보고하는 '보고위원raporteur'을 지원하는 일이며, 이를 위해 각 상임위원회에는 해당 상임위원회의 지원 활동을 총괄하는 6명의 총괄서기관이 배정되어 고문의 역할을 포함한 업무 정리와 상임위원회 의장단 결정 사항 이행 등 모든 방면에서의 실질적인 지원을 제공한다.

[표 2] 하원 위원회 중심의 연구조사국

	소속 부서	그 외 지원 기관
법률문제국 (24)*	헌법 · 입법 · 공화국행정 상임위원회비서과	

	법률조사연구과	- 여성인권 및
		  남녀평등
		  의회대표단
		- 의회 입법평가처

문화 · 사회문제국 (30)*	문화 · 가족 · 사회문제 상임위원회비서과	
	문화사회조사연구과	- 의회보건정책 평가처
경제· 과학평가국 (30)*	경제 · 환경 · 영토 상임위원회비서과	
	과학기술평가처비서과	
	경제조사연구과	- 국토개발 및 관리 의회대표단
재정국(45)*	재정 · 경제 · 기획 상임위원회비서과	
	재정 · 국가예산 상임위원회 보고위원지원과	
	예산세금재정조사연구과	
국제문제 · 방위국 (36)*	국제문제상임위원회비서과	
	국방 · 군대 상임위원회비서과	
	국제의회과	
	국제의회협력과	
	국제의회연구과	

* 부행정관급 이상의 공무원 수

대표단과 국토관리의회 대표단을 보좌하는 입법 정보 지원 기관이었던 연구자료국Le Service des études et de la documentation, ③ 과학기술평가처의 지원 기관이었던 과학기술연구국Le Service de la recherche et de l'évaluation, ④ 국제의회 및 기구과, 국제의회협력과, 프랑스어권과, 그리고 국제의회연구과로 구성되었던 국제관계과를 해체하여 각 상임위원회 관할 분야를 중심으로 하는 연구·조사 및 정보 제공 기능의 법률문제국, 문화·사회문제국, 경제·과학평가국, 재정국 그리고 국제문제·방위국으로 재구성한 것이다. [표 2]는 새로이 형성된 부처의 상임위원회 비서과를 포함한 소속 부서와 그 외 연구과에 의해 지원·보조되는 기관을 나타낸 것이다. 상임위원회와 그 관할의 각종 비상임위원회의 활동이 전반적으로 독립적이라는 것을 상기할 때 입법처의 이러한 재구성은 결과적으로 위원회와 다음 장에서 소개될 유럽의회대표단의 정보 지원을 강화하였다고 볼 수 있다.

위원회 비서과는 위원회를 대표하여 입법안을 조사, 검토한 후 의회에 보고하는 '보고위원'을 지원하는 역할을 한다. 즉, 최종 검토 보고서와 법률안 제안서의 작성에 필요한 지식·정보를 수집하고, 그 보고서를 작성·수정하는 일을 통해 보고위원의 업무에 직접적이며 실질적인 지원을 한다. 각 상임위원회의 기록, 법안의 수정, 그리고 법안의 변화를 대조하는 신구조문대조표 등은 부행정관에 의해 행해진다.

　　▷ 위원회 지원 부서 인력

　　위원회 비서국의 설립 이후 위원회 보조 기관의 활동 영역과 범위가 날로 증대됨에 따라 위원회는 지원 인력의 증가를 끊임 없이 요구하였다. 제5공화국(1958~현재)이 시작될 때에 16명, 1978년 31명의 행정관이 일하였던 하원의 위원회국은 1999년 54명, 그리고 2005년에는 70여 명의 행정관을 두게 되었다. 이 중 1982년 이후로 행정부 재무부 소속의 공무원이 의회 자체 인력으로 대체되었던 재정·국가예산 상임위원회 비서과는 가장 많은 인력을 보유해서 행정관만도 26명이었다. 결과적으로 하원 위원회국에는 90여 명의 고급 인력, 즉, 하원 사무처의 거의 3분의 1의 고급 인력이 집중되어 있었다. 현재 이 상임위원회 비서과가 소속되어있는 재정국은 8명의 고문, 31명의 행정관, 5명의 부행정관이 근무하며, 상임위원회 비서과를 포함한 5개의 입법 정보지원국 내의 부행정관급 이상의 인력이 165명에 달한다. 상원에서는 1300여명에 가까운 지원 인력 중 130명의 공무원이 위원회국에서 일하며, 그 중 80여 명이 고문, 행정관과 부행정관, 서기관 이상의 등급으로 위원회국은 전문 인력의 집중도가 가장 높은 부서이다.

3) 의회대표단과 의회평가처의 지원 기관

의회대표단과 지원 기관

1970년대 이후로 방대한 양의 입법 관련 문서에 직면한 상원과 하원은 객관적인 시각을 확보함과 동시에 변화 추세를 읽고 그에 대처하기 위하여 행정부로부터 독립된 전문 지식과 정보의 필요성을 느끼게 되었다. 그리하여 이러한 정보를 안정적이며 지속적으로 제공할 수 있는 의회대표단Délégations과 의회평가처Offices Parlementaire d'évaluation 제도를 도입하게 된 것이다. 이 기관들은 상임위원회의 수를 상·하원에 6개로 제한하는 헌법을 준수하면서 의원들에게 폭넓은 지식 제공을 가능케 했다. 특히 의회대표단은 조사 주제가 상임위원회의 관할 분야에서 벗어나거나, 한 개 이상의 상임위원회 분야를 포함할 때 유용하게 활용된다. 의회대표단과 의회평가처는 제도의 도입 이후 새로운 대표단의 구성과 해산, 기존 대표단의 관할 분야 변경 등 각종 변화를 거듭하였으며, 현재 활동 중인 기관들 중에서는 [표 3]에 열거된 5개의 의회대표단과 3개의 의회평가처에 주목할 필요가 있다. 이 기구들은 직접적으로 입법 절차에 관여하지는 않지만, 상임위원회 활동을 확장·강화하여

① 관할 분야의 법적·기술적 측면에서의 감시, ② 의회에 정보와 지식 제공, ③ 관련 전문 기관의 정책 평가 등의 역할을 한다. 그들은 그 자체의 내규에 의해 운영되며 임무 완수와 보고서 준비를 위해 필요한 모든 자료를 정부에 요청하고, 공청회를 개최한다. 상·하원의 유럽연합 의회대표단은 해당 의회의 유럽 문제국이 그 지원을 담당하며, 과학기술 평가처의 지원은 상원의 경제연구국 소속의 과학기술평가처비서과와 하원의 경제·과학평가국의 과학기술평가처비서과가 함께 수행한다. 그 외 의회대표단과 평가처는 일반적으로 상원의 경우 위원회국이, 하원에서는 해당 분야 연구과에서 그 활동을 보조한다.

먼저 유럽연합의회대표단Délégation pour l'Union euro péenne에 대해 알아보자. 유럽의회가 각국의 의회에 의해 간접 선출되다가 직접 선거 제도로 바뀌면서 실질적으로 각국의 의회는 유럽의회와의 직접적인 연결 고리가 끊어졌다. 그래서 프랑스 의회는 의회 자체 내 조직인 유럽연합의회대표단을 설립하여 유럽 문제에 대해 항상 새로운 정보를 제공 할 수 있도록 하였다. 이 대표단은 설립 초기부터 단순히 정보 제공뿐만 아니라 국정 감사 기능도 수행하였다.[11]

유럽연합의회대표단의 구성 의원은 1990년 18명에서 현재 36명으로 증가되었고, 그 역할과 기능 또한 상임위원회와 비슷하게 되었다. 의회대표단의 가장 중요한 기능은 유럽 공동체 기관에서 주관하는 프로젝트 및 기타 진행 상황을 의회에 전달하는 것이다. 평균적으로 매달 발행하는 전체적인 활동 현황 보고서인 「유럽연합의회대표단 활동현황

---

11. 즉, 정부는 유럽 공동체 입법안에 관한 사항과 진행 중인 협상에 관련된 모든 정보를 대표단에 제공하도록 1979년 법에 의해 규정되었다. 그것은 프랑스 정부가 유럽연합 의회에 입법 제안을 보내는 즉시 상·하원에 모든 관련 문서를 의무적으로 전달하도록 규정하는 헌법 제 88-4조항(1992)과 유럽연합의회대표단에 이러한 문서를 분석·검토하도록 하는 상원내규 제73조항과 하원 내규 151-1 조항들에 의해서 그 국정 감사의 기능이 더욱 강화되었다.

Actualités de la délégation pour l'Union euro péenne」과 특정 주제에 대한 연구 보고서를 제출함으로써 기능을 수행한다.

유럽연합상원대표단의 지원은 공식적으로 유럽 문제국 내의 유럽연합상원대표단 비서과에 의해 제공되는데, 그 구성은 2명의 고문, 3명의 행정관, 그리고 1명의 부행정관으로 되어있다. 이들 고문과 행정관들은 각각 경찰 안보 협력, 유럽 공동체 기관, 유럽 공동체 예산, 유럽 공동체의 외부와의 경제 협력, 교육과 문화 등을 담당하고 있으며, 부행정관은 헌법 제88-4조항에 의한 문서를 담당한다.

하원의 경우, 의회대표단의 지원 기관은 1906년 의회도서관 내에 설치된 해외 문서과에서 그 유래를 찾아볼 수 있다. 정기 간행물을 포함한 해외 문서를 보관하는 역할을 하였던 이 부서는 1926년 해외자료조사과로 개명되었고 그 역할 또한 의원들의 간단한 질의 처리와 해외자료 보고서 발간으로 확대되었다. 그 후 1975년에 신설된 국제연구과Division des études Internationale는 1979년 유럽연합의회대표단이 형성되자 그 비서실의 역할을 하게 되었다. 각 언어별로 나뉨과 동시에 3개의 과로 편성되었던 해외자료과는 1983년에 해외정보연구과 Division des études et Documentation étrangère와 국제유럽문제연구과 Division des Etudes internationals et des Affaires europénnes의 2개의 과로 재구성되었다가, 1992년 유럽 · 국제문제 · 해외문서국으로 개명 · 개편되었고, 1994년에 이르러 국제문제국과 유럽문제국으로 나누어져 국제의례협력국과 함께 유럽 · 국제문제부로 만들어진다.[12]

---

12. 이 중 유럽문제국은 ① 서유럽 각국에 대한 문서 수집과 의회와의 협력 관계를 도모하는 유럽의회교류/연구과, ② 유럽 공동체의 발전 과정, 서유럽 연합과 유럽의 안전 보장 및 협력 기관 등 유럽을 바탕으로 하는 국제 기관의 활동 상황을 관찰하는 유럽기구과, ③ 유럽 공동체와 유럽 연합의 전체적인 활동 상황에 대한 정보를 수집하여 의회에 보고하고 유럽의회대표단을 지원 · 보조하는 유럽공동체 · 연합과로 구성되었다. 유럽공동체 · 연합과는 유럽의회대표단을 지원하는 임무 외에도 유럽의 정치, 법률,

[표 3] 의회대표단과 의회평가처의 구성 및 설립 근거

이름	구성	설립 근거
유럽연합의회 대표단	상·하원에 각각 36명의 의원으로 구성	유럽연합의회대표단에 관한 1979년 7월 6일의 법 No. 79-564
인구문제 의회대표단	상원의원 10명과 하원의원 15명이 하나의 대표단 구성	낙태에 관한 1979년 12월 31일의 법 No. 79-1204, 제13조항
경제기획 의회대표단	상·하원에 각각 15명의 의원으로 구성	경제 기획의 개혁을 규정하는 1982년 7월 29일의 법 No. 82-653, 제2조항
국토개발및관리 의회대표단	상·하원에 각각 15명의 의원으로 구성	지속적인 영토의 개발 및 관리를 위한 1999년 6월 25일의 기본법 No. 99-533, 제10조항
여성인권및남녀 평등의회대표단	상·하원에 각각 36명의 의원으로 구성	여성인권 및 남녀평등 의회대표단에 관한 199년 7월 12일의 법 No. 99-585
과학기술정책 평가처	상·하원 각각 18명이 하나의 평가처 구성	과학기술정책평가처 설립 관련 1983년 7월 8일의 법 No. 83-609
의회 입법평가처	상·하원에 각각 15명의 의원으로 구성	의회 입법평가처 설립 관련 1996년 6월 14일의 법 No. 96-516, 제1조항
의회보건정책 평가처	상·하원 각각 12명이 하나의 평가처 구성	의회보건정책평가처 설립 관련 2002년 12월 24일의 법 No. 2002-1487

현재 2006년의 하원사무처 조직 개편으로 유럽·국제문제부는 유럽문제국과 국제문제·방위국으로 재구성되고 유럽문제국은 유럽의회대표단비서과와 유럽조사연구과의 두 부처로 나뉘어져 유럽에 관한 입법정보 지원을 담당하고 있다. 유럽의회대표단비서과는 21명으로 구성되

경제, 사회에 대한 데이터를 수집, 축적하여 프랑스 하원의원, 유럽의회 의원들의 질의 내용에 답하는 기능을 수행했다.

며, 그 중 10명은 분야별 주제를 담당하고, 5명이 문서를 담당하며, 그 외 과장과 5명의 비서가 근무하고 있다.

다음으로 인구문제의회대표단Délégation parlementaire pour les problèmes démographique은 낙태와 피임에 관한 사회적 논쟁이 완화된 지금 지난 10년간 거의 활동을 중지한 상태이다. 경제기획의회대표단 Délégation parlementaire pour la planification의 업무는 상원에는 2명의 고문과 1명의 부행정관으로 구성된 경제연구국 소속의 거시경제연구·경제기획의회 대표단 비서과가 상원대표단의 활동을 보조한다. 국토개발및관리의회 대표단Délégation à l'aménagement et au développement durable du territoire 은 '공공 서비스 개요'의 작성과 실행에 관해 의회에 보고하고, 정부 요청시 정책 획의 실행을 위한 법령안에 대해 의견을 제시한다. 하원에서 는 경제·과학평가국의 경제조사연구과에서 활동을 보조한다. 끝으로 여성인권 및 남녀기회평등 의회대표단Délégation aux droits des femmes et à l'égalité des chances entre les femmes et les homes에 대한 지원은 상원에서는 법률연구국의 연구조사과가 하원에서는 법률문제국의 법 률조사연구과가 제공한다.

의회평가처와 지원 기관

먼저 과학기술정책평가처l'Office parlementaire d'évaluation des choix scientifiques et technologiques에 대해 알아보자. 1980년대에 들어서서 핵 프로그램, 우주 개발 등에 대한 토론에서 의회는 정부의 과학 기술 관련 정책에 대해 독립적으로 판단할 수 있는 능력이 없다는 것을 인지하고 의회 자체의 평가 기관을 세울 것을 결정하였다. 그리하여 과학과 기술 관련 정책의 진단과 평가를 위한 사전 정보를 의회에 제공하고, 조사 계획을 세워 실행하는 과학기술 정책평가처(OPECST)가

세워졌으며, 그 임무 수행을 위해 사무처의 담당 공무원들이 배정되었을 뿐 아니라 의회 외부의 과학 기술 분야 전문인 24명으로 구성된 과학기술자문회를 구성하여 평가처의 활동을 보조하게 하였다. 또한 평가처는 정보 수집의 수단으로 공청회와 토론회를 열거나 프랑스 국내·외의 모든 관련인과 기관에 도움을 청할 수 있다. 필요에 따라 연구 조사는 몇 년에 걸쳐 이루어질 수 있으며, 설립 이후 약 50여 개의 보고서를 발표하였다. 2006년 2월 현재 10개 주제에 대한 연구가 진행 중인데, 이 기관이 지금까지 다루었던 주제는 대략 에너지, 환경, 신기술, 그리고 생명공학의 네 가지로 분류될 수 있다. 그 외 주요 기능은 학계와 정치계의 중간 역할을 한다는 점과 국제 관계에서는 유럽의회와 유럽 각국 의회의 과학·기술 평가기관을 모아 설립한 유럽의회기술평가회 (European Parliamentary Technology Assessment, EPTA) 등의 기관을 통하여 유럽 국가의 의회들과 가까운 관계 유지에 기여하고 있다는 사실이다.

상·하원이 공동으로 하나의 평가처를 이루며, 그 활동 또한 양원의 공무원으로 구성된 하나의 기관에서 지원·보조 하고 있다. 상원에서는 이를 위해 경제연구국의 과학기술평가처 비서과 소속의 1명의 고문과 3명의 행정관 그리고 하원에서는 경제·과학평가국의 과학기술평가처 비서과 과장과 평가처장의 전용 비서, 4명의 고문 그리고 3명의 부행정관이 배치되어 있다. 이 기관은 ① 평가처 보고위원들의 임무 수행을 보조하고, ② 양원 모든 의원들의 과학과 기술에 관련된 질의에 답하고, ③ 필요에 따라 이를 공공·민간 기관의 전문가들에게 연결시키는 한편, ④ 유럽 내 유사 기관들과의 협력 관계를 돕는다.

의회 입법 평가처l'Office parlementaire pour l'évaluation de la législation 의 설립 배경에는 두 가지 이유가 있다. 첫째는 법의 실질적인 적용을 위한 규칙의 부재로 인하여 입법의 효율성이 저하된다는 염려 아래

법의 적용은 입법 기관 본연의 임무인 입법과 떼놓을 수 없게 되었다는 견해와 둘째는 법이 불안정하고 복잡하여 그 적용이 어려워지고 그로 인해 법의 질이 저하되었다는 인식이다. 이 기관은 상·하 양원의 대표단으로 구성된 공동 기관으로서 법의 분석을 그 임무로 하여 "정보를 수집하고 입법의 대상이 된 상황에 법이 적합한지를 분석·조사·연구"를 하며, 다른 두 개의 평가처와는 달리 지정 고문단은 없지만 필요에 따라 외부의 전문가들에게 자문을 구할 수 있도록 예산이 배정되어 있다. 상원에서는 위원회국의 법률상임위원회비서과에서, 하원에서는 법률문제국의 법률조사연구과에서 활동을 보조한다.

다음으로 의회 보건정책 평가처l'Office parlementaire d'éval ua tiondes politiques de santé는 국민 보건 정책에 대해 조사하여 의회에 보고하는 임무를 가지고 있으며, 6개 분야의 전문가들에 의해 보조되고 필요에 따라 외부의 관련 전문가들이나 기관의 견해를 구할 수 있다. 상원에서는 사회문제상임위원회비서과가, 하원에서는 문화·사회문제국의 문화사회조사연구과에서 활동을 보조한다.

4) 입법처의 조사 분석 기구

입법처의 연구 전문 기관들은 원칙적으로 특정 견해를 지지하지 않고 정치적 중립성을 지키며, 객관적인 정보 제공의 차원에서 정보의 수집·분석·연구를 한다.

상원 입법처의 입법 정보 지원 기구

상원의원의 입법 활동 보조를 위한 이 부서들은 1970년대에 유럽문제국과 법률연구국의 설립으로 시작되어 입법 질의 회답 및 연구·분석 기능을 본격적으로 수행하게 되었다.

현재 유럽문제국 소속의 3명의 부행정관으로 구성된 정보·문서과는 유럽에 관련된 모든 문서의 첫 번째 도착지로서 위원회를 포함한 모든 상원의원에게 유럽에 관련된 모든 정보, 특히 유럽 공동체 법안과 실행규칙안 관련 문서 및 기타 정보를 제공한다. 1999년에 신설된 '브뤼셀의 안테나Antenne de Bruxelle'는 유럽문제국 소속으로 유럽 기관들에 대한 신속하고 직접적인 정보를 원하는 상원에 의해 설립되었다. 그들은 유럽의회의 브뤼셀 주재처에 사무실을 가지고 담당 공무원은 브뤼셀에서 거론된 유럽 문제에 대해 매주 상원의사당에서 직접 보고한다.

법률연구국의 연구조사과와 입법비교연구과는 비교적 소규모의 인원으로 구성되어 있다. 이들 부서는 법률에 관련된 간단한 질의 회답과 분석·연구된 정보를 제공한다. 특히 입법비교연구과는 가장 참고가 될 수 있는 입법 주제를 자체적으로 선정하여 외국(주로 유럽 국가)의 입법 현황을 비교·분석·정리한 30~50페이지 분량의 보고서를 연간 10~20개 발간한다. 지방자치국의 국장을 중심으로 한 10명의 분야별 고문과 행정관, 그리고 3명의 문서 담당 부행정관은 지방 자치에 관련된 일정 주제나 법에 대하여 연간 2~3개의 100~150페이지 분량의 보고서를 제출한다.

하원 입법처의 입법 정보 지원 기구

1960년대 이전까지의 입법 정보 지원은 위원회 업무를 위한 정보 검색 제공을 제외하고는 의회도서관에서 제공하는 해당 도서 목록과 비교적 간단한 질의에 대한 답변 서비스에 국한되다가, 1963년에 처음으로 정보 검색을 위한 부서인 의회행정정보과Centre d'information가 세워졌다. 이 부서의 역할은 의원이 요청하는 정보를 찾아 제공한다는 새로운 개념의 입법 지원이 포함되었으며, 빠른 시간 내에 확대·발전되어 수집된 정보를 분석·제공하는 연구의 기능을 수행했다. 그리하여 이 부서는 1970년에 3개 과로 구성된 연구자료국으로 개명되고, 1980년에는 네 번째 과가 추가되어 재정·경제과, 법률·행정과, 사회보장과 그리고 여행·보건·교육·문화과로 구성되었다. 이 부서들의 역할은 정보 제공에 그칠 뿐 정치 및 사회 문제에 대한 개혁안을 제공하지 않았으며, 질의는 보통 서면으로 이루어지고 전화를 통한 자문은 비교적 간단한 정보에 한해 가능했다. 설립 당시 11명의 사무관이 배치되었던 연구자료국은 1980년대에 들어서 20여 명의 부행정관급 이상의 공무원이 일하였으며 2005년 말에는 27명의 부행정관급 이상의 공무원을 비롯한 40여 명의 공무원이 일하고 있다.

해외자료조사과는 ① 해외의 입법 관련 문서와 간행물을 수집, 보관, 검토하고, ② 의원들을 위해 일정 문서를 번역하며, ③ 간단한 질의 사항에 대해 회답하고, ④ 자체적으로 선정된 주제에 대한 보고서를 발간하였다. 1990년도 유럽 국가와의 관계를 비롯한 국제 관계의 중요성이 급격히 증대되면서 유럽 및 국제 문제 관련 부처로 통합·소속되어 그 활동이 계속되었다. 그리하여 의원들을 위한 입법 정보 지원이 본격적으로 제도화되는 1970년대부터 의회의 국제 관계 활동이 부각되는 1990년대를 거쳐 2006년 1월 1일자로 실행된 하원 입법처 구조 개편까지 연구자료국과 해외자료조사과 등의 해외 정보 지원 부서는 위원회국과 함께 하원의원을 위한 입법 정보 지원의 주축을 이루고 있었다.

그러나 2006년 구조 개편으로 입법 정보 지원 기구가 대폭 변경되게 되었다. 2006년의 구조 개편에 대한 2005년 6월 15일자의 하원 의장단 기록은 하원의원의 입법 활동 및 의정 활동을 위한 전문적이고 기술적인 지원을 목적으로 여섯 개의 분야별 부서를 설립하고, 각 부서는 해당 분야의 상임위원회 비서과와 연구과의 최소한 두 개의 과로 이루어진다고 명시했다. 그 중 다섯 개 부서의 구성은 위원회 비서과를 다루며 살펴보았고([표 2: 하원 위원회 중심의 연구조사국]참조), 여섯 번째 부서는 유럽문제국으로 유럽의회대표단비서과와 유럽조사연구과의 두 부처로 구성된다. 구조 개편은 결과적으로 하원 입법처의 12개 부처 중 6개 부처, 500여 명의 입법처 공무원 중 절반 이상인 300명에 가까운 인력을 조사·연구 부처에 배치하게 되었으며 그 중 고문과 행정관급 이상의 공무원이 약 200명으로 약 70%에 달한다. 이들 부처를 보다 구체적으로 고찰하면 다음과 같다.

(1) 법률문제국: 헌법, 선거법, 각종 규정, 사법 제도, 민법, 행정법, 형법, 상법, 공공 자유, 공공 업무, 지방 자치 등에 관련된 입법 및 국정 감사를 위한 정보 수집과 분석의 기능을 수행하며, 헌법상임위원회비서과와 법률조사연구과로 구성된다. 국장을 중심으로 헌법상임위원회비서과에는 14명의 공무원이 있고, 여성 인권 및 남녀 평등 의회대표단과 의회 입법평가처의 비서실 역할을 겸직하는 법률조사연구과에는 10명의 공무원이 배정되어 있어 그 외 10명의 비서 및 일반 직원과 함께 35명의 인력을 보유한다.

(2) 문화·사회문제국: 교육, 연구, 직업 교육, 청소년과 스포츠, 문화, 통신, 직업과 고용, 건강, 가족, 사회 보장, 연금, 퇴역 군인 등을 주제로 정보를 수집·분석·제공하는 부서로, 국장, 부국장, 21명의 문화상임위원회비서과와 10명의 문화사회 조사연구과, 11명의 비서 및 일반 직원과 함께 43명으로 구성된다.

(3) 경제·과학평가국: 관할 분야는 농업, 국토 관리 및 개발, 공예, 상업, 무역, 소비, 경제, 에너지, 환경, 과학과 기술 평가, 공업, 주택, 어업, 우편 및 전산 통신, 관광, 교통, 도시화, 도시 등이며, 국장의 지휘 아래 14명의 경제상임위원회비서과 소속 공무원, 9명의 과학기술평가처 비서과 공무원, 국토개발 및 관리의회대표단의 비서실 역할을 겸하는 9명의 경제조사연구과 공무원과 6명의 비서, 4명의 일반 직원을 포함하여 43명으로 구성된다.

(4) 재정국: 재정·국가예산 상임위원회비서과와 보고위원지원과, 예산재정 조사연구과로 나뉘는데, 인력을 배정함에 있어서 다른 부서와 차이점을 두었다. 즉, 위원회국 체제하에서는 재정·국가예산상임위원회 지원을 위하여 비서과 내에 22명의 행정관 및 고문과, 그리고 별도의 보고위원 지원과에 9명의 행정관이 일정 주제를 담당하여 위원회 활동에 요구되는 정보를 수집·분석하여 제공하였다. 그러나 재정국 내의 비서과와 보고위원지원과는 재정 관련법의 분석과 세금을 제외한 모든 분야의 정보 지원 업무가 새로 형성된 예산재정조사연구과로 이전되었고, 그 실행을 위해 24명의 고문과 행정관이 배정되었다. 재정국에는 총 65명의 공무원이 배치되어 있다.

(5) 국제문제·방위국 : 두 개의 상임위원회비서과(국제문제상임위원회비서과, 방위상임위원회비서과)와 국제의회연구과, 그리고 국제의회과, 의회협력과와 함께 다섯 개의 과로 구성되어 있다. 국제 관계, 대외 정책 및 국제 협력, 조약, 협정과 전반적인 방위 구성, 군사 관련 협력 및 보조, 군대의 장기 계획, 항공 산업, 우주 산업, 무기 산업, 군사력 증강, 국방 의무와 모병법, 군대의 민간인원, 경찰 및 군사 재판 분야에 대해 의원들에게 입법 정보를 지원하고, 유럽을 제외한 다른 국가 의회와의 협력 활동을 보조하고 다른 나라에 대한 정보를 제공하며, 국제 기관에 파견된 대표단의 지원 역할을 한다. 국제문제상임위원회비서과는 과장과 담당 지역별 4명의 행정관 그리고 국제 조약과 협정 및 각종 문서 담당의 1명의 부행정관이 근무하며, 방위상임위원회비서과에는 과장을 비롯하여 4명의 분야별 행정관과 1명의 고문 그리고 문서 담당의 1명의 부행정관이 있다. 국제의회과의 주요 업무는 프랑스언어권

의회(APF), 유럽안전보장협력기구(OSCE), 북대서양조약기구(OTAN)에의
의회대표단과 파견단의 비서실 역할을 하며[13] 이를 위해 담당 기관 별로
나누어 배정된 12명의 공무원이 있다. 외국 의회와 기술적이고 전문적인
협력 및 교류를 계획하고 실행하는 의회협력과에는 3명의 고문, 행정관,
3명의 부행정관으로 구성되어 있다. 마지막으로 국제의회연구과는 외국 의회
와의 관계 및 문서 교환, 외국에 관한 자료 수집과 국제 기구 활동 상황
파악, 의회연합(l'Union interparlementaire: UIP)의 프랑스 파견단의 비서
실, 친목 그룹Groupe d'amitié에의 행정적 지원을 하며, 과장과 1명의 고문,
3명의 부행정관과 1명의 비서 등 6명으로 구성된다. 국제 문제 · 방위국에는
총 42명의 공무원이 배치되어 있다.

(6) 유럽문제국: 유럽의회대표단비서과와 유럽조사연구과로 나뉘어 유럽연
합 하원대표단와 유럽연합회 내 하원사무처를 지원하고, 지중해연안유럽국가
의회(l'Assemblée parlementaire de euro-méditerranéenne: APEM)와 서유
럽연합의회(l'Assemblée parlementaire de l'Union de l'Europe Occidentale:
U.E.O.)에 파견된 하원 대표단의 비서실 역할을 하며, 그 외 유럽과 유럽
입법 비교 연구, 유럽 국가와 유럽 각국 의회와의 관계 연구 및 문서 처리,
그리고 번역 업무를 수행하고 있다. 유럽조사연구과의 기능은 ① 서유럽연합
의회 하원대표단의 비서실 역할, ② 일반 문서와 입법 비교 연구, ③ 팀장의
지휘 아래 유럽 27개 국을 담당하는 대외 의회 관계 보조로 분류된다. 하지만,
인력면으로 보았을 때 한 명의 공무원이 두 개 이상의 직무를 수행하며,
특히 대외 의회 관계 보조는 전적으로 일인 다직을 수행하는 공무원으로
구성되어, 유럽문제국에는 17명의 행정관급 이상의 공무원, 4명의 부행정관,
그리고 13명의 비서와 일반 직원 등 총 34명이 근무한다.

---

13. 위 기구의 활동 상황을 파악하고 대표단 멤버 의원에게 행정적 지원을 하며 프랑스
언어권 국가와의 관계를 지원하는 것을 말한다.

5) 기타 입법처 기관

　의회 기록의 보관과 대출, 열람 서비스 등 일반적인 도서관 임무를
수행하는 의회도서관과 고문서관, 위원회와 같이 의회 기관을 지원
· 보조하는 부서 외에도 본연의 기능이 있지만 입법 조직 내에서의
위치와 업무의 성질상 의원이 필요로 하는 정보를 제공하는 기관들이
있는데, 의장비서실과 기록국 등이 그 대표적인 예이다. 우선 상원의
의장비서국, 의회국, 속기국과 통합보고국, 통신국, 국제 관계국의 정보
제공 기능에 대해서 간략하게 소개한 다음 같은 목적으로 하원의 의장비
서국, 의회국, 멀티미디어 통신국, 속기국과 통합보고국, 그리고 정보시
스템국을 살펴본다.

상원의 기타 입법처 기관

　먼저 상원의장비서국Secrétariat general de la Presidence에 대해 알아
보자. 의장비서국은 의장비서실과 입법투표 · 인쇄과Division des Scrutin
et Impression legislative로 이루어져 있다. 의장비서실은 의회의장과
행정 기관 및 외부 기관과의 관계 업무, 의장단 소집과 그에 관련된
준비, 의회의장 또는 의장단의 결정 사항과 지시의 기록 유지, 의장대표
단의 업무 감독, 상원의원들의 의회 활동과 법적 특권 및 제한 사항에
대한 의원 보조, 의회 재정의 투명성 실행, 회의장 또는 의회 도서관의
입장권 발급, 연구 조사단 형성, 청원서 처리 등을 담당하고 있다. 입법투
표 · 인쇄과는 의회 기록의 출판 및 인터넷을 통한 보급, 의회 간행물의
발간, 입법 서류 관리, 투표 시스템 관리, 공개 투표의 개표 및 분석,
‘세나튀어Sénateur’ 데이터베이스와 ‘도시에 레지스라티브dossiers
législatifs’ 데이터베이스 관리, ‘입법 서류’와 관련된 전자 메일 처리를

주 업무로 한다.

다음으로 의회국Service de la Seance은 의회기록과Division de la Séance, 법률과Division de la loi, 그리고 질의과Division des question orales et ecrites로 구성되어 있다. 의회기록과는 한 명의 고문과 3명의 행정관, 2명의 부행정관으로 구성되어 의회 개최 업무를 수행하고[14] 행정 질의, 구두 질의, 그리고 의회에 관한 통계 자료 수집 등의 임무를 수행한다. 법률과는 1명의 고문과 행정관, 그리고 두 명의 부행정관으로 구성된 부서로서 입법 활동에 관한 통계 자료와 상원 내규를 편집하여 인터넷에 올리며 그 외에도 공권에 관련된 문서와 각종 입법 분석을 모아 제공한다. 질의과는 1명의 고문과 2명의 부행정관으로 구성된 부서로 구두 질의와 서면 질의, 행정부의 회답의 순조로운 진행을 위한 지원과 질의 내용을 정리하여 보존하는 데이터베이스 '퀘스티옹Question'을 유지 · 관리한다.

이 외에도 속기국Compte rendu integral은 의회 토론을 사실 그대로 기록하여 인터넷과 관보에 공개한다. 또한 통합보고국Compte rendu analytique은 두 가지 형태의 기록을 담당하는데, 그 중 토론 요약은 토론의 가장 중요한 핵심 내용을 기록하여 몇 시간 내에 의사당 건물과 인터넷에 공시한다. 그에 반해 통합 기록은 입법 조항과 토론 내용을 충실히 반영한 기록으로써 그 다음 의회가 열리기 전까지 상원 인터넷과 인트라넷에 공개된다.

한편 통신국Service de Communication은 상원의 기능과 업무에 대하여 알리는 것을 목적으로 한다. 정보과Division de l'information는 상원의 역할과 활동, 조직에 대한 정보를 수집하여 '인포세나InfoSenat' 사이트를 통하여 보급하고, 시청각과Division de l'audiovisuel는 의회의

---

14. 의회를 위한 문서의 준비, 의회 진행의 입법 규정과 상원 내규의 준수 확인, 헌법과 내규상의 선례 수집 등이 이에 속한다.

시청각 자료 제작과 의회 TV와 인터넷 사이트를 통한 배포 등의 기능을 수행하며, 그 외 기자들의 활동을 지원하는 언론과Division de la Presse와 의회의 행사 참여를 지원하는 행사과Communication événementielle 그리고 상원에 관한 문서 및 책을 판매하는 의회 서점도 통신국 소속이다.

마지막으로 국제관계국Services des Relations Internationales의 국제의회협력과Cooperation Inteparle mentaire, 해외거주프랑스인과Presence francaise dans le monde, 그리고 외국귀빈접대과Accueil des personnalites etrageres는 국제의회관계의 행정적 지원 외에도 국제의회연합(l'Union interparlementaire: UIP)과 프랑스어권 의회(Assemblée Parlementaire de la Fran cophonie: APF)의 비서실 역할과 함께 '세나 듀 몽드Sénat du Monde' 사이트의 관리, 기타 관련 문서 및 기록을 담당한다. 그 중에서 해외거주프랑스인과는 세계에 주는 프랑스의 영향을 연구하고 외국 거주의 프랑스인을 위한 인터넷 사이트(www.expatries. senat.fr)와 상원 공식 사이트(www.sanat.fr)의 국제 관련 내용과 국제 관계국의 활동 사항에 대한 통계 자료를 편집한다.

하원의 기타 입법처 기관

의장비서실은 의회 최초의 사무처 기관으로 1848년 회의 준비를 위해 설립되었다. 현재 의장비서국은 의장과, 의장단, 그리고 의회업무의 통합점이라고 할 수 있으며 의장비서실, 의장관사과, 질의과로 나뉜다. 의장비서실의 기본 업무는 의장의 업무 수행과 의회 활동을 지원, 의장단의 준비 및 결정 사항의 기록 및 전달 등 비서실 역할, 의장대표단 또는 사무처 관계 부서의 업무 처리의 감시 등이 있다. 그 외에도 하원의원의 법적 신분과 활동에 대한 규정에 관련해 의원들에게 필요한 정보와 지원을 제공하며 의회와 사무처의 조직 및 활동에 대한 전반적인 연구를 수행한다. 질의는 프랑스 의회의 오래된 국정 통제의 전통이다. 의회에서의 구두 질의는 1875년에 시작되어 현재 화요일 아침마다 실행되고 있으며, 서면 질의는 의원에 의해 행정 장관에게 입법의 특정 사항이나 정부의 업무 처리의 한 면에 대한 정부의 설명 등을 요구하며 이러한 질의를 받은 정부는 두 달 이내에 회답을 해야 하는 의무가 있다. 서면 질의는 연간 1만 5000~1만 7000건이 있으며 질의과Division des questions écrites et orales에 의해 분류되고 편집되어 매주 정부의 회답과 함께 관보에 실리게 된다. 또한 일정 기관마다 통계 자료를 만들고 3개월마다 보고서를 작성하여 의원들에게 제공한다.

의회국Le Service de la Séance은 의회과Division de la séance, 법률과 Division des lois, 공통업무 · 표결과Division des affaire communes et des scrutins로 구성된다. 의회과의 역할은 의회가 순조롭게 진행될 수 있도록 하는 일이며 모든 행정 입법안projet de loi과 의회 입법안proposition de loi이 도착하는 부서이기도 하다. 의원, 위원회, 정부에 의해 제기된 개정사항을 기록하고 개정 사항의 일괄성과 상호 조화를 확인한다. 또한 이 부서는 의장비서실장, 입법처실장과 함께 의회의장의 의회 진행을 위한 문서를 준비하고 의회 진행에 필요한 각종 정보를 제공한다. 법률과는 의회의 결정을 기록하고 그 결과로 입법안을 새로 작성한다. 그리고 그것이 정부에 의한 입법안인 경우 정부에, 상원에 의한 입법 제안인 경우 상원에 보내고, 입법안이 하원에서 채택된 경우 최종안을 작성하여 공포하기 위해 행정부에 보낸다. 하원 내규의 갱신 사항을 기록하고, 정기적으로 재편집하여 의원들에게 제공하고 의회와 그 관계 기관의 활동 사항에 관한 통계를 작성한다. 공통업무 · 표결과는 공개 투표의 과정을 지원하고 그 결과를 그들의 정치적 분석과 함께 관보에 발행하며 매년 공개 투표의 분석을 실은 『공개투표개요Recueil des scrutins』를 편집하여 출판한다.

그리고 멀티미디어통신국Le Service de la Communication et de l'information multimedia은 의원과 의회 관련자들을 위한 정보 전달, 기자들의 활동 보조, 일반인의 하원에 대한 정보 제공, 시민 교육, 그리고 하원의 이미지 향상을 임무로 한다. 출판과는 입법안과 개정안, 보고서뿐만 아니라 의회 관련 모든 문서의 출판과 배분을 담당한다. 해마다 모든 의원과 사무처 기관의 인명록을 출간하며, 의회가 개최되는 기간 동안에는 매일 그 날의 주제와 일정 등의 정보를 제공한다. 언론·시청각과는 매일 의원들과 사무처 직원들에게 각종 신문의 기사를 정리하여 제공하며 매주 금요일에는 입법과 행사 일정을 입법안의 분석과 함께 기자들에게 제공한다. 멀티미디어정보과는 하원의 공식 인터넷 사이트(www.assemblee-nationale.fr)뿐만 아니라 의원들과 사무처 직원들이 필요로 하는 정보를 제공하는 인트라넷 '프락틱Pratic'과, 엑스트라넷 '웨반Weban'을 관리한다.

그리고 정보시스템국Le Service des systemes d'information은 문서와 정보의 보급과 행정·입법 과정의 정보화를 위한 기술의 개발에 참여하여 의원과 그 보좌진, 그리고 사무처 공무원의 업무 환경을 현대화하고 '퀘스티옹Question', '아쉬브Archives', '프로세시유Processus', 그리고 '트리비운Tribun'과 같은 내부 문서 데이터베이스를 개발·설계하며 정보 시스템을 유지·관리한다. 의회 외부 데이터베이스의 비교 연구와 연결 또한 이 부서의 소관이다.

이 외에도 속기국Le Service du Compte rendu intégral과 통합보고국 Le Service du Compte rendu analytique을 두고 있다.

보좌진 제도

상원의원은 전반적인 업무의 지원을 위해 보좌관을 둘 수 있는데, 이들은 상원의원에 의해 선택되어 상원의 보좌진관리협회(Association pour la gestion des assistants de sénateur: AGAS)에 의해 관리된다. 이 제도는 1976년에 시작되어 1996년부터 최고 3명의 풀타임 보좌관을 둘 수 있게 되었으며 그들의 역할에 대해서 상원 의장단령은 '상원의원의 의회 업무 완수에 관련된 모든 개인적인 업무를 보조하기 위함'이라고 정의한다. 보좌관의 실제 정보 수집 및 제공 능력은 아직 그 직업의 성질상(선거 위주) 확인이 되고 있지 않지만, 이상적으로는 정보 수집 및 분석의 마지막 주자로 여겨지고 있다. 즉, 도서관에서의 가공되지 않은 정보는 연구자료국, 위원회국에 의해 분석되고, 마지막으로 의원 보좌진이 분석, 통합된 정보에 정치성을 부과하여 의원에게 제공한다는 것이다.[15] 그리하여 사실상 보좌관은 입법 연구 조사의 역할보다는 선거 관련의 업무를 수행하는 경우가 많다. 하원위원 또한 유사한 제도의 혜택을 받는다.

맺음말

프랑스 의회의 정보 지원 제도는 언뜻 보기에 매우 체계적이지 못한데 그 이유는 제도 자체가 의원들의 필요에 의해 경험적으로 조직 · 발전되었다는 사실에 있다. 하원의회도서관의 초대 관장들은 의회도서관이 의원들의 활동을 위한 유일한 자료 제공 장소가 되기를 계획하였고

---

15. André, Chandernagor. 1967. "Un Parlement pour quoi faire?"

20세기 초반까지 의회도서관은 실질적으로 의원들이 입법에 필요한 정보를 얻을 수 있는 제도화된 유일한 기관이었다. 그 후 입법 주제의 다양화, 전문화에 의해 의원들 자신이 정보 및 지식을 얻기 위한 제도적 방안을 요구하게 된다. 즉, 의원들은 복잡 · 다양화되는 사회를 반영하여 입법 및 국정감사 등 그들의 업무가 빠른 속도로 전문성을 요하게 되는 사실을 자각하고 그에 대한 대책을 요구한 것이다.[16] 이러한 정보 취득의 독립성을 위한 노력은 프랑스 의회의 설립 이후 변함없이 추구되었던 의회의 재정적, 행정적 독립, 그리고 자체 내규에 의한 자율성과 같은 맥락을 이룬다.

그리하여 입법처는 의회 정보 능력의 향상을 목적으로 변화하는 시대 성향에 따라 몇 차례에 걸친 구조 조정을 단행하였다. 1946년 위원회 비서국의 설립으로 인한 보고의원의 보조로부터 시작하여, 1960년대에 들어와서는 의원들의 질의에 답하기 위한 본격적인 문서 취급, 정보 수집 및 연구를 위한 새로운 부서들을 설립하거나 기존 부서에 정보 기능을 추가시켰다. 그 후 1992년 2월 7일의 유럽연합조약[17]과 그에 따른 유럽연합의 강화 및 확대를 위한 과정들은 국제 관계에서 의회의 역할을 급격히 증대시켰다. '의회 외교'의 개념이 널리 받아들여지기 시작하고 의회의 활동 영역이 확대됨에 따라 새로운 차원의 정보 지원의 필요성이 부각되었으며 이때에 하원의 입법처는 국제 관계 관련 부서들을 일반 입법처 부서들로부터 따로 분류하여 유럽 · 국제문제부로 통합시켰다. 2006년의 하원 사무처의 구조 개편은 또 다른 성향을 보여

---

16. "전후의 심오한 사회 변화는 점점 더 전문화되고 복잡한 입법을 초래하였다. 이러한 변화는 두 차례에 걸친 전쟁, 국가 산업 기반의 재건설 및 혁신, 끊임없이 이어지는 새로운 기술의 개발, 그리고 그로 인한 주요 사회 개혁의 결과였다. 이 변화는 의회, 특히 국회(하원)의 우월성이 당연시되고 그 활동 범위가 사회 전체에 이르렀을 때 이루어졌다" (Campbell, Laporte 1981)
17. 네덜란드의 마스트리히트에서 체결되어 마스트리히트 조약이라고도 불린다.

준다. 즉, 지금까지 비교적 독립적이었던 정보 제공의 기능을 가지는 부서들을 관할 분야별로 조직함으로써[18] 관할 분야 부서 간의 협조를 도모하는 체제로 발전하였다.

특히 로빈슨(Robinson, 1998)의 분류에 따르면 의회도서관과 연구 조직이 몇 개의 다른 조직으로 분리된 분산형dispersed services 모델을 취하고 있다고 볼 수 있다. 분산형 모델은 몇 개의 다른 유형을 취하고 있는데, 여기에는 도서관으로부터 분리된 몇 개의 다학제적 연구 조직으로부터 분석을 제공하거나, 법률 또는 경제학과 같은 단일 학문을 전문으로 하는 각각의 조직으로부터 연구 분석을 제공하기도 한다. 예를 들어 프랑스 의회와 같이 단일한 연구 분석 기구가 없는 경우를 말한다.

결과적으로 프랑스 의회의 입법 정보 지원 제도는 미국 의회의 의회조사처, 일본 의회의 국립도서관, 그리고 영국의 하원도서관과 같이 그 기능이 한 기관에 집중되어 있는 경우나, 독일의 경우처럼 정보·연구 기능이 한 조직 내에 통합되어 있는 경우와는 매우 다른 형태를 취하고 있으며 앞으로의 발전 경로 또한 다를 것이다. 하지만 입법 정보의 제공은 그 형태 여하를 막론하고 의회 활동의 효율성 향상을 척도로 평가되어야 할 것이며 프랑스 의회는 지금까지 정보·연구 인력의 수적, 질적 증가와 함께 전반적인 행정 방식의 현대화를 추진하여 의원들의 정보 요구에 맞추어 발전해 나가고 있다.

---

18. 각 상임위원회비서과가 소속되는 부서에는 관계 분야 연구과가 함께 한다.

:: 참고 문헌

서복경, 「주요국 의회도서관의 입법 정보 서비스 기능」, 『국회도서관보』
　　　제42권 제6호 통권 314호, 2005. 6. www.nanet.go.kr
국회운영위원회 수석전문위원실, 『주요국의 의회제도』, 2004.
홍완식, 「주요국 의회도서관의 입법 지원 현황」, 『국회도서관보』 제 40권
　　　제 6호 통권 제292호, 2003. 8. www.nanet.go.kr
홍완식, 「유럽국가 의회도서관의 입법 지원 기능」, 『국회도서관보』 제 42권
　　　제 10호 통권 318호, 2005. 10. www.nanet.go.kr
Bruce Bimber, "Information as a Factor in Congressional Politics", *Legislative Studies Quarterly*, XVI, 4, November 1991
Gerard Han, Hildebert Kirchiner, *Parlament und Bibliothek*, 1986
Robinson, William H. 1998. "Research and Analytical Services for National Legislatures: A Preliminary Analysis", Paper presented to 64th IFLA General Conference.
Stanley Cambel, Jean LAPORTE, "The Staff of the Parliamentary Assemblies in France", *Legislative Studies Quarterly* VI, 4, November 1981
William H. Robinson, "Services d'Analyse et de Recherche pour les Parlements Nationaux, une étude Préliminaire", 64th IFLA General Conference, Armsterdam 1998
www.senat.fr(프랑스 상원)
www.assemblee-nationale.fr(프랑스 하원)
www.bnf.fr (프랑스 국립도서관)
www.ifla.org (국제도서관협회연맹)

7장

한국 국회도서관

배용수

세계의 모든 의회는 규모나 역할에서는 다소 차이가 있지만 입법 정보 제공자로서 의회도서관을 두고 있다. 국회가 그 기능을 효과적으로 수행할 수 있기 위해서는 국회의원 자신이 대표성과 전문성을 확보하여 각종 법안이나 국정 심의 자료를 작성하여 본인 스스로 대처할 수도 있지만, 국회가 공조식을 통해 선문가를 확보하여 입법 성보를 수집·관리·분석하는 것이 더욱 효과적이라는 점에서 입법 정보 및 국정 현안 자료의 총괄적 수집자·관리자·분석자·제공자로서 의회도서관이 설립되어 운영되고 있다. 정당과 개별 의원이 정책연구소나 의원 개인 보좌진을 갖추게 되지만 전체 의회 차원의 보다 집합적이고 중립적이며 의회 활동의 연속성을 담보하는 정보와 지식을 축적하고 가공하여 제공하는 기구가 필요하고, 그러한 입법 지원 기구 중에서 의회도서관이 가장 일반적인 기관이다.

의회의 어의는 말 뜻 그대로 '모여서 논의하는 곳'이다. 의회를 지칭하는 영어 표현 'assembly' 또한 모임이라는 뜻이며, 웨스트민스터 모델의 입법부를 지칭하는 parliament도 프랑스어 parlement를 어원으로 하며 '토의', '말하다'라는 뜻에서 기원한다. 국민을 대표하는 다양한 사람들이 모여 그 사회의 모든 정책 의제를 논하기 위해서는 토의와 결정에 필요한 정보의 확보가 전제되어야 한다. 이러한 이유로 현대 대부분의 의회는 그 발생 시점부터 정보 수집 · 관리 · 제공 기능을 담당하는 도서관을 설치해 왔다. 우리나라 국회 또한 예외는 아니었다. 1952년 전쟁 중 피난지 부산에서 처음 신설된 국회도서실은, 도서관의 기능이 의회에서 얼마나 필수적인 기능인지를 역설적으로 보여주는 예이다.

한국 국회도서관은 그동안 미국, 일본 등의 의회도서관을 벤치마킹하며 국회의 주요한 입법 기구의 하나로 변화와 지속을 거듭해 왔다. 민주화로 인한 의회 정치의 활성화뿐만 아니라 정보화 · 세계화의 바람은 국회의 대응과 국회 입법 지원 기구의 변화도 요구하게 되었다. 한국 국회도서관은 그동안 국회를 둘러싼 환경의 변화에 발맞추어 대응과 적응을 지속해 왔으며, 그러한 국회도서관의 변화 · 발전을 통해 국회 입법 지원 기구를 통한 전문성 확보 노력이 변화되어 온 것을 볼 수 있어 흥미롭다.

민주주의의 공고화로 인한 입법부와 행정부의 견제와 균형의 원리 확보 및 원내 정당화 경향의 가속화로 인한 원외의 정치 경쟁이 아닌 원내의 정책 경쟁의 가속화, 그리고 급격한 정보화의 진행으로 사이버 공간 등에서 의회의 정치적 토론을 대신하는 새로운 공론장의 형성 등의 변화에 대한 의회의 가장 시급한 대응 과제는 전문성의 강화에 있다. 세계화와 함께 보다 활발해진 국제적인 행위자들의 활동에 대처하기 위한 정치적 토론과 정책 결정을 위해서는 매우 전문적이고 구체적인 정보와 지식이 요구되며, 또한 정보 통신의 발달과 함께 변화의 속도가 매우 빠르기 때문에 새롭게 나타나는 변화를 이해하고 대안을 찾기 위해서는 의회의 전문성 확보가 매우 시급한 일이다. 또한 갈수록 그 역량이 강화되고 있는 행정부를 견제, 감독해야 할 의회의 기능과 권한은 상대적으로 답보되어 있다는 현실도 의회의 전문성 강화를 요구하는 또 다른 이유이다.

이러한 입법부의 전문성 약화는 취약한 의회 내 입법 지원 시스템에 기인한 바 크다고 할 수 있다. 이 글은 행정부와의 정보 비대칭을 극복하고 명실상부한 삼권 분립의 한 축으로 우리 국회가 기능할 수 있기 위한 전제로서 입법 지원 기구로서의 중요한 축을 담당하고 있는 우리 국회도서관의 현황과 과제를 살펴보기 위함에 그 목적이 있다.

1. 한국 국회와 입법 지원 기구

한국 헌정사를 통해 볼 때 제1차 개정헌법(1952)과 제2공화국헌법(1960)을 제외하고는 제헌헌법이래 계속해서 단원제 국회를 채택해 왔다. 즉, 제헌헌법에서는 국회의 구성 원리로서 단원제가 채택되었으나, 1952년의 제1차 개헌에서는 민의원과 참의원의 양원제가 채택되었다. 그러나 실제로 참의원은 구성되지 않았고 민의원만 구성되었으며, 1960년 제2공화국 헌법하에서 실제 양원이 구성되었다. 그러나 1962년 헌법에서는 다시 단원제로 환원되어, 지금까지 단원제를 채택하고 있다.

또한 한국 국회는 제헌국회부터 제5대 국회까지는 본회의 중심으로 운영되다가 1963년 제6대 국회부터 상임위원회 중심으로 운영되기 시작하였다. 의사능률의 향상이라는 관점에서 상임위원회에 국회 활동의 중점을 두는 방향으로 국회법을 개정하면서 전원위원회 제도를 폐지한 것이다. 그러나 2000년 2월 개정 국회법에서 이 제도는 다시 도입되었으며 제16대 국회에서부터 실제로 운영되고 있다.[1]

국회의 입법 지원 조직은 국회의원의 의정 활동을 지원하는 국회 내 모든 공조직을 의미하는데, 한국 국회의 대표적인 입법 지원 조직은 국회사무처, 국회도서관 그리고 국회예산정책처를 들 수 있다. 국회의원의 의정 활동을 지원한다는 의미에서는 국회의원 보좌관·비서관과 교섭단체정책전문위원 또한 입법 지원 업무를 수행한다. 그러나 보좌관과 비서관은 개별 의원에 속한 지원 인력이며 교섭단체전문위원은 각 정당에 속한 지원 인력이라는 점에서 이 글에서는 논외로 한다. 따라서 '국회법' 제3장에 명시된 국회의 공적 기관으로서 국회사무처·국회도서관·국회예산정책처를 대상으로 국회입법 지원 조직을 살펴보면 다음의 [그림 1]과 같이 나타낼 수 있다.

대통령제를 채택하고 있고, 상임위 중심제로 국회를 운영하고 있는 한국은 건국 이래 유사한 정부 행태와 의회 제도를 갖고 있는 미국의 앞선 의회 정치 경험을 많은 부분 흡수해 왔으며, 입법 지원 조직의 구성과 발전에도 미국의 사례가 영향을 미쳐왔다. 이러한 측면에서 한국 국회도서관은 의회도서관이 잘 발달된 미국과 일본 그리고 영국의 모델을 따르고 있다고 할 수 있다.

국회사무처는 14대 국회에서부터 도입된 수석 전문위원 제도와 위원회 조직이 상임위원회의 입법 심의 활동을 지원하고 있다. 또한 법제실이 법안 성안 과정에서 실질적으로 법안 기초 및 법제 지원 활동을 담당하고 있다. 또한 16대 국회에서 만들어진 예산정책처는 예·결산 업무를 특화하고 정부의 정책 활동 평가 업무를 수행하도록 함으로써 감사 업무의 일부분을 담당하고 있다. 국회도서관의 조직과 기능에 대해서는 이하에서 설명하고자 한다.

---

1. 한국 국회의 구성과 조직에 관해서는 정호영, 『국회법론』, 서울: 법문사, 2004, 제2편을 참조하라.

[그림 1] 한국 국회의 입법 지원 조직 구성

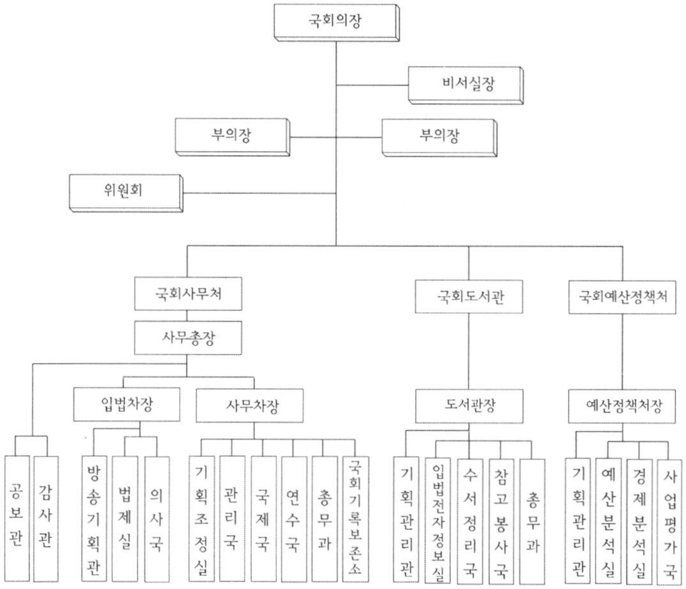

2. 국회도서관의 발전 과정

국회도서관의 출범은 1951년 7월 26일에 『국회도서실 설치에 관한 결의안』이 발의되고, 같은 해 9월 10일 국회 제63차 본회의에서 가결됨으로써 이루어졌다. 이에 따라 1952년 2월 20일 총 3604권의 장서를 가지고 전시 수도였던 부산에서 국회도서실로 발족한 것이다. 이후 반세기 이상의 발전의 역사를 조직의 변화에 초점을 맞추어 몇 개의 시기로 나누어 고찰해 보고자 한다(국회도서관, 2002. 3).

제1기는 국회도서관의 초창기라고 할 수 있는 시기로 1952년 국회도서실 설치로부터 1963년 국가재건최고회의 도서관 시절까지의 시기로 분류할 수 있다. 이 시기에 국회도서관은 소수의 장서를 갖춘 자료실 수준의 조직에서 출발하여 점차로 입법 정보와 자료를 제공하는 입법부 도서관으로서의 위상을 갖추어 나갔다. 그러나 독립 기관으로서의 위상을 확보하지 못한 채 국회사무처, 민의원 사무처, 최고회의 총무처의 부속 기관에 머물렀다.

1952년 9월 10일 국회가 서울로 복귀하게 되자 국회도서실도 중앙청 의사당 4층으로 이전했고, 1954년 5월 10일에는 태평로의 구 국회의사당으로 이전하였다. 1954년 5월 제3차 국회가 개원되고 동년 12월 31일 국회법의 제정과 1955년 11월 16일 제21회 국회 제44차 본회의에서 국회사무처직제개정안이 가결됨에 따라 국회도서관은 민의원사무처 도서관으로 정식으로 설치되게 되었다. 그 기구는 도서과와 열람과의 2개과에 총 18인의 정규 직원으로 편성되었다.

1956년 4월 3일에는 신청사(구 국회의사당 제1별관)의 완공·이전으로 7월 17일 제헌절을 기해 개관식을 거행하였으며, 1961년 6월 10일에는 국가재건최고회의법 제33조에 따라 국가재건최고회의도서관으로 개칭되었고, 1962년 8월 8일에는 국가재건최고회의규칙 제28호로 최고회의총무처직제를 개편함으로써, 도서관장하에 1행정실 3과를 두었다.

제2기는 국회도서관의 발전기로 1963년 국회도서관법 제정으로부터 1980년 5월까지의 시기가 여기에 해당한다. 이 시기에 국회도서관은 명실상부한 입법부 도서관으로서 국회에 대해 적극적으로 입법 정보를 제공하는 한편, 국가의 중심적인 도서관으로서의 면모에 걸맞는 각종 서비스를 제공할 수 있는 조직과 인력을 갖추게 된다.

국회도서관이 입법부의 독립 기관으로 발족되는 국회도서관법이 제정 공포된 것은 1963년 11월 26일이 최초로, 이 법이 동년 12월

27일 법률 제 1454호로 효력을 발생하고 1964년 2월 19일 제40회 국회 제14차 본회의에서 국회도서관직제가 가결·시행됨으로써, 국회도서관은 2국 8과 총 116인 규모의 독립 기관으로 발족하게 되었다. 이때 국회도서관 의회조사처가 창설되었다.

1967년 사서국에 참고서지과의 증설, 1970년 법제자료실의 증설 및 1973년 제88회 국회 제15차 본회의에서의 법개정(법률 제2646호)에 의한 법제자료실의 해외자료국으로의 승격 등으로 3국 12과가 되었으며, 1975년 3월 15일의 직제 개정으로 정원은 202인으로 증원되었다.

1975년 9월 15일에는 현재의 여의도 국회의사당으로 이전하였고, 1976년 해외주재관(미국, 일본)의 신설, 1978년 북한과의 신설 등으로 직제는 3국 13과에 정원 208인으로 증원되었다.

제3기는 1980년 국가보위입법회의 도서관 시기부터 1988년 국회도서관이 국회사무처의 일개 부속 기구로 존속하던 시기까지이다. 이 시기에 국회도서관은 정치적 격랑 속에서 조직과 기구가 축소되고, 급기야는 독립 기관으로서의 위상마저도 상실한 채 재도약을 준비해야 했다. 또한 그동안 도서관 소관 업무이던 입법 조사 업무는 입법차장 소관 업무로 이관되었다.

1980년 10월 28일에는 국가보위입법회의 도서관으로 명칭이 변경되었으며, 1981년 2월에는 1963년 제정 이래 국회도서관이 입법부 내 독립 기구로서의 위상을 지켜오던 '국회도서관법'이 폐지되고 국회사무처 부속 기관으로 전락함과 동시에 3국 12과 225인이 되었고, 동년 12월 15일에는 230인으로 증원되었다. 국회의사당 건물의 협소와 도서관 건물로서의 시설 미비 등으로 독립적인 도서관 건물의 필요성이 높아짐에 따라 1984년 3월 20일에는 국회도서관 독립 청사의 기공식이 거행되었고, 1985년 3월 1일에는 국회사무처법의 개정에 따른 직제

개정으로 국회사무처 산하 기관으로 개편되어 기존의 의회조사처, 자료국, 헌정자료관실, 총무과 등은 사무처로 흡수되어 도서관은 5과 1담당관실 정원 137명으로 축소 개편되게 되었다. 그러나 1987년 국회도서관 신축 건물의 준공에 앞서 동년 10월 21일 제137회 국회 제5차 운영위원회에서 도서관 직제를 3담당관 6과 정원 193인으로 확대·개편하였다.

제4기는 국회도서관의 재도약기로서, 1988년 국회도서관법의 두 번째 제정으로부터 현재에 이르는 시기이다. 이 시기에 국회도서관은 다시 독립 기관으로서의 위상을 회복하였으며, 입법 정보 제공 기능을 회복하고, 전자 도서관으로의 발전에 가속도를 붙여 나갔다. 이 시기에도 입법부 지원 조직이 수차례 개편되었으며 그에 따라 조직과 기능에 굴곡이 있기도 하였다.

1987년 10월 지하 1층, 지상 5층에 연건평 8063평의 신청사의 준공과 함께 이전을 개시하여, 1988년 2월 20일 신축 도서관의 개관식을 거행하였다. 신축 도서관에서의 능동적인 역할 수행을 위해 1988년 12월 29일에는 법률 제4037호로 국회도서관법을 재 제정·공포함에 따라 국회도서관은 입법부의 독립 기관으로 환원되었으며, 1989년 3월 9일 제145회 국회 운영위원회에서 국회도서관직제 및 국회도서관운영에 관한 규칙 제정에 의해 도서관직제는 2국 2실 1담당관 및 총무과의 신설 등으로 정원 256인으로 증원되었고, 제155회 국회 운영위원회에서의 직제 개정으로 현재는 정원 270명에 이르고 있다.

특히 14대 국회에서 단행된 대대적인 입법 지원 조직 개편은 예산 분석 기능의 강화, 위원회 지원 조직의 강화, 국회도서관의 입법 조사기능의 강화를 그 방향으로 하였다. 이 시기에 국회도서관은 1985년 폐지된 입법 조사 업무를 복원하게 된다. 13대 국회에서 국회도서관은 국회사무처로부터 독립 조직으로 분화는 되었지만 입법 조사 업무는 이관되

지 않았었다. 드디어 14대 국회에서 국회도서관의 입법 조사 분석 업무
를 강화하기 위하여 연구직 공무원 제도를 도입하게 되었다.

1994년 도서관 입법자료분석실이 사무처 의회조사처 기능 일부를
흡수하여 도서관 입법조사분석실로 개편되었다. 그러나 1999년 IMF
이후 기구 개편에 따라 도서관 입법조사분석실이 폐지되고 입법전자정
보실에 입법 정보지원과로 다시 축소 개편되기에 이른다. 국회도서관은
기구의 축소 등 조직의 측면에서는 다소 발전에 주춤거리는 현상을
낳기도 하였지만, 전자 도서관이나 도서관의 새로운 기능과 역할을
위한 노력과 성과는 더욱 커져왔다.

1999년에 국회도서관 신관을 신축할 계획을 수립하여 이를 실행
함으로서 2007년에는 지상 6층 지하 4층 연건평 약 1만 3700평의
최신형 도서관 건물을 갖게 된다. 지상층에는 전자 도서관의 하부
시스템을 구축하기 위한, 즉 원문테이터베이스제작실, 인터넷자원아
카이빙시스템구축실, 참고데이터베이스구축실, 인터넷참고 회답실
등 새로운 정보 통신 환경에 맞는 서비스를 제공할 수 있는 기반을
구축할 것이다.

3. 국회도서관의 조직

1999년 12월에 입법전자정보실을 신설하는 조직 개편이 있었으며,
이후 2002년 10월에 입법정보연구관 확충과 일요일 도서관 개관에
따른 인력 확보를 위하여, 정원을 251명에서 271명으로 증원하는 직제
개정이 있었고, 2003년 11월에는 기획관리관과 입법 조사3과를 신설하

는 조직 개편이 단행되어, 1실 2국 1관 12과 1담당관 체제로서 총 275인이 업무를 수행하게 되는 현재의 조직 구조를 이루게 되었다([그림 2] 참조).

각 부서별 조직과 주요 업무는 다음과 같다. 입법전자정보실은 입법 정보심의관과 입법 조사1과, 입법 조사2과, 입법 조사3과, 전자정보총괄과, 전자정보운영과의 5과로 구성되며, 국회의 의정 활동에 필요한 입법 조사 분석 업무와 개별 의원의 입법 참고 질의에 대한 회답 업무를 수행하고, 전자 도서관 구축을 위한 업무를 추진하고 있다.

수서정리국은 수서과, 정리과, 색인과의 3과로 구성되며, 각종 자료의 구입·납본, 자료의 목록 작성, 색인·초록 작성 등에 관한 사항을 주요 업무로 하고 있다.

참고봉사국은 열람봉사과, 연속간행물과, 의회법령자료과로 구성되어 있으며, 장서 보존서고 관리, 자료의 열람·대출, 의회 법령 자료의 장서 개발 등의 업무를 수행하고 있다.

총무과는 서무, 인사, 경리, 관리 등 도서관 전체의 일반 행정 업무를 수행하고 있으며, 도서관장의 직속 기관으로 신설된 기획관리관과 그 밑의 기획감사담당관은 도서관 업무 전반에 대한 기획, 예산, 행정 관리, 교육, 감사, 홍보, 대외 협력 업무를 담당하고 있다.

입법 지원 분야의 조직 변화를 살펴보면 다음과 같다. 국회도서관이 독자적인 입법 정보 지원 조직을 갖추고(의회조사처의 설치) 국회의원의 입법 활동을 지원하기 시작한 역사는 약 40여 년에 이른다. 결코 짧지 않는 이 기간 동안 국회도서관의 입법 정보 지원 조직은 국회도서관 내의 다른 어떤 조직보다 그 기능과 조직 구조의 측면에서 심한 굴곡과 변화를 겪었다.

국회도서관의 입법 정보 지원 기능의 중요한 역사적 계기들을 몇

[그림 2] 국회도서관 기구표

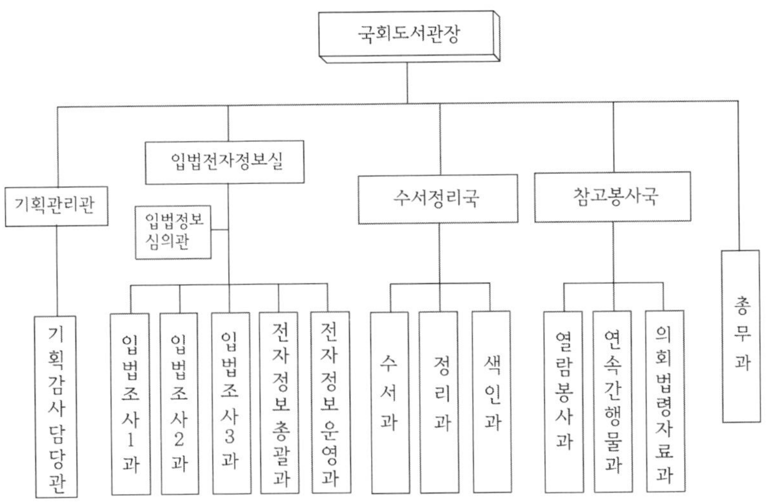

가지 살펴보면 1952년 전시 임시 국회였던 부산에서 만들어진 국회도서실이 1963년 국회도서관법 제정과 함께 입법부 내 독립 기관으로 재출발하면서 일반 도서관 업무와 함께 정원 47명으로 구성된 의회조사처를 두고 국회의원을 대상으로 한 참고 질의 회답과 참고 자료 발간 업무를 담당하였다.

1970년 국회사무처에 법제자료실이 신설되면서 법령 자료에 대한 조사 업무를 사무처 법제 자료실로 이관하는 대신, 국회도서관 의회조사처는 분야별 전문성을 강화함으로써 국회 차원에서 보다 전문화된 정보를 제공하는 데 역점을 두었다.

그러나 1980년 제5공화국이 등장하면서 국회 조직은 큰 폭의 개편을 겪었다. 1981년 국회도서관법이 폐지됨에 따라 국회 내 전문적 정보 제공을 목표로 했던 의회조사처는 국회사무처로 흡수되었고, 그 조직과 기능이 크게 축소될 수밖에 없었다.

　민주화와 함께 1988년 국회도서관법이 재제정되면서 국회도서관은 독립 기구로서의 위상을 회복하고 입법자료분석실을 신설하여 박사급 전문가를 충원, 정보의 전문화와 세계화 요구에 대응하기 시작하였다.

　점차 발전을 거듭하던 입법 조사 기능은 다시 IMF 위기라는 국가적 재난에 직면하여 국가 기관의 전반적 축소 상황 속에서 그 규모가 축소된 바 있다. 조직의 구조 조정 과정에서 입법조사분석실이 입법정보 지원과로 대폭 축소되기에 이른다. 그러나 16대 국회 내의 입법 정보 지원 기능 강화에 대한 필요성이 제기되고 있고 이를 뒷받침할 수 있는 조직의 확대 개편이 이루어졌다. 즉 입법 정보 지원 수요가 증가하게 됨에 따라 2003년 12월에는 전년도에 2개과로 개편된 것을 다시 입법조사 1, 2, 3과 체제로 개편하기에 이르렀다([그림 3] 참조).

[그림 3] 입법전자정보실 기구표

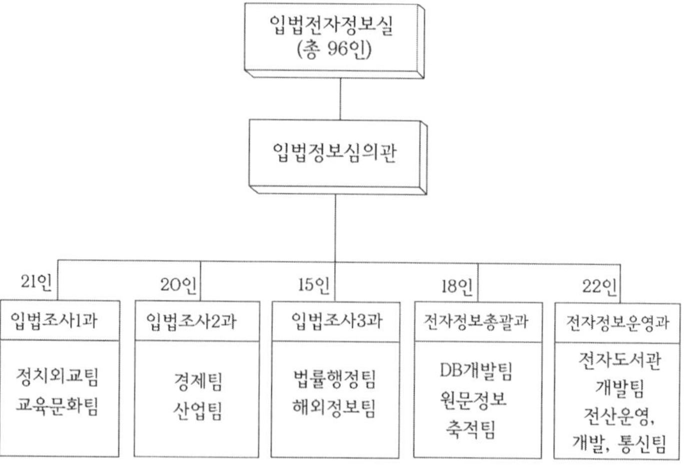

4. 국회도서관의 기능

국회도서관의 기능은 크게 두 가지 축으로 나누어 설명할 수 있다. 하나는 입법 정보 지원 기능이며, 다른 하나는 국가 도서관으로서의 기능이다. 이하에서는 국회도서관의 기능을 구체적으로 살펴본다.

1) 국회도서관 기능의 개관

입법 정보 지원 기능

국회도서관의 설립 목적과 그 1차적인 기능은 '국회도서관법'에서도 규정되어 있듯이 국회의원의 입법 활동을 지원하는 일이다. 여기서 국회의원의 입법 활동이라 함은 법률을 입안, 검토, 수정 통과시키는 것 뿐만 아니라 행정부의 정책을 평가, 견제 감시하고 시정을 요구하는 기능까지를 포괄하는 매우 폭넓은 개념이다. 따라서 국회도서관이 수행하는 국회의원의 입법 활동에 대한 지원도 국회에서 이루어지는 각종 입법 행위에 대해 필요한 정보와 자료를 제공하는 것에서부터 국회의원이 행정부의 정책에 대해 견제, 감시, 통제하는 데 필요한 정보와 자료를 제공하는 일까지 그 폭이 매우 넓다.

넓은 의미에서 보면 국회도서관의 모든 부서의 활동이 국회의 입법 활동에 대한 지원 업무라 할 수 있지만, 국회의원이 법률안과 국정을 심의하는 과정에서 필요로 하는 보다 구체적이고 전문적인 지식과 정보를 제공하는 조직과 기능이 별도로 필요하다는 것 또한 부인할 수 없는 사실이다. 따라서 의회 민주주의가 발달한 나라에서는 의회도서관 내에 국가의 주요 정책의 조사·분석 및 입법 정보를 제공하는 전문적인 부서를 의회도서관 내에 두고 있다. 특히 미국 의회도서관의 의회조사처 (Congress Research Service: CRS)와 일본의 입법고사국立法考査局 조직은 그 좋은 예라 할 수 있다. 국회도서관이 수행하는 입법 정보 지원 기능은 별도의 장으로 구분하여 설명하고자 한다.

국가 도서관으로서의 기능

의회도서관은 정도의 차이가 있지만 의회와 관련된 정보, 의회가 보유한 정보를 국민에게 제공함으로써 의회와 국민 간의 거리를 좁히는 중요한 역할을 담당하고 있다. 민주주의가 발전할수록 의회가 유권자들에게 제공해야 하는 정보의 양, 유권자들이 의회의 정책 결정 과정에 대해 알고자 하는 정보의 양도 급격히 증가하며, 이 필요는 정당이나 개별 의회 의원이 언론 등을 통해 공식적으로 제공하는 정보로는 충족될 수 없다.

이런 필요를 충족시킬 수 있는 핵심 기관 중 하나로 도서관이 지목되었고, 도서관은 의회 외부의 정보를 의회 내로 인입하는 기능만이 아니라 의회 내의 정보를 수집·분류하여 국민들에게 제공하는 통로로서도 기능하게 되었다. 이와 같이 넓은 의미의 정부(입법부, 사법부, 행정부)에서 생산되는 다양한 정보를 국민들에게 제공하거나 국가 도서관으로서 축적된 정보를 국민에게 제공하는 역할을 하는 도서관의 대표적인 예가 미국 의회도서관과 일본 국립국회도서관이다.

우리나라 국회도서관의 경우는 미국이나 일본과 같이 국립중앙도서관의 기능을 함께 하지는 않지만, 국가 기관의 도서관으로 국민에게 도서관 봉사를 제공하고 있다. 반면에 독일, 프랑스의 의회도서관의 경우는 지금까지도 의원들만의 독점적 기관 성격을 가지며, 영국·캐나다 의회도서관도 일반인의 자유로운 이용이 제한되어 있다. 이와 같은 유형의 의회도서관들은 일반인들이 이용할 수 있는 국립도서관 기능(주로 행정부에 속하고 있음)과 의회도서관의 기능을 엄격히 분리하고 있다.

국가 도서관이라 함은 일반적인 도서관 기능을 수행하면서 소규모의 도서관이 수행하기 어려운 작업을 국가를 대표하여 수행하는 것을 말한다. 국가 도서관의 기능을 살펴보면, 첫째 납본 도서관으로서 국가의 모든 문헌을 수집하여 보관하는 것으로 기본적으로 국가 문헌 보존 기능을 하는 것이다. 둘째, 자료 정리 방법의 표준을 정하는 것으로 전국의 모든 도서관이 동일한 정리 방법을 사용케 하여 전국 어디서나 동일한 방법으로 자료를 정리하고 쉽게 검색할 수 있게 하는 것이다. 셋째, 국가 서지를 작성하는 것이다. 국가 서지란 단행본, 연속 간행물, 학술지, 기타 정기·비정기 간행물, 기관지 또는 각각의 분야의 전문지를 포함한 자료의 잡지명, 권호수, 저자, 주제어, 검색어, 수록 페이지 등을 수록하는 작업으로 일반적인 개개의 도서관에서는 수행하기 어려운 작업이다. 넷째, 전자 도서관을 구축하는 일이다. 국가 도서관에서 원문 DB를 이미지화하거나 텍스트화하여 구축하여서 전국의 어느 연구소나 도서관 등에서 공히 열람이 가능하게 하는 것을 말한다. 다섯째, 국가 표준 시소러스를 작성하여 색인어의 표준 및 정보 검색어의 표준을 정하는 것이다.

2) 자료의 수집 · 정리 · 보존

국회도서관은 입법 정보의 총괄적 수집자로서 국회의원의 의정 활동과 국정 심의에 필요한 입법 및 국정 현안 정보를 우선적으로 수집하고 있으며, 국민을 향한 열린 도서관으로서 국민의 정보 요구에 부응하기 위한 노력을 기울이고 있다. 입법 정보의 기본 자료인 국내외의 의회 간행물, 법령 자료, 정부 간행물을 비롯하여 교육 기관, 연구 기관, 학회·협회 및 출판사에서 발간하는 단행본을 비롯한 각종 연구 결과물을 구입·납본·기증·교환 등의 다양한 방법을 통하여 중점적으로 수집하고 있다. 특히 정보화의 발달로 이용자가 편리하게 이용할 수 있도록 CD-ROM 및 Web DB 자료 수집을 확대하고 있으며, 인터넷상의 정보 자원 중 정보 가치가 높은 자료를 선별·수집하여 제공함으로써 입법 정보 수집의 지평을 넓혀 가고 있다. 아울러 수집된 각종 자료를 신속히 색인, 초록하여 국회전자문서시스템(http://docs.assembly.go.kr)과 국회도서관 홈페이지(http://www.nanet.go.kr)를 통해 안내하고 있다.

국회도서관은 학술적 가치가 있는 국내 출판물을 체계적으로 수집하고 문화 유산으로 보존하여 후세에 전승하기 위하여 1963년부터 자료의 납본을 위한 법적, 제도적 장치를 마련하고, 국가 기관, 지방 자치 단체, 기타 공공 단체 및 교육·연구 기관의 발간 자료를 수집하고 있다. 그 밖의 단체 또는 개인이 발행한 자료의 경우, 단행본은 대한출판문화협회, 정기간행물은 한국잡지협회를 통하여 납본·수집하고 있으며, 필요한 경우에는 출판사로부터 직접 납본·수집하고 있다. 이외에도 국내외 교육·연구 기관 및 도서관과 협력 체제를 구축하고 자료 수집 채널의 다양화를 통한 정보 자료 확보에 적극 노력하고 있다.

그러나 미국, 일본 등 주요 외국 의회도서관의 장서 보유 현황 및 그 수집 열의와 비교하면 한국 국회도서관의 경우는 여러 면에서 부족한 것이 사실이다. 이는 국내 주요 대학 도서관이나 국립중앙도서관 등의 자료 구입 예산에 견주어 볼 때에도 턱없이 부족하다. 미국, 일본의 의회도서관 장서 현황을 살펴보면 미국은 1억 2772만 권(자료 구입비 연간 약 800억 원), 일본은 791만 권(자료 구입비 연간 약 252억 원)에

육박하고 있다.

또한, 국내의 여타 주요 도서관들의 자료 구입 예산과 견주어 보았을 때도 그 취약성이 여실히 들어난다. 2004년 기준으로 국립중앙도서관의 자료 구입비는 연간 약 48억 원, 서울대학교는 연간 약 52억 원, 연세대학교는 연간 약 31억 원의 자료 구입비를 책정하고 있다. 이에 비해 국회도서관의 자료 구입비 예산은 연간 약 19억 원의 수준에 불과하다. 과거 행정부에서 제출한 자료만을 검토하는 의정 활동의 틀을 벗어나 보다 정밀하고 과학적인 입법 및 의정 활동을 수행하기 위해서는 객관적인 자료와 정보가 가장 우선시 된다. 국회 개혁의 시발점은 입법 활동에 기초가 되는 자료의 신속한 제공을 통해 국가 정책과 사회 문제를 진지하게 연구할 수 있는 토대를 국회 내부에서 다져나가 국회의 의정 활동 역량을 강화시켜 나가는 데 있다고 해도 과언이 아니다.

구분	미국 의회도서관	일본 국회도서관	국회도서관
장서 현황	1억 2,772권	791만 권	218만 권
자료 구입비	약 800억 원	약 252억 원	18억 7,471만 원

(2004년 10월 기준)

구분	서울대학교	국립중앙도서관	국회도서관
장서 현황	237만 권	500만 권	218만 권
자료 구입비	52억 4600만 원	48억 3265만 원	18억 7471만 원

(2004년 10월 기준)

국회도서관은 설립된 지 50년 이상의 세월 속에서 자료의 수집 범위가 점차 확대되고, 정보를 이용할 수 있는 대상의 폭이 점차 확대되어 가고 있으며 지식 정보 관리의 중요한 사회적 기반 시설로 자리 잡고 있다. 국회도서관의 지식 정보 자원 관리의 중요한 역사적 계기들을 몇 가지 살펴보면, 1959년도 최초로 장서 개발 정책을 성문화하여 각종 사전, 연감, 통계 및 법령집류와 국회의원 및 국회 운영에 관한 자료, 그리고 입법, 행정 관계 잡지 및 한국 관계 자료를 체계적으로 수집하게 되었다.

아울러, 1960년대에 접어들면서 국회도서관은 자료의 신속한 제공과 이용을 위해 국가 서지 작성과 발행을 추진하면서 국내에서 생산되는 중요 지식 정보에 대해 국가적인 색인 및 목록 사업을 추진하였다. 그 대표적인 예로 1963년부터 시작한 『정기간행물기사색인』과 1969년에 출판된 『한국박사및석사학위논문총목록』이다. 이 두 색인과 목록은 국가 대표 서지로서 그 가치를 국가적으로 인정받고 있다. 특히 1965년부터 생산하기 시작한 국회도서관의 정기 간행물 기사 색인은 현재 수록량에 있어 197만 건(2005년 2월 현재)에 달하고 있고, 수록 연도 또한 1910년 발간된 자료까지 소급한 대한민국의 대표적 종합 색인 목록이라고 할 수 있다. 한편 1969년부터 생산하기 시작한 국회도서관의 『한국박사및석사학위논문총목록』은 1945년부터 현재까지 전국의 일반 대학원 및 특수 대학원에서 석사 및 박사 학위를 취득한 모든 학위 수여자의 학위 정보 약 88만 건을 총망라하여 수록한 국내 유일의 국가 서지이며, 석·박사학위 논문에 관한 총목록이다.

문헌 정보의 체계적인 수집과 정보 가공 업무가 본격화 되면서 국회도서관에서 소장한 양질의 정보 자원에 대한 이용자들의 요구는 지속적으로 증가하여 1973년도에 대학원생들에게 열람을 허용하였다.

1993년부터 일반인들의 열람 제한을 완화하였으며, 1998년부터 사실상 만 20세 이상의 모든 국민에게 개방하였으며, 나아가 2005년부터 이용 연령을 18세 이상의 모든 국민이 자유롭게 원하는 정보를 이용할 수 있도록 현재는 일요일에도 개방하는 도서관으로 변화 발전되었다.

자료 보존은 일반 서고, 귀중 서고, 개인 문고로 나누어 이루어지고 있다. 단행본은 도서관 3·4층에 위치한 서고에 배열되어 폐가제로 관리·운영되고 있다. 3층 서고에는 총류·철학·종교·사회과학 및 어학 분야의 도서가, 4층 서고에는 문학·역사·기술과학 및 순수과학 등의 분야의 도서가 각각 동양서와 서양서로 구분되어 듀이 십진 분류표 (DDC) 주제 순으로 배가되어 있다. 귀중 서고에는 고서·고잡지· 귀중서·희귀서 등이 보관되어 있으며, 일반 도서 중 산화 정도가 심한 도서는 포갑하여 보존하고 있다. 아울러 1950년 이전 도서 중에서 산성 화로 훼손 정도가 심한 산화 도서를 디지털화함으로써 장서 관리의 효율성을 높이고 있다. 끝으로 2005년 11월 보존서고동이 완공됨에 따라 총 장서 228만책 중 141만책(62%)을 2개년에 걸쳐 보존서고동에 이전할 계획으로 있다.

3) 열람 봉사

먼저 국회도서관에 소장된 각종 자료에 대한 서지 및 원문 DB는 1층 정보검색홀과 각 열람실에 설치되어 있는 단말기를 통하여 직접 검색하고 이용할 수 있다. 국회 내의 각 사무실에서는 "국회전자문서시 스템"을 통하여 직접 이용할 수 있으며, 국회도서관과 학술 정보 상호 협력을 체결한 도서관 및 기관에서는 지정된 단말기(국회도서관 원문

DB검색)를 통해 국회도서관이 구축한 원문 DB를 이용할 수 있다.

국회도서관은 의원들의 입법 활동을 지원하기 위하여 "국회 전자 문서 시스템"뿐만 아니라 의원열람실을 운영하고 있다. 도서관과 의원 회관 두 곳에 위치한 의원열람실에는 의정 활동에 즉시 참고할 수 있는 각 주제 분야 참고 자료를 비롯하여 최신 국내외 신문·잡지 그리고 의원들이 관심을 가질 수 있는 주제 분야의 국내외 신간 도서, 각국 안내 자료 등을 비치해 두고 있다. 아울러 국내외 시사 및 학술 정보, 법률 정보를 신속하게 제공하기 위하여 각종 온라인 DB를 이용하여 자료를 검색·제공하고 있다. 의원회관 의원열람실에는 영상회의실과 영상편집코너, 스캔코너, 인터넷·문서편집 코너 등을 설치하여 의원 및 보좌진이 신속하게 입법 정보에 접근할 수 있도록 지원하고 있다. 그러나 현재 국회 본회의장이나 상임위회의장이 있는 국회 본청에는 열람실이 마련되어 있지 않아 의원들이 보다 적극적으로 활용하는 데에는 한계가 있는 것으로 평가되고 있다.

국회도서관에는 입법 정보 지원을 위하여 참고열람실, 석·박사학위 논문실, 정기간행물열람실, 신문열람실, 멀티미디어실, 의회·법령자료실, 국제기구자료실, 통일자료실, 독도자료실, 마이크로폼자료실 등을 설치하여 운영하고 있다. 물론 일반 이용자들의 열람도 가능하다.

참고열람실에서는 각종 연감, 연보, 인명록, 통계 자료, 주제별 서지 등 다양한 참고 도서를 이용할 수 있다. 정간열람실에는 1만 2000여 종의 국내·외 연속 간행물과 4000여 종의 대학 간행물, 800여 종의 정부 간행물이 소장되어 있으며, 자료량이 많아 제1정간열람실과 제2정간열람실로 나누어 운영하고 있다. 신문열람실에서는 870여 종의 국내 중앙지, 지방지 및 전문지와 외국 신문 등을 수집하여 서비스하고 있다. 일정 기간이 지난 신문은 제본하거나 마이크로 필름화하여 보존하고 있으며, 특히 폐간 신문은 디지털화하여 제공하고 있다.

의회·법령자료실에는 한국을 비롯한 세계 주요국의 의회·법령 자료 중 1차 자료라 할 수 있는 각국 의회 회의록, 각종 법령집 및 판례집, 조약집 등을 중심으로 의정 활동의 기본 자료를 소장하고 의원 및 입법 관계자에게 서비스하고 있다. 이외에도 인트라넷을 통해 LexisNexis Congressional, Wise On Net, Lawnb, KOLIS, SINOLAW 등의 DB를 이용할 수 있다. 또한 국제기구자료실과 통일자료실에서는 세계의 주요 국제 기구 관련 자료와 북한 자료 및 통일에 도움이 될 수 있고 입법 및 연구 활동에 필요한 자료를 서비스하고 있다. 국회도서관은 국제연합(UN), 세계무역기구(WTO), 국제농업개발기금(IFAD), 국제해사기구(IMO), 국제사법재판소(ICJ), 국제전기통신연합(ITU), 유럽연합(EU) 등 10여 개 국제 기구로부터 기탁 도서관으로 지정받아 이들 기관의 자료를 한국 의회 및 국민들에게 제공하는 역할을 담당하고 있다. 이외에도 독도자료실을 두고 있는데, 이곳은 독도 관련 자료를 집대성한 국내 유일의 전문자료실로 의원들과 일반 국민들의 독도에 대한 관심과 이해를 높이는 데 기여하고 있다.

4) 도서관 협력

도서관 협력 활동은 도서관 및 각 기관들 사이에 물적, 인적, 지적 교류 협력 활동을 통하여 개별 도서관이 갖고 있는 취약점을 상호 보완하고 도서관의 기능과 역할을 충실히 하는 데 목적이 있다. 국회도서관의 협력 활동은 크게 국내 협력과 국제 협력 활동으로 구분할 수 있다.

국내 협력 활동은 주로 다른 도서관이나 기관에 국회도서관에서 발간한 간행물을 배포하거나 도서관 협력용 자료를 기증하는 것을 비롯하여, 자료의 상호 대차, 우편을 통한 복사 자료의 제공, 학술 정보 상호 교류 협력 등을 들 수 있다. 2000년부터 시작한 학술 정보 교류 협력 사업은 대학교, 정부 기관, 연구 기관, 지방 의회 등 704개 기관(2005년 11월 현재)과 정보 네트워크를 구축하고 디지털 정보를 공동 활용함으로써 국가의 정보 역량을 높이고 있다. 또한 국회도서관은 지방 의회에 대한 의정 활동을 지원하고 지역 간 정보 격차를 해소하기 위하여 학술 정보 및 입법 정보 상호 협력 사업을 추진하여 한국의 지방 의회 발전과 지역 문화 발전에 기여하고 있다.

국제 협력 활동은 외국의 도서관 및 관련 기관과 자료 교환을 추진하는 한편 도서관 직원의 파견이나 연수 등을 통한 협력 활동을 수행하고 있다. 국제적인 자료 교류 사업은 외국의 주요 도서관 및 기관과 자료를 상호 교환함으로써 국가 간의 학술 정보와 문화 교류를 통해 이해 증진을 도모하기 위해 추진되며, 국회도서관의 경우 각국의 정부 간행물이나 연구 보고서 등의 자료를 입수하는 주요 경로로 활용된다. 2004년도 말 현재 90개국 326개 기관과 교류 협력 활동을 하고 있다.

다음으로 IFLA(국제도서관협회연맹), APLAP(아 · 태의회도서관장협회), CEAL(동아시아도서관협의체), ALA(미국도서관협회) 등과의 협력을 통하여 국제적 위상 강화와 함께 정보 교류 확대를 추진하고 있다. 특히 2006년 국회도서관 주관으로 개최되는 IFLA 의회분과 회의는 세계 의회도서관과의 협력 체계를 더욱 강화할 것으로 기대된다. 또한 국회도서관은 인터넷상으로 미국 등 30개국의 최신 법령 검색이 가능한 법률 정보망인 세계법률정보망(Global Legal Information Network: GLIN) 사업에 적극 참여하여 입법 과정에 외국 입법례 활용을 적극적으로

지원하고 우리나라 법률을 국제사회에 알리는 데에도 노력을 기울이고
있다.

5. 전자 도서관

국회도서관의 전자 도서관 사업은 정보 기술을 이용하여 이용자가
도서관을 직접 방문하지 않아도 인터넷을 통하여 도서관 정보와 자료를
활용할 수 있는 새로운 형태의 도서관 서비스를 말한다. 국회도서관은
1997년 전자 도서관이 향후 국가의 정보화 사업의 핵심이며 중추적
역할을 수행할 것으로 판단하고, 범국가적 사업으로 전자 도서관을
구상하고 기본 계획을 수립하였다.

국회가 내부 인트라넷의 구축과 더불어 홈페이지를 개설한 것은
1996년 5월부터 이지만, 대국민 온라인 서비스를 개시한 것은 1998년
홈페이지를 재구축하면서부터이다. 그러나 국회 정보화가 전자 국회의
개념 아래 본격적으로 시작된 것은 2000년 들어 「국회 정보화를 위한
중장기 발전 계획(제2차 정보화 발전 계획)」이 마련되면서부터이다. 「국
회 정보화를 위한 중장기 발전 계획」의 3개년 계획 사업에 따라 2001년(1
단계)에는 정보 시스템의 기반이 마련되고, 2002년(2단계)에는 국회
기간 업무 시스템이 구축되고, 2003년(3단계)에는 통합 지식 관리 시스
템이 구축되어 국회 홈페이지에서의 종합적 업무 처리 및 정보 열람이
가능하게 되었다. 제2차 정보화 발전 계획에 따라 현재 국회에 구축되어
있는 정보 시스템은 국회 종합 정보 시스템, 입법 정보 서비스 시스템,
국회회의록 시스템, 대한민국 현행 법령 정보 시스템, 전자 도서관,

국회 홈페이지, 위원회 홈페이지 등이 있다.

여기서 통합 지식 관리 시스템으로 구축된 '국회 종합 정보 시스템'은 국회에 구축되어 있는 인트라넷으로서 업무에 필요한 정보를 신속하게 전달하도록 하는 통신 수단을 구축, 이용하고 조직 내외부에 존재하는 정보를 상호 공유하기 위해 만든 것이다. '국회 종합 정보 시스템'을 통해 국회, 국회의원, 국회사무처, 국회도서관, 국회예산정책처, 의정연수원, 헌정기념관 등 국회의 모든 기관을 하나로 묶는 네트워크 시스템으로서 국회 내부의 행정 업무의 통합적 처리와 각종 정보 검색이 가능해졌을 뿐 아니라 대외적으로 개방된 국회 각 기관의 웹 페이지를 하나의 인트라넷에서 연결되도록 하여 일관된 웹 기반환경에서 활용할 수 있게 되었다.

이러한 '국회 종합 정보 시스템' 내에 국회의원의 의정 및 입법 활동을 지원하는 하부 시스템으로 구축되어 있는 것이 국회사무처의 '입법 통합 지식 관리 시스템'과 국회도서관의 '도서관 정보 시스템'이다 (김유향, 2003: 36). '입법 통합 지식 관리 시스템'은 법률안, 예·결산안, 국정 감사 및 관련 자료를 하나의 데이터베이스로 통합하여 관리함으로써 업무의 효율성과 공유성을 높이고자 한 것으로서, 내부에 '법률 정보 시스템', '예·결산 정보 시스템', '국정 감사 정보 시스템', '의안 정보 시스템', '멀티미디어 시스템', '회의록 시스템', '임시회의록 시스템', '인터넷 의사 중계 방송 시스템', '영상 회의록 시스템', '미디어 자료관'으로 구분된다.

'도서관 정보 시스템'은 국회의원의 입법 및 의정 활동 지원에 그 역할을 분명히 한정하고 있다는 데에 '입법 통합 지식 관리 시스템'과 차이가 있다. 현재 '도서관 정보 시스템'은 '입법 정보 서비스', '전자 도서관', '의회·법령·학술Web DB', 'CD-Net', '구입 희망 도서 신청'

등으로 구성되어 있다. 여기서 '입법 정보 서비스' 코너를 통해서는 매 시기의 주요한 쟁점들이 입법 지식 DB, 입법 정보, 주간 해외 동향, 최신 외국 법률 소식, 해외 법률 소개, 일일 외국 신문 정보 등의 하부 메뉴의 형태로 내부 인트라넷을 통해 제공하고 있다. 특히 '입법지식 DB'는 국회에 제출되는 법안이나 정책 현안에 관하여 해당 분야 전문가들이 관련 자료 및 정보를 분석, 정제, 가공하여 국회 내부 정보망(LAN)을 통하여 국회의원, 보좌관, 상임위원회 직원에게 온라인으로 제공하는 데이터베이스로서 전자적 입법 지원 체계의 중심 메뉴라고 할 수 있다.

국회 정보화와 대국민 서비스 혁신이라는 차원에서 진행되고 있는 전자 도서관 구축 사업은 하드웨어 정비에 못지않게 어떠한 콘텐츠를 제공할 것인가가 중요한 과제로 떠오르고 있다. 국회도서관은 위에서 언급한 입법 지식 DB를 비롯한 다양한 입법 지원 활동을 전자 도서관 서비스를 통해 전개하고 있다.[2]

국회도서관은 국회의 의정 활동 지원을 극대화하고 국민에게 효율적으로 정보 봉사를 하기 위하여 소장 자료에 대한 원문을 자체적으로 DB로 구축할 뿐만 아니라, 외부 기관에서 디지털화한 자료를 국회도서관으로 통합하여 DB로 구축하거나 통신망을 활용하여 도서관 서지 DB에서 해당기관 시스템에 직접 접속하여 원문을 이용할 수 있도록 하는 등 국가의 종합적 데이터베이스로 발전시켜 나가고 있다. 국회도서관의 원문 DB 구축 사업은 한정된 예산으로 효율성을 높이고 의정 활동 지원을 위하여 입법 정보로서 활용 가능성이 높은 자료를 주제별 우선 순위와 유형별 우선 순위를 정하여 그 효율성을 기하고 있다.

원문 DB 구축에 이어 서지 DB 구축에 대해 알아보자. 서지란 도서관 자료를 신속하게 이용하고 문헌 정보를 파악할 수 있도록 저자명, 서명,

---

2. 입법 정보 서비스에 관한 자세한 내용은 다음 장을 참조하라.

출판 사항을 비롯하여 색인index 및 초록abstracts에 이르기까지 도서관 자료를 효율적으로 이용하기 위해서는 없어서는 안 될 기본적인 자료 검색 도구이다. 국회의원의 의정 활동 지원과 일반 국민의 도서관 이용에 만전을 기하기 위하여 각종 문헌을 체계화시킨 목록이나 색인 등의 서지작성 업무를 지속적으로 추진해 왔다. 이러한 서지 작업을 DB화하여 특정 주제의 문헌을 탐색하거나 정보 취득을 원할 때 이들 문헌의 존재와 소재를 알려주는 역할을 수행한다. 이 경우 시소러스는 필수적인 검색 도구로서 의미를 지니는데 국회도서관은 시소러스를 체계화하는 작업을 지속적으로 추진해 오고 있다.

국내 정보화 사업 중 성공 사례로 뽑히는 국회전자 도서관은 국내 최대의 지식 정보를 보유하고 있으며, 1998년에서 2004년 말까지 사업 추진에 총 228억 원이라는 막대한 예산이 소요된 대규모 프로젝트의 효과는 단순히 산술적인 수치만을 가지고 가늠해 볼 때에도 매우 크다.

2005년 11월을 기준으로 국회 뿐만 아니라 정부 기관 및 대학 도서관 등 704개 기관과 상호 협정을 맺고 있으며, 이들 협정 기관은 국회도서관에서 구축한 약 6800만 장(58만 1000책)의 원문full-text DB를 자관의 컴퓨터에서 검색과 열람이 가능하고 연간 약 300만 명 이상이 실시간으로 국회전자도서관을 이용하고 있다. 이를 통해 국회의원의 입법 활동에 필요한 정보 제공을 보다 빠르고 편리하게 함과 동시에 지역 간 정보 격차 해소와 국민의 정보 접근권을 강화하는 데 기여하고 있다. 점차 정보 통신 기술이 발전하고 있고 국민들의 정보 욕구가 증가되는 상황을 고려할 때 인터넷 정보 자원에 대한 체계적인 관리 시스템 구축과 인터넷을 통한 대국민 정보 서비스 시행 등도 성장 단계에 진입한 현재의 국회전자 도서관을 성숙 단계로 발전시킬 수 있는 원동력이 될 수 있다.

6. 입법 지원 기능

1) 입법 지원 조직[3]

세계 대부분의 의회가 입법 정보 지원 기관을 두는 근저의 배경에는 의회가 갖고 있는 환경과 밀접한 관계가 있다. 의회는 행정부와 비교하여 정책과 입법에 필요한 정보와 지원 보좌진이 부족하다는 것과 현대 의회에서 다루는 정책 의제가 매우 다양하고 전문적이며, 복잡하다는 것이다. 이로 인하여 국회가 행정부를 견제하고 감독하기에 턱없는 정보 부족 현상을 겪게 된다. 이러한 심각한 정보의 비대칭 문제는 현대 의회가 극복하여야 할 과제이다. 현대 의회가 당면하고 있는 또 다른 문제는 의회에서 결정되어지는 정책에 대한 효과와 영향에 대한 불확실성의 증가를 지적할 수 있다. 이와 같이 현대 의회가 낭변하고 있는 정보의 비대칭Asymmetric Information과 불확실성Uncertainty, 그리고 국회의원의 시간의 부족함으로 인한 문제점들에 대한 해결 방안은 의회의 생산성과 권능의 향상과 직접적인 관련이 있는 것으로 파악되고 있다. 그래서 이러한 문제를 제도적, 조직적으로 해결하기 위하여 세계 대부분의 의회는 국회의원과 상임위원회에 전문적인 정보를 지원하기 위해 입법 정보 지원 조직을 의회의 조직으로 두고 있다. 우리 국회도 국회의원에게 입법 활동에 필요한 정보를 지원하기 위하여, 전쟁 중인 국가 위기의 절박한 시기에도 불구하고 국회도서관을 설치한 것을 보면 국회도서관은 국회의 기능을 위해서는 필수 기관임을 알 수 있다.

이런 점에서 우리 국회도서관의 설립 목적과 1차적 기능은 다른

---

3. 『국회도서관 50년사』 '2장 국회에 대한 입법 정보 지원 활동'을 중심으로 정리하였다.

의회도서관과 마찬가지로 국회의 입법 활동을 지원하는 것이다(국회도
서관법 제2조 제1항).

2) 입법 조사 기구의 설치와 발전

의회조사처의 설치(제1기)

의회조사처는 국회도서관이 국회의원과 상임위 등 국회의 조직에
전문적이고 특화된 도서관 서비스를 제공하기 위하여 만든 입법 정보지
원 전담 조직이다.

설립 연원을 살펴보면, 5 · 16 이후 국가재건최고회의가 민정 이양을
앞두고 국회의 기능을 능률적으로 공고히 하려는 취지에서 미국과 일본
의 국회도서관을 모델로 하여 입법 정보 지원 기능을 담당하는 의회조사
처를 대한민국 국회 조직 내에, 국회도서관의 하부 기관으로 설치하기로
한 것이다.

이와 같은 조직을 직제에 반영한 국회도서관법이 1963년 12월에
제정 · 공포됨에 따라 우리나라 국회에서도 비로소 의회 내에 입법
정보지원 기관이 처음 생겨나게 된 것이다.

정해식 초대 의회조사처장은 의회조사처의 제1과제로 유능한 조사
관의 확보가 중요하고 그 다음은 자격으로 공명심이나 권력욕을 억제할
수 있는 사람, 그리고 광범위하고 균형이 잡힌 지식의 소유자, 평이한
문장과 정연한 형식으로 표현 가능한 자를 조사관으로 꼽으면서 단순히
학문적 전문성만을 보지 않았다는 점이다. 또한 의회조사처의 설립
취지로, 미국, 영국, 일본의 입법 조사 기구의 예를 상세히 언급하면서
"선진 국회에서는 의회조사처의 활동이 유기적으로 국회를 뒷받침"

하고 있다고 보고되었는데, 1950년대부터 논의되던 국회도서관의 입법 지원 기능 강화 방안에 대한 논의와 외국의 사례에 대한 연구에 기초하여 의회조사처가 창설되었음을 알 수 있다.[4] 이 보고에서 의회조사처의 기능은 "각 위원회 및 의원의 입법 활동을 지원하기 위하여 참고 자료를 수집·연구 제공"하는 것으로 규정되었다. 그리고 그 직무는 ① 위원회에 계류 중인 법안 및 행정부로부터 국회에 송부된 안건을 분석·평가하여 보고하고 타당한 결정을 하는데 도움이 되는 기초 자료를 제공하는 것, ② 요구에 응하여 또는 요구를 예측하여 자발적으로 입법 자료나 일반 자료를 수집·분류·분석·번역·색인·적록摘錄·편집·보고 하는 것, ③ 요구에 의하여 의안의 기초를 보좌하는 것, ④ 의회의 필요에 방해되지 않는 범위 내에서 행정 및 사법 각 부문 또는 일반 대중에게 준비된 자료를 이용시키는 것으로 규정되었다. 또 이 보고에 따르면 의회조사처의 업무는 기본 조사(요구에 대비하여 각 분야별로 자료 수집, 현지 조사, 자료 정리, 편집 출판 등의 업무를 수행하는 것), 참고 회답, 입법 지원으로 구분되었으며, 특히 기본 조사와 이에 기초한 참고 회답이 강조되었다.[5]

그러나 의욕적인 출범에도 불구하고, 초창기의 의회조사처는 그 업무를 담당할 인적 자원을 충분히 확보하지 못한 채 출범함으로써 적지 않은 어려움을 겪었다. 또 다른 문제는 입법 조사 업무의 성격상 전문성을 갖춘 유능한 조사관의 확보가 필수적이었지만, 그것이 여의치

---

4. 이에 대해 국회도서관은 다음과 같이 설명하고 있다. "입법 조사 제도는 각국의 정치 제도나 문화 정책에 따라 그 제도상의 차이는 있으나…… (중략) ……그 중에서도 미국과 일본의 경우에는 입법 조사 활동이 고도로 전문화되어 있어 가장 합리적으로 운용되고 있다. 우리나라에 있어서도 이러한 입법 조사 업무는 거의 십 년의 역사를 가지고 있으나 본격적으로 제도화된 것은 극히 최근의 일이며 이에는 주로 미국과 일본의 제도적 영향을 많이 받은 것이다" 필자 미상, "국회도서관의 입법 조사활동", 『국회도서관보』, 창간호(1964. 4), p.19.
5. 국회도서관, 『국회도서관 50년사』 p.61 재인용.

않았다는 점이었다. 그 이유는 의회조사처가 충분한 준비 없이 갑자기 출범한 데서도 찾을 수 있고, 또 하나는 의회조사처가 필요로 하는 인력 풀을 당시의 우리 사회가 충분히 갖추지 못하고 있었다는 데서 찾을 수 있다. 이러한 점은 지금도 시사하는 바가 크다. 늘어나는 입법 지원 요구에 걸 맞는 질 높은 서비스 제공을 위한 입법 지원 조직의 개선 또는 발전을 위한 대책으로 조사관의 증원을 주로 들고 있다. 그러나 양적인 문제를 해결하기 위해서는 조사관의 증원은 불가피하지만, 유능하고 적합한 인재를 확보하는 것이 우선되는 과제이다. 단순히 조사관의 증원만 늘여서 해결되는 문제가 아니라 입법 정보를 다룰 수 있는 직원의 역량과 의회조사처과 같은 입법 정보 지원 기관의 역량의 개발이 동시에 이루어지고 무엇보다 고객인 의원과 위원회의 정보 요구를 정확히 파악하여 대처할 수 있는 역량이 필요하다.

신설된 의회조사처의 기본적인 기능은 의원 및 각 상임위원회의 요구에 대응한 입법 조사로 규정되었으며, 입법 조사는 크게 ① 의뢰에 의한 조사와 ② 의뢰를 예측한 조사로 구별된다. 의뢰에 의한 조사에는 법률안 기초, 법안의 분석 및 정치, 경제, 사회에 관한 내외 사정에 대한 조사(참고 회답)가 포함되어 있었으며, 국회의원의 공식적인 연설이나 기고를 위한 연설 원고의 작성도 여기에 포함되어 있었다. 한편 예측 조사는 국회에서 현안 문제가 될 제반 사항 및 장차 문제가 될 가능성이 있는 사항들을 미리 예측하고 이를 조사하여 그 성과를 간행물로서 인쇄 배포하는 것이었다.[6]

의회조사처는 예측 조사 결과를 모아 그 가운데 국회의원과 전문위원의 직무 활동을 돕기 위하여 특히 중요하다고 인정되는 주제에 대해서는 이를 공간하여 널리 제공하기 위하여 1964년 4월 『입법참고자료』

---

6. 국회도서관, 『연간보고서』, 각년호.

1호를 창간하였고, 1965년 4월 15일에는 의회조사처의 활동 상황을 대내외에 널리 소개하기 위하여 입법 자료와 각종 자료를 게재할 목적으로 『입법조사월보』를 창간(월간 4×6배판)하였다. 또한 1965년 7월에는 의회조사처에서 조사·작성한 참고 회답 중에서 국회의원의 일반적인 관심의 대상이 될 수 있는 것을 선정하여 이를 널리 이용될 수 있게 하기 위하여 부정기적으로 간행되는 단행본의 형태로 『참고 회답』을 발간하기 시작하였다. 또 1969년부터는 시사성이 있고 시기적으로 알맞는 내용의 자료를 기동성 있게 제공하기 위하여 팜플렛 형식의 『입법자료』를 발간하기 시작하였다.

그 결과 의회조사처는 1964년 창설 이래 1970년까지 약 7년의 기간 동안에 참고 회답은 총 1,049건(연평균 약 150건)을 작성·제공하였고, 『참고 회답』은 총 36권(연평균 7권)을 발간하였으며, 『입법참고자료』는 총 131권(연평균 약 19권)을 발간하였다. 한편, 같은 기간에 작성된 색인카드의 양은 총 7만 6602매(연평균 1만 943매), 신문스크랩의 양은 총8만 4054건(연평균 1만 2008건)에 달하였다.[7]

의회조사처는 이외에도 법제사, 외교사, 정치사 분야의 기초 자료를 정리하기 위한 야심 찬 작업에 착수하여 많은 성과를 내었다. 즉 1966년에는 한국 근대 외교사 연표를 발간하였으며, 1967년에는 뉴욕 주립대의 캐롤 블렌처드 주니어Carroll H. Blanchard Jr.가 편집한 『한국동란에 관한 문헌목록』(영문)을 편집·발간하기도 하였다. 또한 의회조사처는 제헌 국회에서의 헌법 초안이 발의되어 헌법이 제정되기까지의 과정의 회의록 등 각종 자료를 모은 『헌정사자료』를 편집하기 시작하여 1967~1968년에 걸쳐 전 6권을 완간하였다. 또한 정부 수립 후 1969년까지의 제정, 개정, 폐지, 실효된 법령들에 관한 정보를 모은 『대한민국법령색인』

---

7. 강정구, '국회도서관의 현황과 발전 방향', 『국회도서관보』, 75호(1971. 8·9월 합병호).

의 제1집(1969년)과 제2집(1970년)을 발간하였고, 갑오경장 이후 한일
합방 때까지의 근대 입법을 수집·정리한 『한말근대법령자료집』의
편찬에 착수하여 1970년에 제1집을 발간하였다.[8]

한편 초창기의 의회조사처의 활동은 업무와 제도가 아직 정착되지
않은 데서 오는 문제점, 그리고 생소한 제도에 대한 오해 등으로 인하여
국회의원들의 따가운 질책과 편달의 대상이 되기도 하였다.

그럼에도 불구하고, 의회조사처의 초창기 인원 부족, 조사관들의
해당 분야에 대한 전문성의 부족, 국회의원들의 이해 부족 등으로 인하여
다소의 어려움을 겪었지만, 점차로 조직과 기능이 자리를 잡아가면서,
나름대로 평가를 받아가기 시작했다.

법제실 신설과 폐지 그리고 해외자료국의 설치(제2기)

의회조사처는 여러 가지 내외적으로 문제에 직면하면서도 그 기능적
측면에서나 조직적 측면에서 착실한 발전을 거듭하였다. 특히 1970년대
에 들어서자마자 입법 조사 업무의 범위와 내용에 있어서 커다란 변화가
생겼다. 입법 조사 업무 중 법률안 기초 및 법안의 분석 업무를 분리하여
이 업무를 담당할 '법제자료실'을 신설한 것이다.

법제자료실은 각국의 현행 법령 및 법률 관계 문헌과 정보를 집중적
으로 수집하고 이것의 활용을 위하여 이를 정리·보존하며 이를 체계적으
로 연구·분석함으로써 세계 각국의 법률 제정, 개정, 그리고 폐지에
따르는 여러 가지 입법 현황을 신속히 파악하고, 그 추세를 조사·연구함
으로써 국회의원의 입법 활동 및 법제 조사 업무를 효율적으로 지원하는
것을 주된 업무 영역으로 삼았다.[9] 요컨대, 과거 의회조사처에서 행하던

---

8. 『대한민국법령색인』과 『한말근대법령자료집』은 이후 법제자료실의 신설에 따라
그 업무가 법제자료실로 이관되어 속간되었다.
9. 국회도서관, 『1972년도 국회도서관 연간보고서』, 1973, p.20.

국내외 법령 자료에 대한 조사 업무를 법제 자료실로 완전히 이관하고 의회조사처는 참고 회답 및 기본 조사 업무에 집중하게 됨으로써 입법 조사 업무를 보다 특화시키고 전문화시킨 것이었다.

국회에 대한 법률안의 기초, 법안의 분석, 상임위 활동에 필요한 자료 지원 등과 같은 기존의 입법 정보 지원 업무도 시대 환경의 변화에 따라 변화하게 된다. 1970년대 초 대외 개방 정책과 함께 외국의 사정에 대한 자료에 우선 순위를 높게 둠으로 인하여 법제자료실을 폐지하고 '해외자료국'을 신설하여 외국의 정책 사례 등에 관한 자료 수집과 제공에 업무 중심을 옮겨 놓기도 했다.

1970년대의 의회조사처는 당시의 격변하는 정세에 대응하기 위해 국회도서관의 조직을 개편하는 가운데서 다소의 부침을 겪었다. 하지만 의회조사처는 급증하는 업무량과 그에 기초한 국회의원들의 긍정적인 평가에 힘입어 다시 안정적인 성장을 거듭함으로써 1960년대의 신설 조직으로서의 다소 불안정했던 상황을 벗어나 국회 내의 대표적인 입법 정보지원 조직으로서 나름대로 그 위상을 확고히 했다.

국회사무처 산하 기구로의 의회조사처(제3기)

1981년 1월 30일 제18차 본회의에서 국가보위입법회의는 국회도서 관법을 폐지하고, 국회도서관을 국회사무처의 부속 기관으로 편입시키는 국회사무처법개정안을 통과시킴에 따라 국회도서관이 국회사무처의 부속 기관이 되었다.

그러나 이때만 하더라도 의회조사처는 도서관 소속 기관이었으나, 1984년 7월 10일 국회사무처와 국회도서관 조직의 통합을 핵심적인 내용으로 하는 국회사무처법중개정법률안이 통과됨에 따라, 1985년 3월 1일부터 의회조사처는 국회사무처의 입법차장 산하 기구가 되었다.

이로써 국회도서관의 조직으로 의회조사처가 설립된 지 22년여 만에 도서관이 아닌 사무처의 하부 기관이 되었으며, 국회도서관은 입법부 도서관으로서 핵심적 기능이라고 할 수 있는 입법 정보 지원 기능의 중요한 한 축을 상실한 채 전통적인 도서관 기능만을 하게 되었다.

이후 의회조사처는 1994년 직제 개정으로 그 기능이 국회도서관 입법 조사분석실로 이관되고 폐지될 때까지 국회사무처의 산하 기구로 존속하게 된 것이다.

도서관의 입법 지원 기구로 회복(제4기)

1988년 5월 제13대 국회가 개원과 함께 국회 기능의 활성화와 국회 운영의 민주화를 기한다는 취지에서 여야 합의로 국회도서관을 다시 독립 기관으로 하여 입법부의 정보 지원 기능과 국가 도서관의 기능을 하게 하기로 하여 그 해 12월 국회도서관법이 재제정 됨에 따라 국회도서 관은 1984년 국회사무처의 1개 보조기관으로 흡수·통합된 지 4년 만에 다시 독립 기관으로 출범하게 되었고, 상실하였던 입법 정보 지원 업무도 다시 회복하게 되었다.

그러나 원래 국회도서관 소속이었던 의회조사처는 당시 소속 직원 이 대부분 행정직 4~5급 공무원이었던 관계로 이들이 도서관으로 소속 을 달리하는 것을 극구 반대함에 따라, 국회사무처에 잔류하게 되고, 국회도서관은 전문적인 입법 정보를 다룰 '입법자료분석실'을 새로이 신설하게 되어 국회사무처의 '의회조사처'와 국회도서관의 '입법자료 분석실'의 업무 영역의 중복에 대한 논란을 일으키기도 하였다.

1989년 3월에 신설된 '입법자료분석실'에는 변호사 등 박사 학위 소지자 또는 수료자 등을 별정직 4급 상당 및 5급 상당으로 임용하였다. 이렇게 출범한 입법자료분석실은 1994년 국회 기구 개편으로 '입법 조사분석실'로 탈바꿈할 때까지, 입법 참고 회답 업무와 입법 자료 분석 및 발간 업무, 그리고 도서관의 수서 및 정리 업무에 대한 협조 등의 업무를 수행하였다.[10] 이후 입법자료분석실은 입법 및 정책 현안을 심도 있게 분석 소개하는 『현안분석』과 입법 및 정책 현안은 물론 해외사정 등을 분석한 연구 논문들을 게재하는 『계간 입법자료분석』 등을 발간하는 등 국회도서관이 보유한 입법 정보 싱크 탱크로서의 역할을 발전시켜 나갔다.

입법 조사분석실 시대(제5기)

1993년 2월 이른바 '문민 정부'의 출범과 함께 국회도 "일하는 국회", "생산적인 국회"의 슬로건을 내걸고 국회제도개선위원회를 설치하여 국회의 전반적인 제도를 망라적으로 재검토하였다. 그 결과를 1994년 4월 15일 '국회제도개선에 관한 건의'라는 보고서로서 이만섭 국회의장 에게 제출하였다.[11]

이 보고서는 국회의 제도, 운영에 관한 광범위한 내용을 다루고 있었는데, 그 가운데 입법 지원 기구와 관련해서는 이를 "전문 조직으로 보강"해야 한다는 원칙하에 ① 행정 관리 인력을 가급적 필요한 수준으로 감축하고 이를 입법 지원 전문 인력으로 흡수함, ② 국회의 취약 부분인 법제, 예산 및 결산 심사 분석, 정책 평가, 입법 조사, 입법 정보 등을 지원하는 전문 기구를 설치토록 함, ③ 입법 조사 기능을 단일화하여 도서관에서 담당하도록 함 등을 건의했다. 그리고 그 구체적 인 시행 방안으로는 "국회사무처의 '의회조사처'와 국회도서관의 '입법

---

10. 입법 자료 분석실의 연구관들은 1988~89년에 주제분류관들이 수행하던 업무의 일부를 넘겨받아, 양서 및 일서에 대한 도서 선정 업무, 신착 외국 정기 간행물에 대하여 색인 대상 논문을 지정하고 그 가운데 국회의 입법 활동과 관련이 깊은 논문에 대한 초록번역 업무 등도 수행하였다.
11. 국회제도개선위원회, 『국회제도에 관한 건의』, 1994. 4.

자료분석실'의 기능을 통합하여 국회도서관에서 입법 조사 업무를 담당"
하고,[12] "향후 통합될 입법 조사 기구는 그 충원 및 보수 체계에 있어서
연구직 제도를 도입하는 등 연구 조사 업무 수행에 적합한 체계로
전환"할 것을 건의하였다.

이러한 건의에 기초하여 1994년 6월과 7월에 국회법과 국회도서관
법을 개정하였다. 이로 인해 사무처의 의회조사처의 기능은 국회도서관
의 '입법 조사분석실'로 통합하고 국회사무처의 '의회조사처'는 폐지하
게 되었다.

특기할 것은 종래에 사무처 의회조사처에 속해있던 해외자료번역관
5인을 입법 조사분석실 총괄담당관실 산하로 옮겨, 의원에 대한 번역
및 해외 자료 분석 업무를 담당하도록 하였다는 점이다.[13]

이러한 직제 개정에 따라 1995년 초에 각 분야를 전공한 10명의
박사 학위 소지자들이 입법조사연구관으로 특별 채용되었다. 이로써
입법조사분석실은 23개 국정 분야를 전원이 박사 학위 소지자들인
입법정보연구관들이 나누어 담당하는 체제를 갖추게 되었고, 종전에
의회조사처와 입법자료분석실이 각각 수행하던 입법 참고 질의 회답
업무를 독점적으로 수행하게 되었다.[14] 입법조사연구관을 전원 박사
학위자로 채용하고 연구관 제도를 국회 공무원 인사 제도상 처음으로
도입한 것은 국회제도개선위원회의 권고에 기초한 것으로 입법 정보
지원 활동의 전문성을 제고하기 위한 것이었다.

---

12. 국회제도개선위원회는 국회사무처에 대해서는 의회조사처를 폐지하는 대신에
의원 입법을 지원하는 법제 기능과 예산·결산 및 관련 정책 분석을 수행하는 법제예산실
을 새로 창설할 것을 건의하였다.
13. 해외 자료의 번역 업무는 1995년 12월 30일에 이루어진 국회도서관직제개정에
따라 도서관협력과로 이관되었다.
14. 조직 개편이 완료된 시점에서 입법 조사분석실의 총정원은 42명이었다. 국회도서관,
『1995 국회도서관연간보고서』, 1996. 11. 참조

입법자료분석실은 출범과 더불어 이전부터 발행해오던『현안분석』
을 계속 발간하는 한편, 새로이 국제 정세와 해외 사정을 신속히 분석하
여 소개하는『국제문제분석』, 그리고 입법 현안 및 쟁점 등을 간략한
형태로 신속히 분석·소개하는『Info-Brief』등을 발간하기 시작했으며,
종래 의회조사처에서 발간해오던『입법조사월보』와 입법자료분석실이
발간하던『계간 입법자료분석』을 통합하여『입법조사연구』라는 새로
운 입법·정책 분석 전문 연구지를 격월간으로 발간하기 시작하였다.[15]
입법 조사분석실은 또한 1996년초부터 국정 현안을 세밀하게 분석한
보고서 발간을 준비하여 그 결과를 1996년 6월 15일『국정현안 100대
과제』라는 책자로 발간하였다. 4×6배판 크기의 2권으로 발간한 이
책자는 23개 국정 분야별로 분야당 4~5건의 현안을 다루었는데, 과감한
분석과 논조로 인하여 커다란 파문과 반향을 일으켰다.[16] 이밖에도
입법 조사분석실은 1995년부터 해마다 정책 세미나를 개최하고 장기적
인 연구를 통한 심층적 연구 보고서인『연구보고서』등을 발간하는
활동들을 전개하였다.

현재의 입법전자정보실 시대(제6기)

이처럼 활발한 활동을 전개해오던 입법 조사분석실은 1999년 말

15.『입법조사연구』는 두 잡지를 통합하여 새로이 창간되는 잡지였지만, 역사가 오래된
『입법조사월보』의 전통을 잇는다는 의미에서 통권호수는『입법조사월보』의 그것을
계승하였다.

16. 특히『조선일보』가 이에 대해 한 면을 전부 할애하여 보도하고 다음과 같이 논평함으
로써 파문이 더욱 커졌다. "국회 도서관 입법 조사 분석실이 15일자로 펴낸『국정현안
100대과제』책자는 정부의 정책 전반에 관한 신랄한 비판들을 담고 있다. 정치 경제
사회 등 국정현안 각 분야에 대한 시각과 인식 자체가 현정부와는 판이하게 다른
경우가 적지 않았으며, 특히 각 주제별로 제시된 대안들은 현정부 정책과 근본 기조
자체가 정반대인 경우도 있었다. 이 책자는 비록 국회 내 한 기구가 발간한 것이지만,
15대 의원들의 실제 입법·의정 활동에 참고 자료로 활용될 목적으로 만들어진 것이어서
책자 내용을 둘러싸고 상당한 논란이 일 전망이다",『조선일보』, 1996. 6. 15.

국회 구조 조정의 과정에서 폐지되었고, 그 대신 입법전자정보실 산하에 입법 정보지원과가 발족되어 그 기능이 축소 조정된 상태로 이어받게 되었다. 입법 조사분석실의 각종 업무는 입법전자정보실 산하의 입법 정보지원과로 축소된 조직에서 수행하게 되었다. 입법 정보지원과는 일반직 연구관에서 계약직 연구관으로 신분이 바뀐 10명의 연구관과 6명의 전문 사서로 이루어진 입법지식DB팀, 그리고 행정지원 인력 4인으로 구성된 입법 정보지원팀 등 총 21명의 정원으로 출범하였다. 이후 입법 정보에 대한 수요가 대폭 늘어남에 따라 입법정보지원과를 입법조사 1, 2, 3과로 확대 개편하여 오늘에 이르고 있다.

우리 국회의 입법 정보 지원 기능에 대한 논의는 이후에도 지속되어 왔다. 그 결과 2003년도에 입법부의 정보 능력과 정책평가 역량의 향상을 위한 목적으로 예산정책처를 신설하였다.

17대 국회에 와서 급격히 늘어난 의원 발의 법률안 등, 의원의 입법 활동이 활발하여짐에 따라, 이를 지원하기 위한 입법 정보 지원 기능 강화에 대한 일환으로 입법 정보 지원 기관의 개편을 논의의 대상으로 하고 있다.

미국의 경우, 의회가 갖고 있는 정보와 전문성을 행정부와 비교할 때 의회가 절대적 열세의 위치에 있는 것을 극복하기 위하여 1946년과 1970년대에 Legislative Reorganization Act의 개정에 따라, 의회에 정보와 전문적인 자문을 제공할 목적으로 미국 의회 내에 새로운 기구를 신설하거나, 조직을 개편하였다. 즉, Congressional Research Service(CRS)를 1914년에 설립하였고, General Accounting Office(GAO)는 1921년에 설립하였으며, 1970년대에 와서는 Office of Technology Assessment (OTA)와 Congressional Budget Office(CBO)를 신설하는 한편, General Accounting Office(GAO)와 Congressional Research Service(CRS)를 확대 개편하였다.

[표 1] 한국 국회도서관 입법 지원 조직 변천 과정

일자	내용
1963. 12	국회도서관에 의회조사처 설치
1970. 12	국회도서관 의회조사처에 법제자료실 신설
1973. 11	의회조사처의 법제자료실을 폐지하고 해외자료국을 별도로 신설
1985. 3	국회도서관이 국회사무처에 편입됨에 따라 의회조사처가 국회사무처 기구로 개편됨
1988. 12	국회도서관이 다시 독립 기관으로 됨
1989. 3	국회도서관에 입법자료분석실 신설
1994. 7	입법자료분석실을 입법 조사분석실로 확대 개편 (한시적으로 사무처 소속으로 있던 의회조사처는 폐지)
1999. 12	조직의 구조 조정 과정에서 입법조사분석실이 입법정보지원과로 대폭 축소됨
2002. 12	입법정보지원과를 입법 조사1, 2과로 개편
2003. 12	입법조사1, 2과를 1, 2, 3과 체제로 개편(현재)

7. 국회도서관의 입법 지원 조직

1) 입법 지원 조직에 관한 이론적 배경

의회에 입법 정보를 지원할 조직을 두는 일반적인 논리와 배경은
앞서 언급한 입법부와 행정부 간의 정보의 비대칭으로 인한 문제와
정책 의제에 대한 전문 지식의 확보를 위한 의회 차원의 조직화에
있다고 본다. 그러나 의회의 입법 정보 지원 조직 즉, 의회도서관(미국의

경우 의회도서관 소속의 CRS), GAO, CBO 등에서 제공하는 정보와 의원 개인 또는 입법부의 생산성이나 성과와의 관계에 관한 직접적이고 관찰적인 연구가 없어, 입법 정보 지원 조직의 역할과 생산성을 인과적으로 평가할 수는 없다. 이와 같은 의회에서의 전문성과 정보의 가치에 대한 논의는 오랜 기간 동안 있어왔다. 예를 들면, 빔버(Bimber, 1991: 585~605)가 미국 상원의원이었던 리 메트칼프Lee Metcalf가 1974년 예산 개혁과 관련한 토론회에서 이야기한 "정보가 예산 통제와 같은 게임에서는 핵심이다Information is the name of the game in budget control." 는 말을 인용하면서, 전문가가 되는 것과 전문적인 정보를 확보할 수 있는 것은 정책 그 자체가 전문성을 띤 것이 많은 시대에서는 자기 입장을 변호하는 데 아주 유용할 것이라는 '정보가 의회에서 매우 중요한 가치를 가진다'는 견해와, 다른 한편으로 '실질적이고 전문적인 정보와 전문가가 별 가치가 없다' 즉, 아무리 과학이나 기술에 관한 의제라 할지라도 의회에서는 전문적 지식만이 의사 결정의 주요인이 아니며, 전문적 지식이 있는 의원이 그렇지 못한 의원에 비하여 항상 정치적 논의에서 우위에 있는 것은 아니라는 두 가지 견해를 소개하고 있다. 이 두 견해에 대한 논증은 더 이상 없지만, 세계 대부분의 의회가 규모에는 차이가 있을지언정 입법 정보지원 조직을 두고 있음을 볼 때, 입법 정보 지원 조직은 의회의 필수 기본 조직으로 자리매김한 것 같다.

2) 입법 정보 지원 내용

입법 참고 질의 회답

국회도서관이 우리 국회의 주요 정보원Information Source으로서 전문적 입법 정보 지원기관으로서 국회에 제공하는 내용을 살펴보면, 의회조사처 설립 초기의 입법 조사 업무는, 의뢰에 의한 조사와 의뢰를 예측한 조사로 구별하고 있다. 의뢰에 의한 조사에는 법률안 기초, 법안의 분석 및 정치, 경제, 사회에 관한 내외 사정에 대한 조사(참고 회답)가 포함되어 있었으며, 예측 조사는 국회나 사회 전반에 걸쳐 현안 문제가 될 제반 사항이나 장차 문제가 될 가능성이 있는 부분들을 미리 예측하고 이를 조사하는 것이었다. 이와 같은 의회조사처의 업무 영역이 국회도서관의 입법 정보 지원 내용의 근간을 이루어 왔다. 이러한 의회조사처의 업무 영역은 국회를 둘러싼 시대 환경에 따라 변하여 왔지만, 기본적인 정보 지원 내용은 변화 없이 지속적으로 유지되어왔다. 그러나 현재의 업무 영역을 초창기와 비교하면 오히려 줄어들었다고 볼 수 있다. 국회에서 현안 문제가 될 제반 사항 및 장차 문제가 될 가능성이 있는 사항들을 미리 예측하고 이를 조사하는 예측 조사의 경우 오히려 지금이 미약하다. 여기에는 전문 인력 부족이 큰 이유이기도 하지만 국회의 입법 정보에 대한 인식과 가치관도 중요한 요인이라고 본다.

국회도서관이 입법 정보를 제공하는 수단으로 가장 전통적이고 근본적인 것이 참고 회답Reference Service이다. 참고 회답은 법안이나 국정 현안에 대하여 국회의원, 상임위, 입법 관련 부서에서 요청한 입법 참고 질의에 대하여 회답하는 형식으로 '의뢰에 의한 조사'의 형태 를 띤 것 이다. 즉 입법 참고 회답은 입법에 관련한 질의에 대하여 분야별 전문가가 현황, 문제점, 개선 방안, 외국의 관련 법·제도 등을 조사·분석하여 회답하는 것을 내용으로 하는 도서관의 전통적이고 전문적인 서비스를 말한다.

우리 국회에서의 입법 참고 질의의 일반적 추세는 시간이 흐를수록 양적으로 크게 증가하였다는 점이다([표 2] 참조). 국회 개원 연도 연말까지의 통계를 비교하면 41.4% 정도 증가한 것을 알 수 있다. 이러한 참고질의 요구의 증가는 의원발의 법률안의 증가로 나타났다. 2005년 4월 1일 현재 의원발의 법률안 건수가 제16대 국회와 비교해 3배나 늘어났음을 보여준다(이한길, 2005).

[표 2] 입법 참고 질의 회답 처리 결과

연도	2000년	2001년	2002년	2003년	2004년	2005년
처리 실적	475건	579건	338건	897건	1217건	1885건

입법 참고 질의를 분석하여 보면, 크게 두 가지 경우로 나눌 수 있다. 즉 누가 회답을 하여도 같은 내용의 것, 즉 사실Fact에 관한 데이터와 자료인 '사실적 정보Factual Information'와 전문가의 분석이 필요한 '분석적 정보Analytical Information'로 대별 된다. 참고 질의의 내용을 사실적 정보와 분석적 정보로 구분할 때, 그 비율은 제16대 국회까지는 5.5:4.5의 비율을 보이고 있으나, 제17대 국회에서는 사실적 정보에 대한 요구가 분석적 정보에 대한 요구 보다 늘어나고 있다. 2005년의 참고 질의 내용을 분석하면 7:3의 비율을 나타내기도 하였다.

이러한 입법 정보 수요 변화에 발맞추어 국회도서관에서도 다양한 대응 방안을 마련하여 시행 또는 준비 중에 있다. 전문 인력의 충원과 함께 업무의 문제점을 보완할 구체적 방안을 검토하고 있다. 제17대 국회에 들어 참고 질의가 대폭 증가하는 문제에 대처하기 위하여, 참고질의 중 사실적 정보의 제공은 사서들로 구성된 종합검색팀에서 담당하게 하고, 분석이 필요한 정보에 대하여는 해당분야 전문가인 연구관들이 전담하게 하였다.

예측에 의한 조사의 한 형태로 국회도서관에서 제공하는 입법 정보로는 의회조사처 등의 입법 정보 지원 기관이 발행하는 각종 입법 관련 자료를 들 수 있다. 『입법참고자료』(1964년 발행), 『입법조사월보』(1965년 발행 월간), 『참고 회답』(1965년 발행, 부정기), 『현안분석』(1994년 발행), 『국제문제분석』(1995년 발행), 『Info-Brief』(1995년 발행) 등을 들 수 있다.

국회에서 다루게 될 것으로 예측되는 정책이나 법률안 관련한 정보를 정보의 수요 발생 이전에 해당 분야 전문가의 능동적인 판단에 의하여 생산하여 앞서 소개한 출판물의 형태로 국회 내외에 광범위하게 제공하여 왔다. 그러나 출판물의 형태로 배포 유통되는 입법 정보는 유통 및 전달 속도가 느릴 뿐만 아니라 정보 이용의 시의성과 적시성에 한계를 드러내기도 하였다. 이러한 문제점을 개선하기 위하여 정보 통신 기술을 이용하여 새로운 형태의 입법 정보 서비스를 구상하여 1999년부터 '입법 지식 데이터베이스'를 생산하여 국회의원과 입법에 관련한 국회 내부 직원에게 제공하기 시작하였다.

입법 지식 DB

'입법 지식 DB'는 법률안 또는 주요 정책과 관련한 정보와 전문 지식을 해당 분야 전문가인 국회도서관 연구관이 일목요연하게 요약정리하고, 이와 관련된 참고 자료의 원문과 해당 건과 관련한 전문가와 기관들의 이메일, 웹사이트 주소 등을 소개하는 일종의 '웹입법 정보백과 사전' 역할을 하는 것이다.

'입법 지식 DB'는 신규 주제 리스트를 전자 메일을 통해 국회의원 및 직원들에게 제공하고 있으며, 기존에 구축되어 있는 자료들은 검색과

조회가 가능하며, 이외에 의원사무실 등에서 희망 주제를 직접 신청할
수 있게 함으로서 입법 정보 수요자와 생산자 간의 쌍방향 커뮤니케이션
이 가능하게 하였다. 2005년 말 현재 약 1000개의 엄선된 주제아래
개요와 함께 관련 서지를 망라하고 있다.

입법정보

『입법정보』를 발간하여 의원들의 입법 활동에 필요한 현안 정보를
제공하고 있다. 입법 및 국정 운영의 현안이 되고 있는 주제에 대하여
해당 분야 입법 정보 연구관이 조사 · 분석한 연구보고서를 국회 전자
문서 시스템 및 국회도서관 홈페이지에 게재하고 책자로 발간하여 배포
하고 있다. 2005년말 현재 약 180호의 『입법정보』가 발간되어 배포된
바 있다.

최신외국법률소식

글로벌 시대를 맞이하여 다양하고 심층적인 해외 정보에 대한 수요
가 날로 증가하고 있다. 따라서 국회도서관은 법안 발의 및 정책 심의에
활용하도록 풍부한 외국 사례를 제공하기 위해 기존의 번역 서비스와
『해외법률소개』에 이어 2005년 6월부터 새로운 『최신외국법률소식』을
서비스하고 있다. 이 『최신외국법률소식』은 외국의 입법 정보를 신속히
제공하기 위하여 경제협력개발기구(OECD) 주요 회원국, 중국, 러시아
등 17개국과 유럽연합(EU)의 최신 제 · 개정 법률을 조사하여 그 주요
골자를 번역하여 일일 메일링 서비스를 제공하는 것을 말한다. 아울러
국회도서관 홈페이지 및 국회 전자 문서 시스템에 게재하며, 또한 이를
월간으로 책자 형태로 발간하여 국회의원 및 관련 부서에 배부하고
있다. 서비스 법률의 범위는 각국의 법체계 중에서 헌법, 법률, 조약의

범위 내에서 제공하되, 명령의 경우 그 내용이나 성격이 중요하면 선정할 수 있다. EU의 경우 규칙도 선정하여 수집하는 것을 원칙으로 하고 있다.

서비스 제공 내용은 ① 제·개정 법률명/공포 일자, ② 법률의 주요 골자(국문요약), ③ 법률 원문의 URL 등이다. 그리고 서비스 제공 형태는 메일링, 책자 발간, 그리고 웹을 통해 서비스하고 있다. 웹 서비스는 국회도서관 홈페이지 및 전자 문서 시스템에서 전체 최신 법률 검색을 통해 가능하며 일반인도 이용 가능하다.

이외에도 주요 국가의 일일 동향과 주간 현안을 조사번역하고 국내 현안 관련 주요 정책을 분석하여 국회의원의 의정 활동을 능동적으로 지원하고 있다. '일일 외국 신문 정보 서비스'는 미국『뉴욕 타임스』, 일본『요미우리』, 중국『인민일보』, 영국『타임스』, 프랑스『르몽드』, 러시아『이즈베스티야』등 30여 종의 외국 주요 일간지의 사설, 정치, 경제, 입법 및 의회 동향, 한국 관련 기사를 요약·번역하여 입법 정보로 제공하고 있다. 아울러 이를 종합하여 주간 단위로『주간해외동향』을 발간하고 있으며, 그 속에는 주간 동향, 포커스, 해외 인물, 시사 용어 등의 내용을 담고 있다.

세미나 및 정책 토론회

국회도서관은 정책 현안에 대하여 외부 전문가를 초청하여 의원 보좌 직원, 입법 관련 직원 등과 세미나 또는 토론회를 개최하여 현안 주제에 대한 정책 대안을 제시하고 있다. 이러한 세미나와 간담회를 통하여 현안에 대한 관련 지식 및 정보를 제공하며, 입법 정보 연구관의 정책 간담회 참여를 통하여 관련 기관 및 연구소와의 협력 증진은 물론 인적 네트워크 및 정보 교류에 힘쓰고 있다.

맺음말

　우리나라 국회도서관은 미국이나 일본과 같이 한편으로는 대의회 입법 지원 기능을 수행하며, 다른 한편으로는 국가 도서관으로서 대국민 서비스 기능을 동시에 수행하고 있다. 정보 통신 기술이 발전하고 정보수요자의 정보 욕구가 증대되고 있는 추세에 맞추어, 입법 정보 제공과 국가 지식 정보의 체계적인 관리의 상호 작용을 통해 중요한 정보 자원이 국회의원 및 국민들에게 신속하고 편리하게 활용될 수 있도록 서비스를 강화해 나가야 할 것이다.

　특히 정보화 시대에 부응하는 서비스의 양과 질의 조화에 주목할 필요가 있다. 과거에 단순히 책을 보유하고 이용자들이 와서 서가의 자료를 찾아야 했던 도서관 서비스의 틀에서 벗어나, 정보 수요자들이 원하는 정보를 온라인이나 오프라인상에서 상세히 면담하고 처방을 내려주어 시간과 노력을 절약시키는 맞춤형 정보 서비스 체제를 구축해야 한다. 즉, 국회의원과 상임위원회가 정책과 법률의 심의 과정에 필요한 모든 자료나 정보를 소비자(국회의원과 위원회)의 요구에 맞추어 제공함으로써 정보 소비자들이 별도의 수고 없이 정보가 활용될 수 있도록 맞춤형 입법 정보 제공 체제로 전환하여야 할 것이다. 그러한 맞춤형 서비스가 강화될 때 의회와 행정부 간 정보의 비대칭성이 해소될 수 있을 것이며, 입법 정보 수요자들의 변화된 정보 요구에도 능동적으로 대처할 수 있을 것이다.

　아울러 국회도서관은 유비쿼터스Ubiquitous에 기반한 국정 관련 정보의 중심 기관으로 발전해 나가야 한다. 지식 정보화 사회에 국회도서관은 50여 년간의 지식 정보 자원 관리의 노하우를 발전시켜 유비쿼터스에 기반한 정보 통신 기술의 도입 및 국회와 국민(A2P), 국회와 정부(A2G)

의 정보 게이트웨이의 역할을 충실히 수행할 수 있도록 제도적·기술적 보완 사항을 정비해 나가야 한다. 이를 통해 기존의 문헌 정보와 최신의 인터넷 정보를 체계적으로 관리함과 동시에 온라인과 오프라인 등 다양한 정보 통신 매체를 활용하여 국회의원과 국민 모두에게 삶의 지혜와 정보를 제공해 줄 수 있는 지식 정보 사회에 있어 진정한 의미의 미네르바 Minerva가 되어야 할 것이다.

이를 위해서는 국회도서관의 본연의 기능이라 할 수 있는 입법 활동에 필요한 정보 지원 기반을 보다 확충시키기 위한 몇 가지 노력이 선행되어야 한다. 특히, 양질의 자료 확충, 전자 도서관 고도화, 맞춤형 정보 서비스 개선 및 새로운 정보 통신 기술과 정보 관리 기법의 활용을 통한 지식 정보의 유통 관리에 대한 도전과 관련된 문제를 전략적으로 개선시킬 필요성이 있다.

아울러 양과 질의 측면에서 공히 확대일로에 있는 입법 정보 수요에 대비하기 위해서는 유능한 인력과 전문적인 시스템을 구축하여 수요에 대응해 나가야 한다. 현재 대한민국 국회에서는 국회도서관에서 독립된 조직으로 '의회조사처'를 신설하려는 노력이 시도되고 있다. 의원 입법과 정책 질의가 16대 국회에 비해 3배나 늘어났는데도 입법 지원 조직은 그대로여서 만족할 만한 지원을 기대하기는 어렵다는 지적이 계속 나오면서 입법 활동을 총체적으로 지원할 기구가 있어야 한다는 주장들이다. 그러다 보니 입법 지원 조직의 강화라는 측면에서 새로운 기구의 필요성에 대해 이의를 제기하는 의원이나 학자들은 그렇게 많지 않다. 다만 신설될 조직의 성격과 구성 방법 그리고 활동 방향에 대해서는 다양한 의견들이 나오고 있다. 또 입법 조사과가 제대로 역할을 해왔던 만큼 의회조사처 시절부터 있어왔던 것과 같은 외부적 요인에 의한 생성·소멸이 아니라 진정으로 의원에 대한 입법 지원 강화와 전문성

보강 차원에서 검토되기를 바라는 의견들이 제시되고 있다.

아직 그 추진 결과는 예측하기 어려운 상태이지만 의회조사처의 신설 여부에 따라 도서관의 입법 지원 기능 수행에 변화가 올 것으로 예상된다. 그리고 현행의 제도로 유지된다고 하더라도 도서관 입법 지원 기구의 확대 개편은 불가피한 상황이라고 볼 수 있다. 제일 중요한 것이 의원 입법 지원의 내용이므로 그런 역할을 할 수 있도록 콘텐츠 개발에 나서야한다.

도서관의 입법 정보 서비스 업무 수행을 위해서는 정보원(자료·도구)에 대한 이해와 이용자인 국회의원과 기타 입법 지원 기구에 대한 이해가 선행되어야 한다. 국회도서관의 지원 서비스 내용을 잘 몰라 도서관 자료를 이용하지 못하고 언론이나 외부의 자료 등에 의존하고 있는 의원 및 보좌진에 대한 홍보는 계속되어야 할 것이다. 여기에 더하여 외국어 능력, 미디어 활용 능력, 주제에 관한 전문 지식이 필요하다. 그러나 이러한 요건을 완비한 인력은 많지 않을 것이다. 여기에서 인력의 전략적 배치와 효율적 활용이 요구되는 것이다.

위에서 고찰한 바와 같이 한국 국회도서관의 연구 인력은 극히 부족한 상황이다. 따라서 보다 첨단의 그리고 신생 분야에 대한 보다 심층적인 입법 정보 서비스에 대처하기 위해서는 보다 다양한 분야의 유능한 전문 인력을 확보하는 것이 필요하다. 특히 오늘날의 입법 정보 수요의 주요 특징 중의 하나가 정책과 입법의 결과에 대한 불확실성에 기인한 바가 크기 때문에 이러한 분야에 대응하기 위한 전문 인력의 확대가 요구된다. 아울러 지역 전문가와 주제 전문가의 충원이 요구되고 있다. 특히 다양한 외국 정보와 입법 동향을 분석할 전문성과 외국어 능력을 갖춘 인력이 필요하다.

다음으로 수요에 맞추어 인력을 탄력적으로 운영할 필요가 있다고 본다. 한국 국회도서관에서도 이미 시작되고 있지만 양적 수요를 충족시키기 위해 우선 사실적 정보와 분석적 정보를 분리하여 사실적 정보를 담당하는 인력은 심층적인 전문성이 요구되지 않고도 가능하기 때문에 이들은 조금의 훈련을 통해서도 충분한 역할을 수행할 수 있을 것이다. 따라서 연구관은 분석적인 정보에 치중함으로써 입법 정보의 전문성을 강화할 수 있고 참고 질의 회답의 기간도 단축시킬 수 있는 강점이 있다고 할 것이다.

다음으로 입법 정보 이용자의 수요를 정확하게 파악하는 것이 중요하다. 향후 사실적 정보를 떠나 적어도 분석적 정보를 다루는 과정에서는 의뢰자와 연구관과의 긴밀한 관계가 요구된다고 할 것이다. 의뢰자의 의도와 요구를 명확하게 이해할 때 입법 정보의 만족도를 높일 수 있기 때문이다. 따라서 의원, 위원회 등 입법 정보 수요자에 대한 충분한 이해를 위한 도서관인들의 노력이 더욱 요구된다.

:: 참고 문헌

국회도서관, 『국회도서관 50년사』, 2002.

국회도서관, 『국회도서관 안내』, 2005.

국회도서관, 『2004 국회도서관연간보고서』, 2005.

김유향, 「온라인 입법 정보 서비스의 발전 방향」, 『국회도서관보』, 2003. 10.

이한길. 「의원발의 법률안 제16대 국회보다 3배 늘어」, 『국회보』 제462호,
    2005년 5월호.

정호영, 『국회법론』, 법문사, 2004.

8장

주요국 의회도서관의 입법 지원 기능

이현출

세계의 의회는 의원들의 의정 활동을 지원하기 위한 입법 지원 기구를 갖추고 있으며, 이러한 입법 지원 기구는 2차 대전 이후 양적·질적 측면에서 비약적으로 발전해 왔다. 우리는 주요국의 입법 지원 조직 발전 사례를 이 책을 통하여 살펴보았다. 일반 행정 지원 조직과는 별도의 입법 지원 기구 발전의 역사는 의회 발전의 역사와 함께 한다고 해도 과언이 아닐 것이다.

의회는 한 나라의 중요 정책을 논의하는 곳으로 국내외의 정치·경제·사회·문화 등 모든 정책 영역과 중앙과 각급 지방 단위의 정책 의제를 포괄하는 지식과 정보를 갖추는 것이 필수적이다. 이러한 정보망은 일차적으로 정당과 개별 의원이 그 필요에 따라 충원하게 되지만 의회 전체 차원에서도 중립적이고 집합적이며 의정 활동의 연속성을 담보할 입법 지원 기구가 필요하게 되었다. 이러한 입법 지원 기구의 주요 기능은 의정 활동에 필요한 입법 정보의 제공에 있으며, 그 핵심이 입법 활동에 필요한 정보와 지식의 제공에 있다.

의회는 입법 기관인 동시에 국민의 대표 기관이다. 선거에 의해서 구성되는 특성 때문에 의회는 전문성보다는 상식에 따르기 쉽다. 특히 현역 의원의 재선율이 높은 미국과는 달리 한국의 국회는 현역 의원

재선율이 낮기 때문에 그나마 전문성을 기대하기 어려운 실정이다. 이처럼 구조적으로 전문성이 약한 의회가 행정부의 전문성에 대응하여 대표 기관으로서의 견제 기능과 입법 전문 기관으로서의 독자성을 확보하는 문제는 의회주의의 위기에 처한 현대 민주주의의 당면 과제이기도 하다.

의회의 전문성은 의원 개인적인 인적 전문성expertise과 업무상의 전문성specialization으로 나누어 설명할 수 있다. 개인적 전문화는 주로 개인의 사회화 과정에서 형성된 것으로 생각이나 판단 기준의 준거틀이 현직에 오기 전에 형성된 정도를 지칭하며, 이를 결정하는 변수로 학력, 전공, 사회적 경력·경험 등을 들고 있다. 하지만 학력·경력에 대한 우선적 고려는 의원의 대표성과 마찰을 일으킬 우려가 있다. 다음으로 업무상의 전문성에 대해 살펴보자. 업무상의 전문화는 주로 업무 수행상의 현상으로 의원의 선수, 상임위원회 전문화 정도, 입법 지원 기구의 입법 정보 획득 능력, 업무에 대한 관심과 적극성 등에 의하여 결정된다. 권력 분립의 한 축이자 국민의 대의 기관으로서 정부를 견제하고 감독할 의무를 지닌 의회는 독자적인 입법 활동 영역을 확보하기 위해 의회의 전문성 축적 구조를 가지고 있다. 입법 활동의 전문화를 위해서는 의원 및 의원 지원 조직의 전문성이 함께 제고되어야 한다. 국회의원은 선거에 의한 선출직이기 때문에 의원 개개인의 전문성을 높이는 데에는 한계가 있다. 그렇지만 질 높은 의안을 심사하기 위해서는 높은 수준의 전문적 식견이 필요하고, 이러한 전문성을 제고시킬 하나의 대안으로 자신의 역할을 보조할 입법 지원 조직을 필요로 하게 되었다.

입법 전문성 확보는 일차적으로 정당과 개별 의원이 그 필요에 따라 정책연구소 또는 개인 보좌진 등을 통해서 시도하고 있지만, 전체

의회 차원의 보다 집합적이고 중립적이며 의정 활동의 연속성을 담보하는 정보와 지식의 축적 및 제공을 위한 기관을 필요로 하게 된다. 의회 입법 지원 조직은 오늘날 크게 팽창되었는데, 미국의 경우 의회에서 보좌 기능을 수행하고 있는 인원은 의원 개인 보좌관, 상임위 보좌관, 의회 소속 기관 및 기타 행정 보조원까지 합하면 거의 2만 4000명에 이르고 있다. 성숙한 정책 결정형 의회로 평가받고 있는 미국 의회가 현 수준의 전문성을 확보하고 있는 배경과, 그 경과는 여타 의회에 주는 시사점이 다대하다.

의회 차원의 입법 정보 서비스를 제공하는 구체적인 기관들은 국가마다 의회사적 특성에 따라 다양한 형태를 띠고 있는데, 그 중에 가장 일반적인 기관이 바로 의회도서관이다. 의회도서관은 의회가 필요로 하는 다양한 형태의 입법 정보를 1차적으로 수집하여 이용자의 수요에 따라 제공하는 가장 기본적인 입법 지원 서비스를 담당하고 있다. 의회도서관의 규모와 입법 지원 기능 수행에서의 차이는 국가마다 다양하게 나타나고 있다. 이 장에서는 주요국 의회도서관과 입법 지원 기능을 비교하여 그 특징을 고찰하고자 한다.

1. 입법 지원 기구와 의회도서관

먼저 의회도서관이 입법 지원 기구 속에서 차지하는 위상과 역할을 알아보자. 미국 의회 조직의 역사는 의회가 가질 수 있는 가장 완벽한 형태의 조직 구조를 구현해 왔다고 볼 수 있다. 입법 지원 기구를 이스턴 Easton의 체제 모형 관점에서 정리해 보면 그 업무의 기능적 속성에 따라 투입, 전환, 산출 및 환류feedback로 구분해 볼 수 있다. 의회를 법률이나 정책 등을 산출해내는 정부 기관의 일종이라고 볼 때, 바로 그 산출물을 만들어내는 과정을 전환이라고 한다면, 그 전환 작업이 가능하도록 일반 시민의 참여나 의견의 제공 등이 이루어지는 과정을 투입이라고 하고, 일단 배출된 산출물과 그의 영향에 대한 평가 작업을 환류라고 볼 수 있다. 투입 단계의 작업이 주로 일반 시민 사회와의 네트워킹이나 정보 수집 활동을 통해 달성가능한 성질의 것이라면, 전환 단계의 과제는 사실과 자료의 수집과 조사를 통한 대안의 모색으로 이루어질 수 있는 업무이다. 반면에 환류 단계에서는 분석, 평가에 기초한 지원 업무가 주류를 이루게 될 것이다. 미국 의회의 입법 지원 조직을 기능적 속성에 따라 구분하면 다음의 [그림 1]과 같이 개념화 할 수 있을 것이다.

그러나 이러한 도식은 일률적으로 각 기능이 한정된다고는 할 수 없다. 즉 의회예산처의 다양한 비용 추계 작업이 투입 단계나 전환 단계에서 활용될 수도 있고, 의회조사처의 입법 정보 또한 단순한 사실적 정보에서 분석적 정보에 이르기까지 다양하기 때문이다. 또한 의회도서관의 경우에도 점차 증가하는 불확실성으로 인해 의원으로부터의 조사 분석 업무가 단순한 지식·정보의 요구를 넘어 보다 심층적인 '입법 영향 평가' 등에까지 이르고 있기 때문에 산출과 환류 단계에서도 도서관의 기능이 미친다고 할 것이다.

그렇다면 의원들은 어떤 정보를 필요로 하는가? 1970년에 출판된 저술에서 최초로 포괄적으로 이 주제를 다루고 있다(Baker and Rush, 1970). 이 책에서는 의원들에게 본질적인 정보의 두 가지 초점을 제시하고 있다. 즉, "상황에 관한 사실과 그러한 상황에 대한 국민의 여론에 관한 사실"을 지적하고 있다(Baker and Rush, 1970: 15). 당시 상황에서

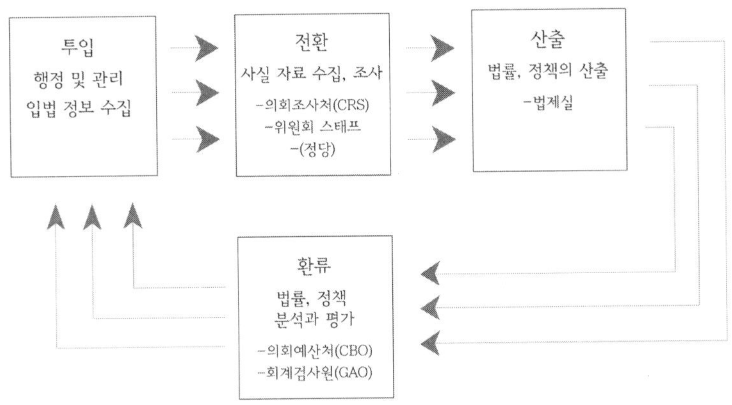

* 자료: 이현출, "미국 의회의 입법 지원 기능과 조직," 『국회도서관보』 제41권 4호, 2004. 4.

첫 번째 사실을 제공하는 사람은 의회 정보 서비스 보좌진이며, 정치인은 그러한 상황에 대한 판단을 하는 것이다. 이 후 이러한 정보 수요 파악에 대한 노력은 국제의원연맹Inter-Parliamentary Union으로 옮겨 간다. 1972년 국제의원연맹은 각국에 설문을 돌려 의회의 정보 수요를 조사한 바 있다.

이러한 정보 수요의 변화는 한국의 국회에서도 두드러지게 나타나고 있다. 민주화 이후 의원들의 자율성이 강화되고 정당 간 정책 경쟁이 가속화되면서 입법영역이 다원화하고 전문 지식에 기초한 법안의 발의가 점증하고 있다. 이에 따라 입법 정보에 대한 수요가 급증하게 되었다. 그러나 의원들의 입장에서는 정보량은 홍수처럼 쏟아지나 정보를 조사하거나 정보 자원에 접근하기 위한 시간은 절대 부족한 상황에 놓이게 된다. 물론 의원 자신이 지역구 대표성과 직무의 전문성을 동시에 공유하기에는 많은 어려움이 존재한다는 점은 당연하다. 세계화와 함께 더

활발해진 국제적인 행위자들의 활동에 대처하기 위한 정치적 토론과 정책 결정을 위해서는 매우 전문적이고 구체적인 정보와 지식이 요구되며, 또한 정보 통신의 발달과 함께 변화의 속도가 매우 빠르기 때문에 새롭게 나타나는 변화를 이해하고 대안을 찾기 위해서는 의회의 전문성 확보가 매우 시급한 일이다. 또한 갈수록 그 역량이 강화되고 있는 행정부를 견제, 감독해야 할 의회의 기능과 권한은 상대적으로 답보되어 있다는 현실도 의회의 전문성 강화를 요구하는 또 다른 이유가 될 것이다.

따라서 의원의 입장에서는 입법에 활용할 정보를 가공하고, 이를 해석할 전문 지원 기구의 역할이 절실해진다. 아울러 입법 지원 기구의 역할과 기능 또한 이전과는 달리 새로운 수요를 충족하기 위한 변화와 발전이 요구되고 있다. 이러한 맥락에서 의회도서관은 단순히 정보의 보관소가 아니라 정보의 생산지로서 그 중요성을 더해가고 있으며, 의회와 의원들의 정보 수요가 있는 한 떼어 놓을 수 없는 입법 지원 기구가 될 수밖에 없을 것이다.

이러한 흐름에 따라 의원들의 입법 참고 질의 내용도 변화하고 있다. 사실적 정보와 분석적 정보의 요구 비율은 5.5 : 4.5의 비율을 이루고 있다는 점은 미국의 CRS의 경우와 유사하다. 그러나 국회도서관 입법 정보 요구의 변화를 살펴보면 단순한 데이터보다는 데이터가 가진 정책적 함의를 요구하는 사례가 늘어나고 있다. 아울러 정책 및 입법 결과에 대한 불확실성이 증대함에 따라 입법 영향 평가에 대한 요구가 늘어나고 있다는 점 또한 흥미로운 변화이다.

2. 의회도서관의 존재 형태

의회 내의 여러 기구 속에서도 의회도서관은 민주적 절차를 위한 중요한 자료의 원천으로 역할하고 있으며, 이러한 역할은 앞으로도 지속될 것이다. 우선 주요국 의회도서관을 일별해 보기 위해서는 도서관을 구성하는 중요한 요소를 중심으로 비교해 볼 필요가 있다. 도서관을 구성하는 기본 요소로 이용자, 도서실, 소장 도서, 사서 등을 중심으로 알아보고자 한다.

1) 도서관 이용자

의회도서관은 나라마나 매우 유사힐 깃으로 생각할 수 있지만 경험에 비추어보면 각국 의회만큼이나 의회도서관의 형태도 다양하다. 의회도서관은 국가마다 의회 조직 내에 다른 부분으로 조직되어 있고 따라서 담당하는 업무 역시 다르다. 이러한 업무 영역의 차이는 일차적으로 이용자의 범위에 따라 달라질 수 있다.

의회도서관의 이용자는 국가에 따라 천차만별이다. 일부 국가에서는 의회에서 자체적으로 의회도서관을 운영하는 반면 의회도서관이 국립도서관으로서의 기능을 함께 수행하는 나라도 있다. 미국, 일본, 한국의 경우에는 의원 및 의회 내의 입법 지원 종사자들 모두뿐만 아니라 일반 국민들에게도 서비스가 개방되어 있다. 반면 영국의 경우에는 일반 국민들의 이용이 제한적이었으나 2000년 제정된 정보자유법의 영향으로 향후 점진적으로 일반인의 이용이 증가될 것으로 전망된다. 그러나 이 책에서 소개된 독일과 프랑스의 사례를 보면 의회도서관은 의원 및 의회 종사자에 대한 서비스로 한정되어 있음을 알 수 있다.

의회도서관 서비스의 주된 이용자는 역시 의원들과 보좌진들이다. 의원들은 꽉 짜여진 일정 때문에 신속하고 정확한 정보에 목말라하고 있다. 이런 점 때문에 의회 인트라넷은 중요한 자산으로서의 가치를 발휘한다. 세계 주요 국가가 의회 인트라넷을 이용한 가상 도서관의 개발을 진행하고 있으며, 이를 통해 의원들은 장소와 시간에 구애받지 않고 맞춤형 정보를 입수할 수 있게 된 것이다.

다른 한편으로 정보화의 발전과 함께 의회도서관 서비스의 범위가 점차 일반 국민에게도 확대되는 경향을 보이고 있다. 미국, 한국, 일본 의회를 중심으로 정보화가 가속화되고 있어 정보 이용자층이 더욱 늘어나고 있다. 영국의 경우에도 인터넷을 통하여 영국 의회의 주요 정보에 일반인이 접근할 수 있도록 서비스가 확대되고 있는 추세를 경험적으로 잘 보여주고 있다. 전자 도서관 사업은 역시 한국 국회도서관이 선구적이라고 할 수 있다. 대학교, 정부 기관, 단체 등에서 국회도서관 소장 정보를 간단하게 이용할 수 있게 되어 이용자층이 점차 확대되고 있음을 실감할 수 있다.

2) 도서실로서의 의회도서관

의회도서관도 일반 도서관과 마찬가지로 이용자에게 적합한 도서관으로 자리 잡는 것이 중요하다. 특히 의회도서관은 의정 활동에 필요한 정보의 보고이므로 의원들의 가까이에서 이용 가능한 장소에 위치하는 것이 중요하다고 생각된다. 따라서 의회가 잘 꾸며진 도서관을 의원들의 가까이에 갖추는 것은 매우 중요한 의미를 갖는다. 도서실은 비단 책을 읽는 도서관으로서의 기능만이 아니라 다양한 프로그램, 회의, 리셉션 등에도 사용할 수 있다.

이러한 맥락에서 의회도서관은 장서 보존을 위해 별도의 건물을 의사당 가까운 곳에 건설함과 아울러 의사당 본관이나 의원회관 등의 장소에 별관 또는 분관을 설치하여 의원들에게 입법 정보 서비스를 제공하고 있다. 이러한 물리적 공간과 함께 가상 공간을 통해서도 직접 도서관과 연결이 가능하도록 지평을 넓혀 가고 있다. 장소로서의 도서관을 가장 크게 확보하고 있는 곳은 역시 미국 의회도서관이며 그리고 일본 의회도서관이 그 뒤를 따르고 있다고 할 수 있다. 영국 의회도서관과 한국 국회도서관도 별도의 도서관 건물을 가지고 있다.

'근접성'은 도서관의 이용에 있어 중요한 요소이다. 선행 연구에 따르면 도서관이 너무 멀리 있을 경우 사람들은 도서관에 가지 않는 경향을 보인다(Brundin, 2002). 물론 이것은 인쇄된 정보에 기초한 도서관의 경우를 말하는 것이다. 의회의 인트라넷을 이용하면 도서관은 의회 내의 모든 사람에게 가까이 있을 수 있다. 따라서 인트라넷은 시간과 공간의 제한을 받는 모든 직원이 도서관 서비스를 이용하도록 하는데 있어 중요한 과제가 된다.

3) 직원과 조직

의회도서관의 가장 중요한 자산의 하나가 직원이다. 직원의 규모는 역시 도서관의 규모와 그 맥을 같이한다고 할 수 있다. 각국 의회도서관 직원의 규모를 보면 [표 1]과 같다. 직원의 규모는 미국 의회도서관이 4120명으로 단연코 으뜸을 차지하고 있다. 반면에 독일의 경우에는

[표 1] 주요국 의회도서관 직원의 규모

	미국	일본	한국	영국	독일
직원 규모	4,120	940	275	219	91
의원수 (비율)	상원 100 하원 435 비율 7.7: 1	참의원 242 중의원 480 비율 1.3: 1	의원 299 비율 0.92: 1	귀족원 707명 하원 646명 비율 0.16: 1 (하원 0.34:1)	연방상원 69 연방하원 598 비율 0.14 : 1

91명으로 본서의 비교 대상 국가 중에 가장 작은 규모를 유지하고 있다.

이러한 의회도서관 직원 규모를 의원수와 비교해보자. 의원 1인당 도서관 직원 비율을 보면 미국 의회의 경우 의원 1인당 7.7명, 일본 의회의 경우 1.3명, 한국의 경우 0.92명, 영국 하원의 경우 0.34명, 독일의 경우 0.14명꼴로 나타났다. 영국과 독일의 경우 정당의 기율이 강한 편인 반면 미국과 일본의 경우에는 정당의 기율이 비교적 약한 편이라는 점을 고려한다면, 정당의 기율이 약한 경우 의회의 입법 지원 기구, 특히 의회도서관 의존도가 높다고 말할 수 있을 것이다.

의회도서관에서 근무하는 직원의 역할은 여러 가지로 나눌 수 있다. 조사 연구원, 사서, 주제 전문가, 전산·제본 등 기술 전문가 등이 각기 역할을 수행하고 있다. 조사 연구원에 관해서는 다음 장에서 상술하기로 한다. 의회도서관의 사서는 효율적인 문헌관리 이상을 요구 받는다. 즉, 단순히 정보를 찾아 선별하는 것뿐만 아니라 의회 업무와 관련된 모든 중요한 주제에 대해 충분한 지식을 보유하고 있어야 하며, 정보 기술에 대한 노하우know-how를 익히고 있어야 한다(이 책의 1장 참조). 이를 위해 사서는 높은 수준의 독립성과 업무 주도 능력과 정보의 적절성 유무를 구별할 수 있는 판단력을 갖추어야 한다.

주요국 의회도서관의 인력 충원과 교육 훈련 과정을 살펴보면 이들이 의회의 수요에 어떻게 대처하고 있는지 나라마다의 특성을 이해할 수 있을 것이다. 미국과 한국, 영국, 독일의 경우 출신 경력에 따라 연구직과 사서를 구분하여 충원하는 반면 일본 의회도서관의 경우에는 일괄 충원하여 순환 보직 형태로 경력 관리를 하는 특성을 보여준다. 아울러 영국의 경우에는 사서로 채용하여 업무를 통하여 해당 분야의 전문가로 육성하여 주제 전문가로 역할을 하도록 훈련 과정을 거치도록 한다.

4) 장서와 서비스

소장 도서와 관련하여 우선 이용자의 필요에 따라 도서를 구입하여야 할 것이다. 소장자료는 도서뿐만 아니라 CD-ROM, Web DB 등에 이르기 까지 다양함을 알 수 있었다. 각국 의회도서관의 장서 보유 현황은 역시 미국이 1억 3000만 건(단행본 약 3000만 권)으로 가장 많은 자료를 확보하고 있음을 알 수 있다. 독일의 경우 다양한 의회 자료를 포함하여 130만 권의 자료를 소장하고 있는 것으로 나타났다. 그러나 한국의 경우에는 장서의 규모가 218만 권에 불과하여 아직 규모가 미약함을 알 수 있다. 이러한 자료 확보의 수월성을 기하기 위하여 국가 대표 도서관의 기능을 수행하는 미국, 일본, 한국 등에서는 납본 제도를 통하여 자료 수집의 충실을 기하고 있다.

그러나 정보화의 발전은 오늘날 사서 업무의 방식에도 변화를 초래하고 있다. 물론 도서관에서 인쇄 자료가 사라지지는 않겠지만 의원과 보좌진의 요구 사항이 예전과 달라졌다. 1990년대 이후 세계의 의회도서관은 전자 도서관 사업을 적극적으로 추진하여 이러한 수요변화에 대처하고 있다. 의원과 보좌진은 방대한 양의 데이터베이스를 이용하여 정보 및 배경 자료를 전자 도서관을 통해 입수할 수 있다. 여기에는 의회 간행물, 법률 문서, 위원회 문서, 신문·잡지 기사 등 내외부 정보가 망라되어 있다.·

특히 한국 국회도서관의 '인터넷 자원 관리 시스템'은 이러한 노력의 선구적 사례라고 할 수 있다. 인터넷 자원 관리 시스템은 인터넷상에서 유통되는 정보 중에서 입법 정보로서 가치가 높은 자료를 도서관 장서로 확보하려는 시도이다. 이를 통해 시간, 거리, 언어에 관계없이 웹을 통한 지식 공유 시스템을 구축할 수 있으며, 인터넷을 통한 질의 응답이 가능하도록 시스템을 구축하고 있다. 입법 현안 및 주제별 참고 정보 사이트를 조사·등록하여 인터넷 자원을 수집하고, 인터넷 정보와 도서관 장서와의 복본 여부를 조사하고 도서관 자원화 함으로써 인터넷 자원을 관리하고자 하는 것이다.

이러한 서비스는 인터넷의 급속한 발전에 따라 방대한 양의 정보가 소통되고 있으나 정보의 유통 기간이 매우 짧다는 한계에서 비롯된 것이다. 즉 인터넷상에서 유통되는 정보는 일정기간(미국 44일, 한국 70일)이 경과하면 소멸되기 때문에 정보가 유실된다는 문제점이 있다. 따라서 이 시스템이 구축되면 인터넷 상에서 유통되는 정보를 주요 주제별로 항구적으로 이용 가능하도록 할 수 있다는 강점을 갖게 된다.

인터넷 자원 관리 시스템은 의원들의 커뮤니케이션 채널의 변경에 대한 수요에 대응할 수 있는 방안의 하나이다. 이를 통해 인터넷상의 방대한 정보 중에서 입법 정보로서 가치높은 정보를 수집하여 서비스함으로써 입법 활동 지원 서비스를 한층 강화할 수 있을 것이다. 나아가 최신 인터넷 정보를 신속하게 제공함으로써 입법 활동에 필요한 현안 주제 정보를 제공하게 되고, 이를 통해 국회가 의제 설정을 주도할 수 있도록 유도할 수 있다.

3. 의회도서관의 입법 지원 기능

1) 조직의 규모와 서비스

의회도서관을 다른 도서관과 구분 짓는 가장 두드러진 분야가 입법 정보 지원 기능이다. 세계 각국의 의회에는 다양한 입법 지원 기구가 존재하고 있으나 여기에서는 의회도서관이 수행하는 입법 지원 기능을 중심으로 고찰하고자 한다. 이 책에서 살펴본 의회도서관을 중심으로 한 입법 지원 기구의 현황을 종합하면 다음 [표 2]와 같다.

의회도서관의 입법 지원 조직의 규모는 나라마다 다양하다. 가장 큰 조직으로는 미국 의회도서관의 의회조사처(CRS)를 들 수 있는데, 전체 직원은 699명에 이르고, 이 중에서 전문 연구자들만 420여 명에 이른다. 뒤이어 독일의 경우 도서관이 소속된 학술조사처 연구조사국에 280여 명이 조사 업무에 종사하고 있다. 일본의 경우 입법고사국 약 165명의 직원 중에 조사 분석 업무 종사 인원이 약 100명에 이른다. 이에 반해 영국은 82명 한국은 22명으로 나타나 국가별로 조사 분석 업무 종사자의 비중이 각기 다르게 나타나고 있음을 알 수 있다.

다음으로 서비스의 내용과 범위를 알아보자. 각국 의회의 입법 지원 조직들 사이에는 서비스의 범위와 내용에서도 상당한 차이가 있다.

예컨대 미국, 독일, 영국 등의 입법 정보 지원 조직은 폭넓은 서비스를 제공한다. 이들 국가의 입법 지원 조직은 참고 회답과 연구 조사 활동 이외에도 위원회에 대한 지원 업무도 행하고 있다. 영국 의회도서관 조사분석실은 의회에 제출되는 법안에 대한 검토 보고 업무도 수행하고 있으며, 독일 학술지원처의 경우에는 의원의 요청에 따라 법안의 초안 작성 업무까지 수행하고 있다. 특히 독일 의회의 학술지원처는 위원회 지원 기능과 연구 조사 기능을 통합하여 운영하고 있다는 점은 미국과 일본 및 한국의 경우와 차이를 보인다. 반면에 한국과 일본의 국회도서관 소속의 입법 지원 조직은 참고 회답과 연구 조사 활동에 치중하며, 위원회를 직접 보좌하는 것은 각 상임위원회에 속해 있는 전문위원실 또는 조사실이 담당하고 있다.

각 국가별 연구 분석 조직이 담당하는 입법 정보 서비스 기능을 좀 더 구체적으로 살펴보자. 미국 의회조사처의 분석관들은 문제점이 있는 사안과 관련하여 정치적·법적 그리고 절차적 분석을 심도있게 수행한다. 이를 기초로 정책적 대안과 그 영향과 여파를 알아내고 평가를 하며, 법안을 만드는 데 도움을 주는 역할을 할 뿐만 아니라 계량적인 데이터베이스도 개발한다. 또한 최신의 연구 기법을 활용하여 분석하고 새로운 연구 결과물이나 데이터 그리고 정보를 생산하고 평가하는 한편 의회위원회에 출석하여 전문가로서 증언을 하기도 한다. 일본 국회도서 관의 입법고사국은 국회의원 및 위원회의 의뢰를 받아 조사를 하는 의뢰 조사 업무와 현안 및 국정 주요 주제에 대한 예측 조사를 실시하고 참고 자료를 발간하는 업무를 주로 담당한다. 그리고 이러한 연구 결과물 을 온라인과 오프라인을 통하여 수요자에게 제공하고 있다.

[표 2] 의회도서관 입법 지원 조직 비교

구분	명칭	연혁 및 현황	근거 법령	업무	연구 인력	인적 구성
한국	국회도서관 입법전자정보실 입법 조사과	· 1963년 의회조사처신설, · 2004년 입법 조사과(3과)로 편성	국회도서관법	· 국정 각 분야별로 입법 정보 회답 서비스 제공 · 국정 현안과 관련된 주요 주제를 입법 지식 데이터베이스로 구축하여 서비스 · 국내외 주요 현안과 동향을 조사 · 연구 · 분석한 각종 입법 정보자	22명	· 각 분야의 전문 연구 인력(박사), 해외자료관, 사서로 구성
미국	의회도서관 의회조사처(CRS)	· 1914년 입법참고국(Legislative Reference Service)으로 설립 · 1970년 의회조사처(Congressional Research Service)로 확대 재편	의회재조직법 (Legislative Reorganization Act, 1970)	· 각 전문 분야별로 입법 정보 및 분석자료 제공 · 인터넷 · 책자 · 전화 등 다양한 매체를 통해 의회만을 대상으로 정보 분석을 제공 · LIS, ISIS, CLI, GLIN, MCD 등 DB 관리	420명 (전체 699명)	· 각 정책 분야 전문가(analysts), 법률가(attorneys), 정보 전문 사서 (information specialists)로 구성
일본	국립국회도서관 조사및 입법고사국	· 1948년 조사및입법고사국 설립 · 2001년 조직 개편으로 12개실, 14개과 1개의 課內室(헌법실 재편성)	국립국회 도서관법	· 법안, 안건의 분석 평가를 통한 위원회와 의원을 보좌 · 兩議院 위원회 및 의원에 대해 국정 심의를 지원하는 자료 제공 · 질의에 대해 의안 기초 서비스	100명	· 전문 분야의 전문 조사원, 주간 또는 주임 조사원으로 구성 · 특수 분야를 위해 외부의 객원 조사원, 비상근 조사원 등을 위촉
영국	의회도서관 조사분석실	· 1946년 조사 연구 서비스 제공 시작 · 1967년 하원의회조직법에 의하여 의장실 소속에서 독립 · 현재 7개팀	하원의회 조직법	· 전문 분야별 조사 분석 및 참고 질의 회답 · 주요 보고서(Research Paper, Standard Notes, Debate packs) 발간 및 제공	82명	· 전문 분야별 전문 연구원, 주제 전문가, 사서로 구성
독일	하원사무처 학술지원처	· 1967년 독립 부서로 인정 · 1970년 주제 영역별 재편	연방하원 의사규칙	· 의정 활동이나 정치적 사안에 관련되는 정보와 자료 제공 · 관심 사안, 신규 주제, 주요 판결 등에 대한 이슈 브리프나 보고서 간행 · 간접적, 배경적 자료와 정보 제공	100명 (도서관 91명)	· 전문 분야별 전문가로 구성 · 정책 관련 경력 중시

2) 입법 정보 지원 조직과 의회도서관과의 관계

먼저 입법 정보 지원 조직이 의회도서관과 맺고 있는 관계를 살펴보자. 입법 정보 지원 조직과 의회도서관 사이의 관계, 더 구체적으로 연구·조사 업무research service와 참고 봉사 업무reference service 간의 관계의 유형을 두고 서비스 통합의 정도에 따라 유형화를 시도해 보았다(Robinson, 1998). 스펙트럼의 한쪽 끝은 연구와 참고 봉사 서비스가 같은 기관, 특히 도서관에서 이루어지며, 두 가지의 서비스는 긴밀한 협조하에 이루어지는 경우를 말하며 통합형 서비스integrated services라고 하자([그림 2] 참조).

[그림 2] 의회도서관과 입법 지원 조직 결합 모델

통합형	정합형	분리형	분산형	연구 서비스 부재

* 자료: Robinson(1998)을 참고하여 필자가 그린 것임.

다음으로 도서관과 연구 서비스가 하나의 보다 큰 조직의 틀의 일부가 되어 있으나, 연구 서비스와 참고 봉사 서비스가 단지 느슨하게 결합된 형태를 말하는 정합형(또는 연계형) 서비스articulated services를 들 수 있다. 다음으로 두 개의 다른 조직이 연구와 참고 봉사 서비스를 결합시키는 데 합의에 이르러야 하는 분리형 서비스separate services를 들 수 있다. 이어서 분산형 서비스dispersed services 모델은 심지어 연구 서비스 조차도 몇 개의 조직에 분산되어 있고, 각기 다른 학문적 관점으로부터 제공되는 형태를 말한다. 스펙트럼의 반대편 끝은 연구 서비스가 존재하지 않는 형태로 각각의 의원과 위원회에 스스로 필요한 정보를 수집하도록 하는 시스템이다.

통합형은 연구 조직이 의회도서관에 속해 있으며, 의회도서관을 무대로 연구 서비스와 참고 봉사 서비스 간의 긴밀한 협조가 이루어진다. 이러한 모델에 속하는 사례는 이 책에서 고찰한 바와 같이 미국의 CRS, 영국, 일본, 한국의 경우를 들 수 있다. 이외에도 리투아니아, 마케도니아, 캐나다 등의 사례가 여기에 속한다. 영국을 제외한 양원제 국가의 경우 대체로 양원에 봉사하는 것을 원칙으로 하고 있다.

정합형 모델은 연구 활동과 도서관 활동이 하나의, 그러나 보다 넓은 기능을 수행하는 조직에서 이루어지고 있는 것을 말한다. 이러한 의미에서 연구 서비스와 참고 봉사 서비스가 연결되어 있거나 가능한 조정을 위하여 협조하지만, 통합형과 같이 긴밀한 협조 체제를 유지하고 있는 것은 아니다. 여기에서의 차이는 유형이라기보다는 정도에 있으며, 많은 다른 기능을 관리하고 통제하기 위한 형태를 반영한다. 이 모델의 사례는 독일 연방의회의 학술조사처의 경우가 해당될 것이다. 여기에는 연구부서와 다른 국들이 4개의 실로 합쳐져 있다. 이외에도 스페인, 슬로바키아, 그리고 스웨덴의회의 지식관리처Knowledge Management Bloc, 노르웨이 의회의 정보 및 문서국Information and Documentation Department 등이 이 모델에 해당될 것이다.

분리형 모델은 몇 개의 주요한 연구 조직이 의회도서관과 분리되어 존재하며, 연구 서비스와 참고 봉사 서비스가 완전히 분리되어 수행된다. 이 모델을 따르면 각기 독자적인 업무 수행을 하기 때문에 조직 간 협조에 어려움을 겪게 된다. 예를 들면 폴란드, 러시아, 이탈리아의 사례가 여기에 해당된다.

마지막으로 분산형 모델은 몇 개의 다른 유형을 취하고 있는데,

여기에는 도서관으로부터 분리된 몇 개의 다학제적 연구조직으로부터 분석을 제공하거나, 법률 또는 경제학과 같은 단일 학문을 전문으로 하는 각각의 조직으로부터 연구 분석을 제공하기도 한다. 예를 들어 프랑스 의회와 같이 단일한 연구 분석 기구가 없는 경우를 말한다. 상임위원회 서비스, EU의회 사무처 및 다른 전문 사무국, 즉 도서관, 연구문서국Studies and Documentation Service, 기록국Records Service 등이 이러한 서비스를 제공하고 있다. 이외에도 네덜란드, 벨기에, 우크라이나, 에스토니아 등이 여기에 해당된다.

4. 입법 정보 지원 기능 강화 방안

1) 변화된 환경

입법 참고 질의 회답의 양적 증대

국회의원의 입법 및 예산 심의 등 의정 활동에 필요한 각종 자료와 정보의 요구에 대하여 해당 분야 전문 연구관이 조사·분석하여 회답하는 입법 참고 회답이 양적으로 크게 증가하였다. 이는 제16대 국회의 동기간과 대비할 때 급속히 증가한 것을 알 수 있다([표 3] 참조). 국회 개원 연도 연말까지의 통계를 비교하면 41.4% 정도 증가한 것을 알 수 있다.

이러한 참고 질의 요구의 증가는 의원발의 법률안의 증가로 나타났다. 2005년 4월 1일 현재 의원 발의 법률안 건수가 제16대 국회와

[표 3] 16대, 17대 국회 입법 참고 회답 실적

구분	16대 국회					17대 국회	
	2000. 5. 30~12. 31	2001	2002	2003	2004. 1. 1~5. 29	2004. 5. 30~12.31	2005. 8. 31~현재
국회의원	389	551	330	817	232	941	986
위원회	14	14	8	80	11	33	21
계	403	565	338	897	243	974	1,007
평균 처리 일수	3.2	5.1	5.3	5.2	3.8	4.5	4.2*

* 장기과제는 별도 처리

[표 4] 의원 입법 제출 현황 개원~2년차 해

구분	제14대	제15대	제16대	제17대
의원 발의	45	210	319	1,024
정부 제출	64	171	204	227
계	109	381	523	1,251

(2005. 4. 1기준)

비교해 3배나 늘어났음을 알려주고 있다. 같은 기간 법률안 제출 현황을 보면 의원 발의가 정부 제출 법안에 비해 월등히 많다는 것을 알 수 있다([표 4] 참조).

그리고 법률안을 발의하는 의원수가 16대 국회 이후 점차 증가하는 추세에 있다. 17대 국회의 경우 10개월 남짓한 기간임에도 전체 의원(비례 대표 승계 의원 2명 포함 대상 인원 총 301명) 대비 82.7%인 249명의 의원이 법률안을 1건 이상 발의하였다. 이는 개별 의원들의 정책 의제 설정 능력과 의정 활동에 대한 열의를 보여주는 사례라고 할 수 있다.

입법 과정의 전문성 심화와 정보 요구 수준의 변화

의원발의 법률안 1024건을 유형별로 살펴보면, 제정법률안이 124건, 전부개정법률안이 14건, 일부 개정법률안이 877건, 폐지법률안이 9건으로 이 가운데 가결된 법률은 159건으로 나타났다(2005년 4월 1일 기준). 이는 16대 국회에서 동일 기간 가결건수 108건과 비교할 때 47%가 증가한 것이다. 특히 제정법률안과 전부개정법률안이 크게 늘어난 것은 의원들의 정책 입안 능력이 그만큼 향상되었다는 것을 의미한다.

이러한 흐름에 따라 의원들의 입법 참고 질의 내용도 변화하고 있다. 사실적 정보와 분석적 정보의 요구 비율은 5.5:4.5의 비율을 이루고 있다는 점은 미국의 CRS의 경우와 유사하다. 그러나 국회도서관 입법 정보 요구의 변화를 살펴보면 단순한 데이터보다는 데이터가 가진 정책적 함의를 요구하는 사례가 늘어나고 있다. 아울러 정책 및 입법 결과에 대한 불확실성이 증대함에 따라 입법 영향 평가에 대한 요구가 늘어나고 있다는 점 또한 흥미로운 변화이다.

글로벌 시대에 걸맞는 다양한 해외 정책 및 입법 정보 요구 증대

글로벌 시대로 진입함에 따라 사회 전 분야에서 세계적 표준global standard에 대한 이해가 절실히 요청되고 있다. 이에 국회도서관은 국회의원실 및 입법 활동 지원 부서의 요구에 따라 외국의 정책 사례 및 입법례 등을 조사 · 번역하여 제공하는 업무를 강화해 왔다. 일차적으로 17대 국회에 들어와서 국회의원의 외국 법령과 정책 사례에 관한 번역 요구가 급증하고 있음을 보여주고 있다([표 5] 참조). 이러한 번역 수요는 현재 제공되는 서비스 영역인 6개국(러시아, 미국, 영국, 일본, 프랑스, 중국)에 국한하지 않고 다양한 국가의 번역을 요구하는 경우도

늘고 있다.

아울러 해외 사례에 대한 조사·분석 요구 또한 급증하고 있다. 모든 입법 및 정책 심의에 있어 해외 사례에 대한 검토는 그 첫걸음이 되기 때문에 이에 대한 요구는 의원 입법의 활성화와 함께 지속적으로 증가할 것으로 예측된다.

[표 5] 해외 법령 및 해외 자료 번역 실적

구분	해외 법률	해외 자료
2001	-	386건
2002	-	339건
2003	6건	385건
2004	25건	462건
2005(8월말 현재)	48건	382건

정보화와 정보원의 확대 그리고 인터넷 자원

아울러 의회의 커뮤니케이션 패턴에도 변화가 일어나고 있다. 17대 국회에서는 정치를 둘러싼 기존의 여야의 이원적 '대립 시스템'을 지양하고, 그 대신 의회와 시민 사회 사이의 '대화 시스템'으로서 의회의 역할 내지 기능을 강조하는 발상의 전환이 일어나고 있다. 여기에서의 의원은 일반 시민과의 지속적인 커뮤니케이션을 통하여 쟁점을 명확히 하여 정책을 형성하고 또한 정책의 구체화를 위한 입법에 착수하기도 한다.

오늘날의 정보화의 가속화와 함께 정보원이 다양화되고, 특히 인터넷이 급속히 발전됨에 따라 인터넷상에서 광범위하게 유통되는 정보가 급격히 늘어나고 있다. 이러한 정보가 입법에 실마리를 제공하는 경우가 많이 있으며 이의 유용한 활용이 의원 입법 능력의 핵심 역할을 할 수 있다. 유비쿼터스 대의가 일어나기 위한 가장 중요한 원칙은 정보가 곧 힘이므로 정보의 소스를 다원화하여야 한다는 데 있다. 정보를 생산하는 주체들은 자신들의 관점을 반영한 정보를 생산하는 경향이 있으므로 정보원을 다양화하여 다양하고 객관적인 정보를 바탕으로 국회가 집단적 의사결정을 내릴 수 있도록 하여야 한다. 그러나 문제는 인터넷상에서 유통되는 정보는 일정 기간이 지나면 소멸되기 때문에 이러한 정보를 어떻게 자원화 하느냐가 과제로 등장하게 된다.

2) 어떻게 대응할 것인가

위에서 살펴본 바와 같이 입법 정보 서비스는 양과 질에서 공히 확대일로에 있다. 이러한 수요에 대비하기 위해서는 유능한 인력과 전문적인 시스템을 구축하여 수요에 대응해 나가야 할 것이다. 이 책에서 고찰한 주요국의 사례를 통하여 향후 한국 국회도서관과 입법 지원 기능의 발전 방향을 모색하고자 한다.

조직의 안정성과 기구의 확대 개편

먼저, 조직의 안정화와 확대 개편이다. 한국 국회도서관의 입법 정보 지원 조직은 잦은 조직 변경과 충원 배경 및 연구 조사 담당자의 신분 변경으로 입법 정보 지원 기능이 안정적이고 체계적으로 발전할 수 없었다는 한계가 노정되어 왔다. 따라서 국회도서관의 입법 정보 지원 기능을 더욱 심화ㆍ발전시키기 위해서는 일차적으로 연구 서비스를 담당하는 조직을 도서관 내에서 어느 정도 독자적 위상을 갖는 조직으로 만들어 가는 것이 필수적이다(정호영, 2002).

다음으로 다른 나라의 입법 지원 조직과 비교할 때 턱없이 부족한 연구 인력을 확대하는 것도 중요한 과제가 될 것이다. 이 책에서 고찰한 바와 같이 한국 국회도서관의 연구 인력은 극히 부족한 상황이다. 따라서 보다 첨단의 그리고 신생 분야에 대한 보다 심층적인 입법 정보 서비스에 대처하기 위해서는 보다 다양한 분야의 유능한 전문 인력을 확보하는 것이 필요하다. 특히 오늘날의 입법 정보 수요의 주요 특징 중의 하나가 정책과 입법의 결과에 대한 불확실성에 기인한 바가 크기 때문에 이러한 분야에 대응하기 위한 전문 인력의 확대가 요구된다. 아울러 지역 전문가와 주제 전문가의 충원이 요구되고 있다. 특히 다양한 외국 정보와 입법 동향을 분석할 전문성과 외국어 능력을 갖춘 인력이 요구된다고 할 것이다.

분야의 세분화와 분석의 심층화가 수반되지 않는다면 입법 정보 수요자는 언제든지 의회도서관과 경쟁 관계에 있는 입법 지원 조직의 문을 두드릴 것이다. 그러나 전문가에 따르면 의원 보좌진, 정당의 정책 연구소, 대학, 이익 집단, 행정 부처, 인터넷 등이 결코 의원 개개인과 의회 전체를 위한 고도의 전문적이고 동시에 중립적·객관적 정보를 제공해주는 입법 지원 조직을 대신할 수 없음을 지적하고 있다(Verrier, 2000). 따라서 입법 지원 조직이 성공적으로 조직되고 기능하기 위해서는 가능한 한 큰 조직 규모와 자원 동원 능력을 가지고 있어야 한다는 것이다.

그렇다면 연구 인력의 적정 규모는 얼마나 될까? 위에서 살펴본 바와 같이 연구 인력의 규모는 나라마다 다양하지만 한국 국회도서관의 연구 인력은 최소 규모에 속한다고 할 수 있다. 이러한 현실에 대해 현재 국회의 각 상임위원회가 2개 정도의 정부 부처를 관할하고 있다는 점을 들어 상임위원회당 최소한 2인의 연구 인력이 필요하다는 주장이 제기되기도 한다(정호영, 2002). 여기에 비해 이 분야의 전문가는 보다 이용자에 중점을 둔client focus 서비스를 제공하고, 개별 이용자에게 맞춤형 정보 서비스tailor made information service를 제공하기 위해서는 의원정원 대 연구진research staff의 비율이 4:1 정도를 유지하는 것이 바람직하다는 제안이 제기되고 있다(Verrier, 1995). 이러한 비율에 따른다면 한국의 경우 약 75명 정도의 연구진이 필요하다는 결론이 나온다.

다음으로 연구 조직의 배치를 어떻게 할 것인가의 문제가 제기된다. 즉, 기존의 통합형으로 할 것이냐, 아니면 새로운 모델을 추구할 것이냐의 문제이다. 연구 · 분석 기능은 본질적으로 입법 정보에 기초하고 있기 때문에 입법 정보 지원을 담당하는 조직은 도서관에 위치하여야 한다는 점에서 통합형이 설득력을 얻고 있다(Verrier, 2000; Robinson, 1998; 정호영, 2002). 그것은 정보의 수집과 생산, 가공이 도서관의 생래적·본질적 기능이라는 점이다.

서비스의 질적 개선

참고 질의의 양적 증가와 함께 전문성의 심화 또한 주요한 특징의 하나이다. 향후 국회도서관의 입법 정보 서비스가 의원들의 양적 · 질적 수요에 대처하기 위해서는 다각적인 노력을 기울여야 한다. 도서관의 입법 정보 서비스 업무 수행을 위해서는 정보원(자료 · 도구)에 대한 이해와 이용자인 국회의원과 기타 입법 지원 기구에 대한 이해가 선행되어야 한다. 여기에 더하여 외국어 능력, 미디어 활용 능력, 주제에 관한 전문 지식이 필요하다. 그러나 이러한 요건을 완비한 인력은 많지 않을 것이다. 여기에서 인력의 전략적 배치와 효율적 활용이 요구되는 것이다.

아울러 기존 인력의 교육과 훈련을 강화하여 새로운 수요에 걸맞는 역할을 수행할 수 있도록 전문화시키는 노력이 뒤따라야 할 것이다. 특히 사서들에게 주제 전문가로서의 능력을 갖출 수 있도록 지속적인 교육이 필요할 것으로 판단된다. 연구진에 대해서도 다양한 연구 능력 개발에 필요한 해외 연수나 재교육 프로그램이 필요할 것으로 판단된다.

다음으로 수요에 맞추어 인력을 탄력적으로 운영할 필요가 있다고 본다. 한국 국회도서관에서도 이미 시작되고 있지만 양적 수요를 충족시키기 위해 우선 사실적 정보와 분석적 정보를 분리하여 사실적 정보를 담당하는 인력은 심층적인 전문성이 요구되지 않고도 가능하기 때문에 이들은 조금의 훈련을 통해서도 충분한 역할을 수행할 수 있을 것이다. 따라서 연구진은 분석적인 정보에 치중함으로써 입법 정보의 전문성을 강화할 수 있고 참고 질의 회답의 기간도 단축시킬 수 있는 강점이 있다.

다음으로 입법 정보 이용자의 수요를 정확하게 파악하는 것이 중요하다. 향후 사실적 정보를 떠나 적어도 분석적 정보를 다루는 과정에서는 의뢰자와 연구관과의 긴밀한 관계가 요구된다고 할 것이다. 의뢰자의 의도와 요구를 명확하게 이해할 때 입법 정보의 만족도를 높일 수 있기 때문이다. 따라서 의원, 위원회 등 입법 정보 수요자에 대한 충분한 이해를 위한 도서관인들의 노력이 더욱 요구된다.

정보화와 인터넷 자원 활용

정보화의 발달로 인터넷을 통해 시간, 거리, 언어에 관계없이 웹을 통한 지식 공유 시스템을 구축할 수 있으며, 인터넷을 통한 질의 응답이 가능하도록 시스템을 구축하고 있다. 현재 국회도서관이 추진하고 있는 '인터넷 자원 관리 시스템'은 인터넷 상에서 유통되는 정보 중에서 입법 정보로서 가치가 높은 자료를 도서관 장서로 확보하려는 시도이다. 입법 현안 및 주제별 참고 정보 사이트를 조사·등록하여 인터넷 자원을 수집하고, 인터넷 정보와 도서관 장서와의 복본 여부를 조사하고 도서관 자원화 함으로써 인터넷 자원을 관리하고자 하는 것이다.

이러한 서비스는 인터넷의 급속한 발전에 따라 방대한 양의 정보가 소통되고 있으나 정보의 유통 기간이 매우 짧다는 한계에서 비롯된 것이다. 즉, 인터넷상에서 유통되는 정보는 일정 기간(미국 44일, 한국 70일)이 경과하면 소멸되기 때문에 정보가 유실된다는 문제점이 있다. 따라서 이 시스템이 구축되면 인터넷상에서 유통되는 정보를 주요 주제 별로 항구적으로 이용 가능하도록 할 수 있다는 강점을 갖게 된다.

인터넷 자원 관리 시스템은 의원들의 커뮤니케이션 채널의 변경에 대한 수요에 대응할 수 있는 방안의 하나이다. 이를 통해 인터넷상의 방대한 정보 중에서 입법 정보로서 가치높은 정보를 수집하여 서비스함 으로써 입법 활동 지원 서비스를 한층 강화할 수 있을 것이다. 나아가 최신 인터넷 정보를 신속하게 제공함으로써 입법 활동에 필요한 현안주 제 정보를 제공하게 되고, 이를 통해 국회가 의제 설정을 주도할 수 있도록 유도할 수 있다.

의회 내 다른 입법 지원 조직과의 연계 강화 및 의회지도부의 신임 확보

한국 국회의 경우 국회도서관의 입법 정보 지원 기능과 사무처 법제실, 위원회 보좌진, 예산정책처 등과의 엄밀한 역할 분담과 관련하 여 기능중북의 논란이 제기될 수 있다(정호영, 2002). 그러나 이러한 논의는 기관 간 조직의 논리보다는 입법 정보 지원의 효율성 차원에서 접근되어야 할 문제이다. 이와 관련하여 국회도서관의 입법 정보 지원 조직은 위에서 언급한 여러 입법 지원 기구 간에 긴밀한 연계를 확보할 필요가 있다.

아울러 국회도서관의 성장과 핵심 기능 강화를 위한 인력 확충 등을 위해서는 도서관에 대한 의원들의 필요성과 의존성을 증대시키는 것이 절실하다. 기존에 운영되고 있는 입법 정보 서비스와 전자 정보 데이터베이스의 활용에 관한 적극적인 홍보와 교육을 통해 업무를 알리는 노력과 함께 의원들의 지지를 확보하는 방안을 찾는 것도 중요한 의미를 지닌다.

이를 위해서는 먼저 입법 지원 자료 및 정보의 신뢰성이 확보되어야 한다. 국회도서관의 입법 정보 서비스가 정확성과 신빙성을 담보로 할 내 국회 차원의 지원이 가능할 것이다(이종선, 2005). 다음으로 단편적 연구 분석이 아니라 학제 간 연구를 통한 통합적 지식을 제공할 때 보다 심층적이고 다차원적인 정보를 제공할 수 있을 것이다. 끝으로 모든 자료와 정보들이 수요자인 국회의원들로부터 그 정당성을 확보받기 위해서는 그것을 의회의 관점으로 재정립되어야 한다는 것이며, 이를 통해 국회 입법 정보 서비스의 차별화를 기할 수 있다.

맺음말

전 세계 의회의 입법 활동의 중심에는 의회도서관의 입법 지원 활동이 있으며, 한국의 경우에도 국회도서관이 그 중심 역할을 수행하고

있다. 따라서 의회도서관의 입법 지원 기능 강화는 의회의 전문성 확보를
위한 충분 조건은 만족시키지 못할지라도 적어도 필요 조건은 되는
셈이다. 결국 의회의 전문성 확보는 의회도서관의 전문성과 불가분의
관계에 있다는 점은 틀림없는 사실이다. 이러한 맥락에서 의회와 의회도
서관이 처한 현실을 조망하고 새로운 발전 방향을 모색하는 것은 의회의
전문성 강화와 의회도서관의 입법 지원 기능 강화를 위해 의미있는
일일 것이다.

　　우리는 이 책을 통해 선진 주요국의 의회도서관과 입법 지원 기능을
고찰하였다. 분석 결과 각국의 의회도서관은 다양한 제도를 갖고 각기
다양한 기능을 수행하고 있는 것을 알 수 있었다. 아울러 이러한 조직과
기능은 새로운 수요와 환경의 변화에 따라 수시로 변화해오고 있음을
알 수 있다. 이러한 측면에서 선진 주요국의 의회도서관과 입법 정보
지원 조직을 고찰함으로써 새로운 수요에 대한 대응과 국회도서관 발전
을 위한 방향을 모색하는 데 주요한 시사점을 던져 주었다.

　　각국의 다양한 의회도서관과 입법 지원 조직 모델은 다양한 수요의
반영이며, 모델 여하를 떠나서 효과적인 서비스는 정치적 환경과 지형의
변화에 귀 기울이는 데서 비롯된다는 것을 알 수 있다. 이제까지 독점적
위치를 향유해온 국회도서관도 이러한 변화의 물결을 무시하고 현실에
안주할 때 수요자인 국회의원은 새로운 대체 조직을 요구할지 모른다.
이제 디지털 시대의 입법 지원 조직으로서의 의회도서관은 하드웨어의
재구축을 통한 양적인 변신보다는 소프트웨어의 질적 제고를 유도하는
방향으로 나아가야 한다.

:: 참고 문헌

서복경, 「주요국 의회도서관의 입법 정보 서비스 기능」, 『국회도서관
　　　보』, 2005년, 6월호,

이종선, 「의회도서관의 입법 지원 기능: 한국과 미국, 그 유사점과
　　　차이점」, 국회도서관 정책세미나 발표논문, 2005. 12. 15.

이현출, 「미국 의회의 입법 지원 기능과 조직」, 『국회도서관보』 제41
　　　권4호, 2004. 4.

정호영, 「국회도서관의 입법 정보지원 체제의 발전 방향」, 국회도서관
　　　개관 50주년기념 학술 세미나 발표 논문. 2002.

Baker A. and M. Rush, *The Member of Parliament and his Information*,
　　　1970.

Brundin, Margareta, *Functions and Roles of a Parliament Library*, 국회도서
　　　관 개관 50주년 기념 학술세미나 발표논문, 2002.

Robinson, William H., "Research and Analytical Services for National
　　　Legislatures: A Preliminary Analysis", Paper presented to 64th IFLA
　　　General Conference. 1998.

Tanfield, Jennifer(ed.), *Parliamentary Library, Research and Information
　　　Services of Western Europe*. ECPRD: Brussels. 2000.

Verrier, June R., "The Future of Parliamentary Research Services: To Lead
　　　or to Follow", Paper proceeded for 61st IFLA General Conference
　　　(Istanbul). 1995.

Verrier, June R., "How to establish a Parliamentary Research Services:
　　　Does one size fit all?" Paper proceeded for 66th IFLA General
　　　Conference (Jerusalem), 2000.

◎ 배용수

연세대학교 법학과
건국대학교 대학원 박사과정(법학)
국회정책연구위원
여의도연구소 행정실장
한나라당 수석부대변인/정책기획단장
현 국회도서관장

◎ 이현출

건국대학교 대학원 정치학박사
한국학중앙연구원 초빙연구원
일본 오사카시립대학교 객원연구원
한국정당학회 총무이사
한국정치학회 연구이사
현 국회도서관 입법정보연구관

◎ 김종갑

독일 베를린자유대학교 정치학 박사
21세기 정치학회 회원
현 국회도서관 입법정보연구관

◎ 임언선

중앙대학교 경제학과
Louisiana State University 경제학 박사
Michigan State University/ Colorado University at Boulder 수학
육군사관학교/ 중앙대학교 초빙교수
현 국회도서관 입법정보연구원

◎ 박찬이

Marymount Manhattan College 경영학과
Dean Witter Reynolds, Inc. 선물거래
Prudential Securities, Inc. 선물거래
현 국회도서관 입법전자정보실 근무